U0491340

国家出版基金项目
NATIONAL PUBLICATION FOUNDATION

以新旧动能转换促高质量发展研究丛书

新旧动能转换综合试验区建设研究

XINJIU DONGNENG ZHUANHUAN
ZONGHE SHIYANQU JIANSHE YANJIU

黄少安 周志霞 著

企业管理出版社
ENTERPRISE MANAGEMENT PUBLISHING HOUSE

图书在版编目（CIP）数据

新旧动能转换综合试验区建设研究/黄少安，周志霞著.——北京：企业管理出版社，2021.8

（以新旧动能转换促高质量发展研究丛书）

ISBN 978-7-5164-2304-2

Ⅰ.①新… Ⅱ.①黄… ②周… Ⅲ.①区域经济发展–研究–中国 Ⅳ.①F127

中国版本图书馆CIP数据核字（2020）第243742号

书　　名：	新旧动能转换综合试验区建设研究
作　　者：	黄少安　周志霞
选题策划：	周灵均
责任编辑：	陈　静　周灵均
书　　号：	ISBN 978-7-5164-2304-2
出版发行：	企业管理出版社
地　　址：	北京市海淀区紫竹院南路17号　邮编：100048
网　　址：	http://www.emph.cn
电　　话：	编辑部（010）68456991　发行部（010）68701073
电子信箱：	emph003@sina.cn
印　　刷：	北京环球画中画印刷有限公司
经　　销：	新华书店
规　　格：	710毫米×1000毫米　16开本　21印张　300千字
版　　次：	2021年8月第1版　2021年8月第1次印刷
定　　价：	89.00元

版权所有　翻印必究·印装有误　负责调换

前 言

当前中国经济发展的一个突出表现就是新旧动能转换在不同地区呈现差异化，贯彻新发展理念，培育壮大新动能，促进新旧动能接续转换，是以习近平为核心的党中央做出的重大部署。山东省经济发展进入新常态后增速明显下降，实施新旧动能转换是山东省在中国经济迈入新常态下发出的改革强音，力争通过新旧动能接续转换，实现经济高质量发展。

山东省经济发展进入新常态后，产业结构有待进一步优化，经济增长动力亟须转换。山东省处于黄河下游南北交换的重要区域，其经济结构与全国相似度较高，经济发展在全国具有很强的典型性。山东省既有实施新旧动能转换的发展基础，又有提高经济发展质量和效益的迫切需求，开展新旧动能转换势在必行。山东新旧动能转换综合试验区是党的十九大后获批的首个区域性国家发展战略综合试验区，也是中国第一个以新旧动能转换为主题的区域发展战略综合试验区。

新旧动能转换先行区动能转换的新内涵体现在以"四新"促"四化"上，聚焦千亿级产业集群，聚焦生产型服务领域，以新技术促成智慧产业化，以新产业促成产业智慧化，以新业态促成品牌高端化，以新模式促成跨界融合化；动能转换的新路径体现在创新先行、智慧先行、绿色先行与改革开放先行；新模式体现在以产兴城，以城促产，职住平衡与产城融合。新旧动能转换先行区建设，将集聚集约创新要素资源，建设现代绿色智慧之城。加快建设山东新旧动能转换综合试验区，有利于增强山东省经济创新力和竞争力，有利于探索完善科技创新、制度创新、开放创新有机统一的推进机制，为全国新旧动能转换提供经验借鉴。

本书基于当前山东省实施新旧动能转换的紧迫需要，科学阐释新旧动能转换与区域经济发展的关系，全面探析典型区域以产业升级、科技创新、数字经济建设助推新旧动能转换的成功经验，深入挖掘山东新旧动能转换综合试验区建设布局与建设重点，并对山东新旧动能转换综合试验区发展水平进行综合评价。研究认为，山东新旧动能转换综合试验区在建设过程中，应不断创新市场主体发展机制、要素市场配置机制、统筹发展机制、科技服务机制，通过深化体制改革，激发动能转换活力；应不断提升自主创新能力，强化创新载体建设，强化科技交流与合作，发展壮大高新技术产业，推进农业科技创新，引领产业转型升级，通过加强创新驱动增强动能转换动力；应深度融入"一带一路"建设，塑造开放型经济发展新优势，落实全面开放政策效果，通过扩大对外开放释放动能转换潜力；应进一步建设稳定、公平、透明、可预期的营商环境，健全充满活力的人才支撑体系，强化重大项目支撑引领，完善智能安全的基础设施网络，通过加强实施保障，强化动能转换支撑。

提高新旧动能转换的发展水平是实施创新驱动发展战略的关键环节，山东省新旧动能发展水平的高低关系到全省经济社会的发展格局，关系到山东省创新驱动发展战略和高质量发展战略的深入实施。本书研究成果具有较强的系统性、创新性和学术价值，科学、全面地反映了山东新旧动能转换综合试验区发展现状，发现了新旧动能转换存在的问题、短板与薄弱环节，为全面提升新旧动能转换能力提出了有效的对策建议，对于引导和鼓励各市向提高新旧动能转换绩效的方向和目标发展，推动山东省创新驱动发展战略和高质量发展战略的深入实施，乃至全国经济高质量发展有重要的现实意义，对于提升全省乃至全国新旧动能转换绩效也具有较好的决策参考价值。

黄少安　周志霞

2021 年 6 月

目 录

第一章 新旧动能转换与区域经济发展 / 001

第一节 新动能新经济相关研究 / 003

一、新旧动能转换的时代背景 / 003

二、新经济的内涵与特征 / 004

三、新型经济业态的发展 / 005

第二节 以数字经济助推新旧动能转换 / 007

一、党中央对数字经济发展的新部署 / 007

二、数字经济的发展趋势 / 008

三、数字经济发展的战略演进 / 009

第三节 以新旧动能转换实现高质量发展 / 011

一、新旧动能转换与高质量发展 / 011

二、双循环发展战略促进新旧动能转换与高质量发展 / 013

三、新旧动能转换推动高质量发展的路径 / 014

第二章　潍坊市产业升级助推新旧动能转换 /015

第一节　潍坊市产业发展概况 /017
一、潍坊市产业发展的优势条件 /017
二、潍坊市产业发展的问题短板 /019

第二节　潍坊市产业发展的目标与定位 /020
一、潍坊市产业发展的目标 /020
二、潍坊市产业发展的空间定位 /023

第三节　潍坊市产业转型升级发展布局 /026
一、加快布局先导产业 /026
二、做大做强先进制造业 /032
三、做精做优现代高效农业 /046
四、加快发展现代服务业 /050

第四节　潍坊市产业转型升级发展建议 /055
一、产业转型升级重点措施 /055
二、产业转型升级实施保障 /061

第三章　潍坊市科技创新助推新旧动能转换 /063

第一节　科技创新助推新旧动能转换的要求与目标 /065
一、科技创新助推新旧动能转换的指导思想 /065
二、科技创新助推新旧动能转换的基本要求 /065
三、科技创新助推新旧动能转换的发展目标 /066

第二节　科技创新助推新旧动能转换的重点任务 /068
一、通过重大项目实施，推动产业转型升级 /068

二、加快科技园区建设，提升区域创新能力 / 073

三、培植新兴产业龙头企业、科技型企业和产业集群 / 077

第三节 科技创新助推新旧动能转换案例 / 078

一、重点项目建设助推新旧动能转换 / 078

二、区域科技创新助推新旧动能转换 / 081

第四节 科技创新助推新旧动能转换的对策建议 / 097

一、强化科技创新能力建设 / 097

二、打造富有活力的科技创新生态环境 / 106

三、强化政策激励措施 / 108

四、加强科技创新的组织保障 / 111

第四章 以"数字潍坊"建设助推新旧动能转换 / 113

第一节 潍坊市建设数字经济的基础条件 / 115

一、数字经济概述 / 115

二、数字经济现阶段发展趋势 / 116

三、潍坊市数字经济发展的基础优势 / 117

第二节 以创新驱动推进"数字潍坊"建设 / 119

一、推进政务数据资源互通共享，加快数字政府建设 / 119

二、聚焦城市品质提升，打造特色数字社会 / 122

三、着力升级产业发展"软硬件"，推动数字经济发展 / 125

第三节 "数字潍坊"助推新旧动能转换发展重点 / 126

一、全面推进数字政府建设 / 126

二、进一步加快数字社会建设 / 129

三、大力推动数字经济发展 / 131

第四节　"数字潍坊"助推新旧动能转换支撑保障 / 132

一、"数字潍坊"建设存在的问题 / 132

二、强化"数字潍坊"建设支撑保障 / 133

第五章　山东新旧动能转换综合试验区建设概况 / 137

第一节　山东省推进新旧动能转换重大工程政策文件 / 139

一、已出台的山东省新旧动能转换相关政策 / 139

二、各类国家级省级试点示范建设政策 / 143

三、淄博市新旧动能转换相关政策 / 145

第二节　山东新旧动能转换综合试验区建设布局 / 151

一、山东新旧动能转换综合试验区建设的基础和要求 / 151

二、山东新旧动能转换综合试验区建设的发展布局 / 155

三、济南市新旧动能转换先行区建设布局 / 159

第三节　山东新旧动能转换综合试验区建设重点 / 162

一、化解过剩产能 / 162

二、推动十强产业发展 / 163

第六章　山东新旧动能转换综合试验区发展评价 / 171

第一节　山东新旧动能转换综合试验区评价的原则与思路 / 173

一、山东新旧动能转换综合试验区评价的目的 / 173

二、山东新旧动能转换综合试验区评价的原则 / 173

三、山东新旧动能转换综合试验区评价的思路 / 174

第二节　山东新旧动能转换综合试验区评价指标体系构建 / 175

　　一、山东新旧动能转换综合试验区评价的指标体系 / 175

　　二、山东新旧动能转换综合试验区评价的计算方法 / 178

第三节　山东新旧动能转换综合试验区评价指标排名与分析 / 180

　　一、山东新旧动能转换综合试验区评价综合指标排名 / 180

　　二、山东新旧动能转换综合试验区评价一级指标排名 / 185

　　三、山东新旧动能转换综合试验区评价二级指标排名 / 221

第四节　山东新旧动能转换综合试验区评价指标排名变化分析 / 246

　　一、综合指标排名变化分析 / 246

　　二、一级指标排名变化分析 / 248

第七章　山东新旧动能转换综合试验区发展建议 / 259

第一节　深化体制改革，激发动能转换活力 / 261

　　一、创新市场主体发展机制 / 261

　　二、创新要素市场配置机制 / 262

　　三、创新统筹发展机制 / 263

　　四、创新科技服务机制 / 265

第二节　加强创新驱动，增强动能转换动力 / 266

　　一、提升自主创新能力 / 266

　　二、强化创新载体建设 / 267

　　三、强化科技交流与合作 / 269

　　四、发展壮大高新技术产业 / 270

　　五、推进农业科技创新 / 271

　　六、引领产业转型升级 / 271

第三节　扩大对外开放，释放动能转换潜力 / 272

一、深度融合"一带一路"建设 / 273

二、塑造开放型经济发展新优势 / 273

三、落实全面开放政策效果 / 274

第四节　加强实施保障，强化动能转换支撑 / 275

一、建设稳定、公平、透明、可预期的营商环境 / 276

二、健全充满活力的人才支撑体系 / 280

三、强化重大项目支撑引领 / 282

四、完善智能安全的基础设施网络 / 283

参考文献 / 285

附录一　潍坊市产业驱动创新实施重点 / 299

附录二　新旧动能转换重大科技创新项目 / 313

附录三　新旧动能转换科技创新项目 / 317

致　谢 / 325

第一章

新旧动能转换与区域经济发展

第一节　新动能新经济相关研究

一、新旧动能转换的时代背景

（一）产业发展面临的新形势、新要求

当前，新一轮科技革命和产业变革带来经济社会发展的新动能，国际产业分工格局和竞争版图变化出现了新趋势。发达国家提出重振制造业的产业政策，服务贸易快速发展，"服务—制造"的新分工形态正在形成，国际经贸规则体系也在加快调整与重塑。

中国经济长期高速增长后，进入"新常态"和增长速度换挡期[1]。我国产业结构的转型升级也进入了窗口期，发展阶段的转变要求产业结构加快转型升级，这个阶段既是新旧动能艰难转换的阵痛期，也是最好的发展机遇期[2]。未来国家产业发展的战略导向和政策取向将有所调整：一是调整产业发展战略导向和政策实施方式，强调构筑中国制造业核心能力的政策导向；二是在政策取向上，强调推进制造业数字化、智能化、网络化应用所涉及通用技术和智能技术的原始创新和技术突破；三是更加突出管理创新导向的服务型制造和制造业品质革命。

---

[1] 黄少安. 新旧动能转换与山东经济发展[J]. 山东社会科学，2017（9）:101-108.
[2] 天津市发展和改革委员会规划处课题组. "十四五"时期天津加快新旧动能转换推动高质量发展研究（一）[N]. 天津经济，2020-11-20.

（二）山东省实施新旧动能转换的时代要求

当前中国经济发展的一个突出表现就是新旧动能转换在不同地区呈现差异化，贯彻新发展理念，培育壮大新动能，促进新旧动能接续转换，是以习近平同志为核心的党中央做出的重大部署。

新业态是在工业4.0时代，以互联网为依托（包括互联网技术、产业、应用以及跨界融合），借助大数据、云计算、物联网等现代信息手段开展商业活动的经营形态。当前，世界经济正加速向以网络信息技术产业为重要内容的经济活动转变，我们要把握这一历史契机，以信息化培育新动能，用新动能推动新发展[①]。

山东省经济发展进入新常态后增速出现明显下降，实施新旧动能转换是山东省在中国经济迈入新常态下发出的改革强音，力争通过发展新技术、新产业、新业态、新模式，促进产业智慧化、智慧产业化、跨界融合化与品牌高端化[②]，最终实现传统产业提质效，新兴产业提规模，跨界融合提潜能，品牌高端提价值。

二、新经济的内涵与特征

近年来，关于新技术、新产业、新业态、新模式以及新的发展动能的论述多次出现，学术界对"新经济"内涵的阐释主要集中于以下几个方面：一是认为"新经济"是由新技术革命带来的经济发展和增长的统称，其"新"主要表现在技术、市场运作以及政府层面政策与制度的创新（刘树成，李实；2000）；二是认为知识已成为经济中的重要生产要素，其在经济发展中的作用也越来越大，"知识经济"在某种程度上可以等同于"新经济"（乌家培，2000）；三是认为伴随信息产业的飞速发展，信息产业已成为经济的重要组成

---

① 治网之道：党的十八大以来习近平的互联网思想解读，2018-07-02.
② 许记.鲁港深化合作，促山东新旧动能转换[N].齐鲁周刊，2017-08-21.

部分,"新经济"可以等同于网络经济、数字经济或虚拟经济;四是认为"新经济"是由一系列新经济部门构成的实体经济,包括传统经济、知识经济和新经济等(代表人物为克莱因和诺德豪斯)。

当前,电子商务、互联网金融、云计算、大数据应用、平台经济、分享经济等新型业态蓬勃发展,"新经济"在促进传统要素的有效投入、自由流动与优化配置,加速国内消费潜力的释放,实现"大数据"下生产要素的升级[1],催生新的业态,促成C2B模式的全面转型等方面,具有很大的经济价值。与之相对应,"新经济"的特征主要表现在:一方面,互联网成为"新经济"发展的核心基础设施,基于大数据开发的新兴产业成为经济发展新的增长点,跨界创新融合成为经济发展的新常态,分享经济以更低成本和更高效率实现经济剩余资源的供需匹配并成为推动经济发展的新动能;另一方面,"平台经济""分享经济"与"微经济"紧密结合并构成我国新经济的基本形态,"跨境经济"重塑全球贸易格局并实现全球经济的"普惠性"增长,互联网"协同治理"对全球经济带来更大挑战及机遇[2],企业间竞争与国际竞争空前激烈,而新经济形势下,我国实施的创新驱动发展战略及一系列发展规划,也将有效促进新动能的加快成长。

三、新型经济业态的发展

(一)新产业、新业态、新模式的发展

当前,以新一代信息通信技术与产业融合发展为主要特征的新一轮科技革命和产业变革[3]正在全球范围内孕育兴起,我国经济发展正在发生根本性变化

---

[1] 新梅.互联网是助推供给侧改革的利器[N].经济日报,2016-03-16.
[2] 宁吉喆.新产业新业态新模式统计探索与实践[M].北京:中国统计出版社,2017.
[3] 世界信息技术产业发展报告(2016-2017)[R].工业和信息化蓝皮书,2017.

和转型，新产业、新业态、新商业模式和新技术在中国蓬勃发展，促使新动能、新经济迈入高速发展阶段[①]。

"互联网 +"是互联网技术推动经济社会发展的新形态，互联网与传统产业正在深度融合[②]，贯穿于社会经济各行各业。互联网与传统产业的融合为经济持续发展提供了新引擎和新动力，主要体现在以下几个方面：一是"互联网 +"加速向生产服务领域拓展，引发了产品个性化、制造服务化等产业变革；二是"互联网 +"促进了现代信息技术与农业的加快融合，"互联网 +"农业已成为农业转型发展的重要动力；三是"互联网 +"推动了批发零售业的发展，促成了国内电子商务产业的迅猛发展；四是"互联网 +"促进了对外贸易的发展，是外贸稳增长、促转型的新动力；五是"互联网 +"与金融业的深度融合，使互联网金融得以迅猛发展。在未来几年，我国将迎来智能制造业、智慧农业、电子商务、跨境电商、普惠金融产业的飞速发展时期。

（二）其他新型业态的发展

平台经济、共享经济、双创经济、智慧物流、无人超市等新业态、新模式在我国不断涌现，并展现出蓬勃的生命力。平台经济模式已成为引领全球经济提质增效的新引擎，不仅创造了大量的就业机会，还帮助企业大幅提升了竞争力。共享经济以资源分享和共享平台建设为核心，已经成为促进经济增长的重要推动力。我国"双创"经济发展呈现出良好的增长态势，已经成为推进供给侧结构性改革、推动新旧发展动能持续转换的重要方式。各省市区"双创"市场主体蓬勃发展，各种创业园区、科技孵化器、科创平台、科创企业蓬勃发展，释放出新的、强大的经济内生动力。

云计算、物联网、CPS 人机交互技术等新技术的发展，促进了传统经营模式的转变，催生了新商业模式的大规模出现（赵君丽，2015）；云制造技术与模式、

---

① 丁洁.突出"三化牵引" 实现"智能"转型[N].太原日报，2020-01-07.
② 宁吉喆.新产业新业态新模式统计探索与实践[M].北京：中国统计出版社，2017.

智慧生产模式、3D 制造等新模式的广泛应用，导致相关领域新业态的产生，而新经营业态的规模化发展，最终导致相关新产业的产生。

第二节 以数字经济助推新旧动能转换

一、党中央对数字经济发展的新部署

2016 年，中央政治局会议指出，世界经济加速向以网络信息技术产业为重要内容的经济活动转变。我们要把握这一历史契机，以信息化培育新动能，用新动能推动新发展[①]。2017 年，中央政治局会议指出，要构建以数据为关键要素的数字经济。坚持以供给侧结构性改革为主线，加快发展数字经济，推动实体经济和数字经济融合发展，推动互联网、大数据、人工智能同实体经济深度融合[②]。2018 年，全国网络安全和信息化工作会议指出，要发展数字经济，加快推动数字产业化，依靠信息技术创新驱动，不断催生新产业、新业态、新模式，用新动能推动新发展[③]。

2018 年 5 月，中国科学院第十九次院士大会、中国工程院第十四次院士大会指出，世界正在进入以信息产业为主导的经济发展时期。我们要把握数字化、网络化、智能化融合发展的契机，以信息化、智能化为杠杆培育新动能。党的十九届四中全会及 2020 年中央经济工作会议指出：要大力发展数字经济。党的十九届四中全会《中共中央关于坚持和完善中国特色社会主义制度、推进国家

[①] 治网之道：党的十八大以来习近平的互联网思想解读，2018-07-02.
[②] 习近平.实施国家大数据战略 加快建设数字中国[N].信息化建设，2017-11-15.
[③] 周丽媛.中国共产党对大数据的认识，2019-05-18.

治理体系和治理能力现代化若干重大问题的决定》首次增列数据作为生产要素；党的十九届五中全会《中共中央关于制定国民经济和社会发展第十四个五年规划和二〇三五年远景目标的建议》进一步提出推进数据要素市场化改革，加快数字化发展。这为我国数字经济发展指明了方向，注入了动力。

二、数字经济的发展趋势

数字经济是以数据资源为重要生产要素，以现代信息网络为主要载体，以信息通信技术融合应用、全要素数字化转型为重要推动力，促进公平与效率更加统一的新经济形态[①]。数字经济从广义上可定义为数字化驱动产业升级，数字化农业衍生了精准农业，数字化工业衍生了智能制造，数字化服务业促进了智慧城市以及消费互联网的发展。从狭义的概念上，数字经济就是利用数字化工具促进行业的发展，促进普惠经济、平台经济、共享经济的发展，实现产业发展的数字管理。数字经济的核心概念可界定为ICT核心产业，围绕这一核心技术，推动电子信息制造业、信息通信业、互联网行业、软件服务业的飞速发展。数字经济的概念其核心内容，如图1-1所示。

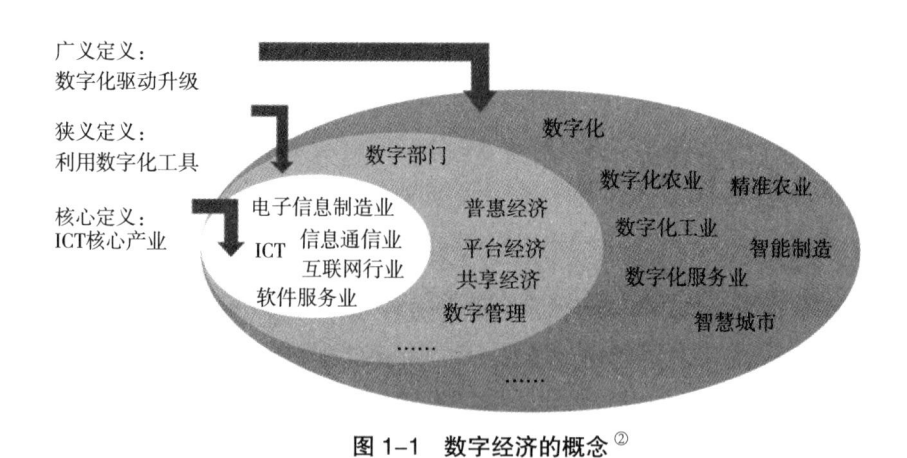

图 1-1　数字经济的概念[②]

---

① 吴韬. 习近平新时代数字经济思想及其现实意义 [J]. 云南社会主义学院学报，2018.06.
② 兰建平. 发展数字经济，促进高质量发展 [R]. 2019-12-28.

数字经济是继农业经济、工业经济后的新经济形态。传统农业经济兴起于18世纪60年代之前，中国、印度、埃及等相对封闭的国家以传统农耕技术为主，主要产品为小麦、水稻、棉花等，生产方式以人力生产和手工作坊为主。18世纪60年代之后到20世纪末，世界经济进入工业经济时代，伴随英国成为全球霸主，开启了全球化经济时代，蒸汽机时代到来，纺织业和钢铁产业得到迅速发展，生产方式以机器生产和现代工场为主。伴随美国、德国经济的崛起，全球化快速兴起，电力技术革命开创了工业发展的新时代，汽车、化工、电力产业迅速崛起，生产方式以大规模生产和现代大企业为主。20世纪70年代后，美国经济继续领先，中国经济开始起飞，经济全球化深入发展，ICT技术迅速推广，计算机、互联网产业飞速发展，生产方式以全球化生产和跨国企业为主。21世纪初期开始，全球经济进入数字经济时代，中国经济高速发展，经济全球化深度进一步调整，数字技术得到广泛应用，大数据、人工智能产业迅速发展，生产方式以平台化、生态化为主。数字经济发展趋势，如图1-2所示。

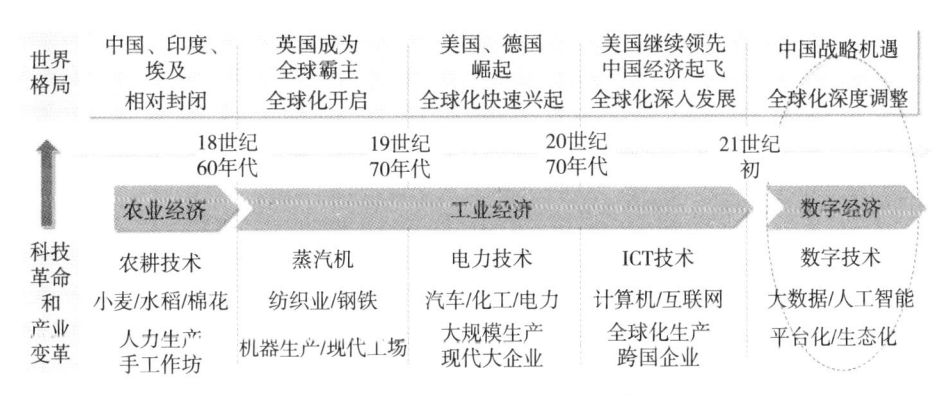

图1-2 数字经济发展趋势图[1]

三、数字经济发展的战略演进

工业革命以来，行业发展不变的追求就在于制造的高效率、高质量、低

---

① 兰建平. 发展数字经济，促进高质量发展[R]. 2019-12-28.

成本和高满意度。云计算、大数据、人工智能等媒介通过物联网（互联网）产生、收集海量的数据存储于云平台，再通过大数据分析，甚至更高形式的人工智能，为人类的生产活动及生活所需提供更好的服务，这必将是新一轮工业革命进化的方向[①]。

工业互联网是新一代信息通信技术与工业经济深度融合的全新工业生态、关键基础设施和新型应用模式[②]，通过人、机、物的全面互联，实现全要素、全产业链、全价值链的全面连接[③]，将推动形成全新的工业生产制造和服务体系。伴随工业互联网的兴起，数字经济飞速发展，抢抓数字经济发展机遇正成为我国各省份的共同选择。数字经济的发展重点也从数据驱动升级到软件定义、平台支撑、服务增值，直至智能主导，制造业实现了从消费升级到生产转型的重构，数字经济大平台打造了制造业发展的新动能。关于数字经济发展的研究，如图1-3所示。

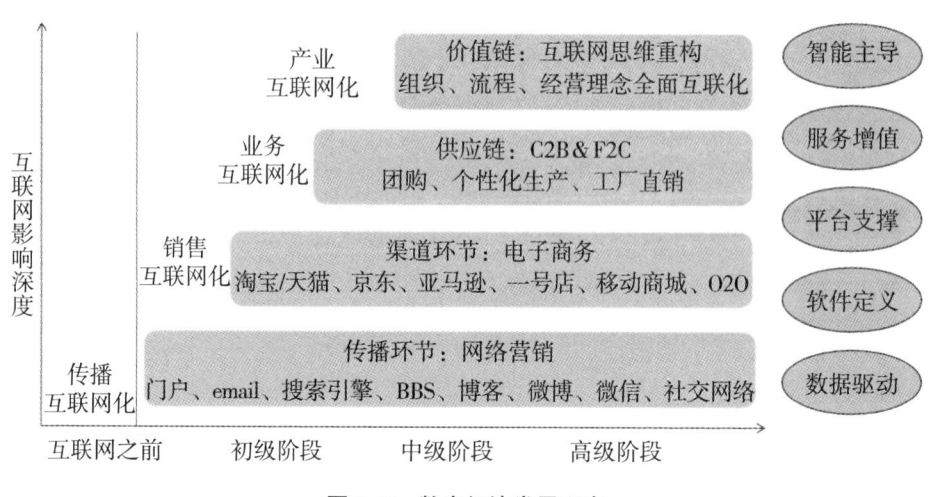

图1-3 数字经济发展研究

---

① 刘航波，詹磊.大数据、云计算、人工智能在公共资源交易领域的应用[J].中国招标，2017.12.

② 杨伊静.促进工业互联网标识解析体系建设有序推进、激发标识创新发展活力工业和信息化部印发《工业互联网标识管理办法》[J].中国科技产业，2021.01.

③ 李高勇，刘露.工业互联网推动竞争优势服务化[J].清华管理评论，2020.11.

第三节　以新旧动能转换实现高质量发展

一、新旧动能转换与高质量发展

（一）新旧动能转换与产业转型升级

在中国产业发展过程中，新旧动能转换呈现出以下规律：一是新旧动能转换伴随着产业结构转型升级的进程，体现在制造业的新旧动能正在逐渐分化，服务业增加值的增长快于制造业的增长；二是新旧动能转换将历经持续性的长期阶段，产业在国内的有效梯度转移能够促进产业结构优化升级，同时使新动能在新的增长空间得到明显扩展，进而呈现区域性趋同特征[1]；三是新旧动能转换呈现动态融合的过程特征，通过利用新动能改造传统产业与传统动能，形成新的动能，同时也积极培育了新动能。

在新旧动能转换过程中，我国产业转型升级还面临一定的风险，突出表现在：一方面，旧动力弱化所带来的新旧动能转换不畅[2]，导致工业企业利润增长率下降，行业和区域分化更加明显，分化程度不断加深；另一方面，产业梯度转移一定程度上促使资源和市场加速向新动能增长基础与优势较好的地区、行业和企业集中，引致区域间和区域内的经济分化加剧。

新旧动能转换下如何推动产业转型升级至关重要，需要认识到我国区域产业升级孕育着巨大的动能。一方面，需要通过改革开放，释放产业新动能；需

---

[1] 加快新旧动能转换推进产业转型升级[R].http://www.docin.com/p-2135333276.html.
[2] 金江军.新旧动能转换读本[M].北京：中共中央党校出版社，2018.

要切实贯彻创新驱动发展战略，推动科技、体制、模式、业态等全方位的创新。应进一步加强中小微企业公共创新服务平台建设，推动科技成果转移转化。通过对内、对外开放提高产业的整体发展效率，释放产业新动能，构建有利于我国的全球价值链。同时，应进一步创新政府管理、优化政府服务、完善政府职能，营造包容支持创业创新和培育新动能的制度环境。另一方面，需要挖掘旧动能的潜力，拓展发展新空间[1]。要以全面深化改革开放为核心，注重提升发展质量和发展效率。同时，应进一步促进实体经济升级，通过生产组织方式创新使传统产业释放新的增长动能，加快新旧动能平稳接续、协同发力。

（二）新旧动能转换与供给侧结构性改革

在中国经济的转型过程中，新旧动能转换与高质量发展二者之间呈现一种相互关联、相互贯通、交叉重叠的螺旋结构，其中新旧动能转换侧重于中国经济转型升级动力提升的过程与路径，高质量发展则侧重于中国经济转型的发展目标与实质表现，二者是同步进行、相互促进的。

供给侧结构性改革是新旧动能转换政策工具箱中的重要政策工具集合，通过校正供给端对需求端响应机制的效率、效果、效益，推动供给与需求形成层次更高的均衡；新旧动能转换所蕴含的理念转变、目标设计、要素创新、结构转换，则为供给动态匹配需求的宏观平衡机制提供了框架化建构。这种框架化建构为供给侧结构性改革提供了新的理念认知与转型范式，即以供给侧制度变革、结构优化、要素升级的"三大发动机"来迭代需求侧的"三驾马车"、要素粗放投入、GDP 导向的考核制度等[2]。

---

[1] 金江军.新旧动能转换读本[M].北京：中共中央党校出版社，2018.
[2] 窦玉鹏.新旧动能转换：内涵界定、理论进路与政策设计[J].山东工商学院学报，2020.10.

二、双循环发展战略促进新旧动能转换与高质量发展

实现经济的高质量发展,需要以供给侧结构性改革为主线,通过新旧动能转换,提高全要素生产率。党的十九届五中全会提出,"十四五"时期经济社会发展要以推动高质量发展为主题[①],这是根据我国发展阶段、发展环境、发展条件变化做出的科学判断。

积极融入"双循环"新发展格局是加快新旧动能转换、实现经济高质量发展的内在需要和迫切之举。一是推动增长动力向更多依靠内需转变,基本建成消费拉动主导、供需有效对接的内需体系;二是推动产业体系向自主可控转变,基本建成大中小企业创新协同、产能共享、供应链互通的新型产业创新生态;三是推动要素配置向效率兼顾安全转变,建立起能够应对重大突发事件的应急物资储备与使用体系;四是推动贸易功能向集聚全球要素转变,初步形成对国内外资本、技术、人才等核心要素具有较强竞争优势的虹吸势能。

双循环发展战略对新旧动能转换和高质量发展的推动效应主要体现在以下方面:短期内,通过持续的房地产调控和进口替代路径来优化资源配置,促进生产要素由旧动能向新动能转移;中期内,通过创新和扩大内需从供需两侧持续发力,促进新旧动能不断转换;长期内,统筹国际国内两个市场、两种资源,为我国新动能成长提供更大空间。

为更好地促进新旧动能转换进而实现经济高质量发展,我们需要不断完善高层次人才的培育和引进机制,优化创新创业环境,从供给侧推动新动能不断涌现;应继续深化收入分配制度改革,加强民生领域建设,不断扩大内需,从需求侧拉动新旧动能转换;应深入推进内贸流通体制改革,畅通国内大循环,促进新动能加速成长;同时,还应坚定不移地扩大对外开放,充分利用国际国

---

① 王绛.国有企业要在"双循环"中起战略支撑作用[J].中国发展观察,2021.01.

内两个市场、两种资源，以实现经济的高质量发展。

三、新旧动能转换推动高质量发展的路径

党的十九大报告指出，我国经济已由高速增长阶段转向高质量发展阶段。因此，以建设现代化经济体系为指引的中国经济，必须坚持质量第一、效益优先，以供给侧结构性改革为主线，推动经济发展质量变革、效率变革和动力变革，着力加快建设协同发展的产业体系，着力构建市场机制有效、微观主体有活力、宏观调控有度的经济体制，才能不断增强国民经济发展的创新力和竞争力。

其一，推动质量变革。一是优化产业发展结构，伴随智能化创新设计、生产性服务业的兴起，提高产品附加值，迈向价值链中高端。二是提高企业管理水平，打通研发、采购、制造、物流、服务等各个环节，形成快速反馈、正向激励的扁平化组织结构。三是提升产品生产质量，及时获取准确的关键信息，实现动态优化、及时修正的精确化管理。

其二，推动效率变革。一是提高生产效率，通过管理信息上云、设备联网上云、数据集成上云，有效提升资源配置效率。二是提高管理效率，实现业务条线横向整合、纵向贯通，形成开放、协同、扁平化的组织结构，为提高管理效率创造条件。三是提升交易效率，买家与卖家通过互联网直接沟通，减少中间环节和渠道，提高供需信息匹配效率，降低交易成本。

其三，加速动力变革。一是挖掘传统制造业发展潜力，通过融合发展引入新技术、新管理、新模式，为传统制造业插上互联网翅膀，植入互联网的基因，实现转型升级。二是加快先进制造业发展步伐，通过融合发展催生网络化协同制造、大规模个性化定制、服务型制造等新模式，推动制造业开启智能化进程，培育壮大经济发展新动能。

第二章

潍坊市产业升级助推新旧动能转换

第一节　潍坊市产业发展概况

一、潍坊市产业发展的优势条件

潍坊市产业发展的优势条件体现在以下几个方面。

其一，经济发展基础良好。潍坊市产业门类齐全，在国民经济行业分类41个工业大类中，潍坊在37个分类中有分布，涵盖213种主要产品。产业链条完整，拥有年营业收入50亿元以上的特色产业集群32个，重型发动机、微型麦克风等近30种产品产销量居全球前列，41家企业的主导产品国内市场占有率位列前三位，是国家农业开放发展综合试验区、全国重要的装备制造业基地、全省服务业发展先进市。近年来，全市经济保持中高速增长，2020年全市实现生产总值5872.2亿元，比上年增长3.6%；三次产业结构调整比例为9.1∶39.3∶51.6。

其二，动能转换势扬劲足。国家农业开放发展综合试验区纳入省新旧动能转换"3+1"核心区，形成了新旧动能转换规划体系、指标体系、推进体系、政策体系。以新产业、新技术、新业态、新模式为主导的"四新"经济蓬勃发展，"四新"经济增加值占GDP比重达24%左右。建立了"6个1"推进体系，新旧动能转换"十大产业"发展成效明显，新一代信息技术、高端装备、新能源新材料、高端化工、文化创意产业营业收入及金融业增加值均居全省前5位。高端动力、声学光电等5个产业集群入选省首批"雁阵形"产业集群，居全省第2位。省级重大项目开工数量全省领先，战略性新兴产业项目比重不断提升，"四新"经济投资占比达43.3%。

其三，创新动力持续增强。全社会研发经费投入占比居全省第4位，高新技术产业产值占比达49%，潍坊高新区列国家级高新区综合竞争力排名第21位，获批建设国家创新型城市。成立市产业技术研究院，组建创新创业共同体8个，一批高端院所机构落地建设[①]，高新技术企业总数达到704家，省级以上创新平台数量达400余家，联动融合创新格局加速形成。全市专利申请量、授权量均居全省第3位，盛瑞传动、潍柴动力先后获国家科技进步一等奖。

其四，发展活力持续迸发。国家和省重大改革试点工作稳步推进，率先在全省开展煤炭消费等（减）量替代，推行规模以上企业综合效益评价，开发区体制机制改革全面启动。全方位开放体系和国际合作竞争新优势加速形成，进出口逆势增长，鲁台会、风筝会、中日韩产业博览会成为对外开放重要平台。成功创建全国首批社会信用体系建设示范城市。全市各类市场主体总量突破100万户，总量居全省第2位。"四上"企业数量达到5643家，潍柴动力、晨鸣集团、弘润集团等14家企业主营业务收入过百亿元，10家企业入选全省百强，潍柴动力、晨鸣集团上榜"中国企业500强"，省级"隐形冠军"企业和"瞪羚"企业数量均居全省前列。获批省部共建国家职业教育创新发展试验区，现有高等院校19所、中高职院校47所，年输送高素质技能人才10万余名，拥有国家重点人才工程专家44人、泰山产业领军人才79人。

其五，基础支撑不断完善。全市城镇化率达到61.8%，4个县市区入围全国县域经济百强，2个镇进入全省十强。重大基础设施加快建设，济青高铁建成通车，高铁北站投入运营，站南广场片区全面开工建设，潍日高速全线通车，潍莱高铁加快建设，京沪高铁二通道、机场迁建、轨道交通等重大基础设施项目加快推进。黄水东调一期、引黄入峡工程完成建设，峡山水库胶东地区调蓄战略水源地工程通水，临朐抽水蓄能电站获批建设。潍坊港万吨以上泊位20个，泊位总量达到45个，货物吞吐量突破4600万吨。

---

① 潍坊新旧动能转换重大工程，https://wenku.baidu.

二、潍坊市产业发展的问题短板

目前,潍坊市产业发展不平衡、不充分的问题较为突出,质量效益有待进一步提高。产业发展的短板主要体现在以下几个方面。

其一,人均GDP、全员劳动生产率低于全省平均水平,企业占全部市场主体比重不高,"四上"企业,特别是行业龙头、产业链核心企业数量偏少。

其二,多数产业处于价值链中低端,产业链不完整,终端型、中高端、高附加值产品较少。

其三,产业布局不合理,县市区之间定位不清晰、不协调,重复建设、产业产品雷同、低层次竞争的问题较为突出,中心城市产业辐射带动作用较弱,首位度不高。

其四,新旧动能接续不畅,制造业数字化、智能化水平不高,"四新"经济规模小、比重低,传统动能主体地位尚未根本改变,淘汰落后产能任务艰巨。

其五,研发创新投入不足,科研成果转化率偏低,高水平创新平台数量较少,科技领军人才和高水平创新团队缺乏。

其六,营商环境不够优化,资本、人力资源等要素市场发育仍不充分,企业融资难融资贵、市场信心不足、盈利能力下降等问题交织,实体经济运行困难增多。

其七,开放型经济发展优势挖掘不够,外贸依存度低,国际化服务体系建设相对滞后,全面开放的广度、深度有待进一步拓展[1]。

以上短板是全市提升产业层次与发展质量,在激烈的区域竞争中实现产业突围的关键问题,迫切需要采用、实施新的思路和方法加以解决。

---

[1] 山东省人民政府关于印发山东省新旧动能转换重大工程实施规划的通知[R].山东省人民政府公报,2018-02-28.

第二节　潍坊市产业发展的目标与定位

一、潍坊市产业发展的目标

（一）产业发展指导思想

以习近平新时代中国特色社会主义思想为指导，深入贯彻新发展理念，落实市委、市政府现代化高品质城市建设决策部署，以提升产业发展质量效益为中心，以供给侧结构性改革为主线，进一步明确全市产业发展重点，优化产业空间布局，高效配置要素资源，营造良好产业生态，促进产业链条化、集群化、融合化发展，加快构建体现潍坊优势特色的现代化产业体系。

（二）产业发展基本原则

产业发展有四项基本原则。

一是解放思想、创新发展。认真践行"创新、协调、绿色、开放、共享"的发展理念，坚持高点定位、主动对标，在全省、全国乃至全球层面谋划全市产业发展，增强加快推动高质量发展的意识和能力。

二是优化布局、协同发展。统筹各县市区产业发展基础和资源禀赋条件，科学确定产业空间布局和发展定位，巩固提升优势产业，培育壮大新兴产业，加快布局人工智能、区块链、云计算、大数据、边缘计算、人脸识别、5G等数字产业，构建优势互补、错位发展的新格局，实现全市效益最大化。

三是强链扩链、集群发展。进一步加大产业整合力度，推动优势资源和规模企业向符合布局规划的产业载体集中，增强规模集聚效应。加快数字化、智能化、绿色化、高端化步伐，持续推进"建链强链补链"，延伸主导产业链条，强化产业内部协作，提升优势产业集群竞争力。

四是激发活力、高效发展。更大力度推动技术创新、制度创新，以改革释放动力、以创新激发活力，促进实体经济与科技创新、现代金融、人力资源协同发展，加速产业发展质量变革、效率变革、动力变革。

（三）产业发展基本目标

到2025年，基本形成产业布局合理、质量效益提升、产业结构优化、创新能力增强、开放水平提高的现代产业新体系。

一是产业布局趋于合理。明确政策导向，运用市场化手段，引导各县市区、开发区按照功能定位，做强主导产业、做精特色产业，形成全市各区域之间错位发展、协同发展、链条发展、互补发展的产业格局和产业体系。

二是集群化程度明显提高。传统产业向高端化、智能化、绿色化转型，数字经济、高端装备、新能源新材料、生物医药等新兴产业聚优成势，潍坊国际动力城、高端化工基地、虚拟现实产业基地等塑成品牌，国家农业开放发展综合试验区全域推进。

三是质量效益全面提升。产业结构持续优化，新业态、新模式蓬勃发展，新经济增加值占GDP比重年均提高1个百分点，高新技术产业产值占比、战略性新兴产业和现代服务业增加值占GDP比重明显提升，人均生产总值、全员劳动生产率进一步提高。

四是创新能力显著增强。全社会研发经费占生产总值比重、规模以上企业研发经费占比达到国内先进水平，科技创新的引领作用更加凸显，建成国家创新型城市。专利申请总量、授权总量继续保持全省领先位次，高新技术企业数量力争突破1000家。

五是开放水平不断深化。融入国家区域发展战略取得重大进展，双向开放广度、深度不断扩大，货物和服务贸易进出口额大幅提升，出口结构持续优化，经济外向度进一步提高，国际竞争合作能力大幅提高。潍坊产业发展（2020—2025）主要指标，如表2-1所示。

表2-1 潍坊产业发展（2020—2025）主要指标

类别	序号	指标名称	单位	2025年
质量效益	1	新经济增加值占GDP比重	%	30
	2	人均生产总值	元	102000
	3	全员劳动生产率	元/人	150000
	4	一般公共预算收入占GDP比重	%	9.5
	5	境内外上市及挂牌企业	家	1500
产业结构	6	高新技术产业产值占规模以上工业总产值比重	%	49
	7	现代服务业增加值占GDP比重	%	31
	8	现代农业增加值占农林牧渔业增加值比重	%	20
创新能力	9	研发经费（R&D）占GDP比重	%	2.5
	10	每万人发明专利拥有量	件	10
	11	高新技术企业数量	家	1000
扩大开放	12	货物和服务贸易进出口额	亿元	2300
	13	高新技术产业出口占比	%	12
	14	对"一带一路"沿线国家和地区出口占全省比重	%	14

二、潍坊市产业发展的空间定位

潍坊因其地理位势优越，已成为山东半岛国家自主创新示范区建设的地理核心和关键节点，成为济南、淄博与青岛、烟台、威海东西联动和东营、日照南北联通的中心枢纽，成为创新要素东西流通和南北贯通的大动脉。

在区域空间布局上，将发挥西部济南、淄博的重工业基础及科教资源优势，东部青岛、威海、烟台和北部东营、南部日照在海洋化工、海洋生物、电子商务、现代物流等方面的优势，为潍坊制造业、造纸纺织、海洋化工、食品加工等传统产业升级改造提供助力，加快促进创新要素东西加速流动和南北快速贯通，形成聚集效应，为潍坊新兴产业发展提供有力支撑。

按照全域统筹、突出特色、错位发展的原则，立足各县市区、市属开发区的现实基础、资源禀赋和比较优势，明确产业发展功能定位。

（一）市属开发区功能定位

潍坊高新技术产业开发区（以下简称高新开发区或高新区）。围绕国际动力城、国家虚拟现实产业基地建设，重点布局动力装备、新一代信息技术以及科技服务、金融服务、医养健康产业，打造全市高、精、尖产业发展承载地和示范区。

潍坊滨海经济技术开发区（以下简称滨海开发区或滨海区）。发挥临海区位优势，重点布局高端化工、海洋动力装备、临港物流等主导产业，发展现代渔业、滨海旅游、医养健康等特色产业。

综合保税区。强化功能优先，坚持"一区两片、错位发展"，突出保税加工、保税物流、货物贸易、服务贸易等服务功能，不断拓展完善口岸服务功能，建设外向型要素聚集、保税功能完善、带动作用突出的自由贸易试验区。

峡山生态经济开发区。坚持生态立区、绿色发展，提升水资源保护和开发利用水平，加快建设胶东地区调蓄战略水源地，重点布局高效农业、医养健康、休闲旅游等主导产业。

（二）中心四区功能定位

奎文区。发挥现代服务业基础优势，重点布局现代金融、总部经济、商贸服务、文化旅游、医养健康等主导产业，发展新一代信息技术、高端装备等特色产业。

潍城区。加快产业更新步伐，重点布局装备制造、商贸物流、文化创意等主导产业，发展都市农业、智慧物流、休闲旅游、医养健康等特色产业。

坊子区。推动传统产业转型，重点布局智能装备、地理信息、新材料等主导产业，发展医养健康、精密铸造、文化旅游等特色产业。

寒亭区。发挥国家农业开放发展综合试验区核心区、高铁新城片区建设优势，重点布局高效农业、生物基新材料、高铁物流等主导产业，发展机器人、兽药产业、医养健康、民俗旅游等特色产业。

（三）六市两县功能定位

县市区、市属开发区产业空间定位布局，如图 2-1 所示。

青州市。重点布局高端装备、高端化工、文化旅游、现代物流等主导产业，发展汽车制造、医养健康、花卉等特色产业。

诸城市。重点布局汽车制造、食品加工、纺织服装等主导产业，发展智能装备、节能环保、精品旅游、医药制造、医养健康等特色产业。

寿光市。重点布局高效农业、高端化工、新材料等产业，发展现代物流、造纸包装、生物医药、医养健康、新能源等特色产业。

安丘市。重点布局装备制造、出口农产品、节能环保等主导产业，发展医养健康、乡村旅游、电子商务等特色产业。

高密市。重点布局精密制造、纺织服装、节能环保等主导产业，发展生物医药、空港物流、新材料、文化旅游、医养健康等特色产业。

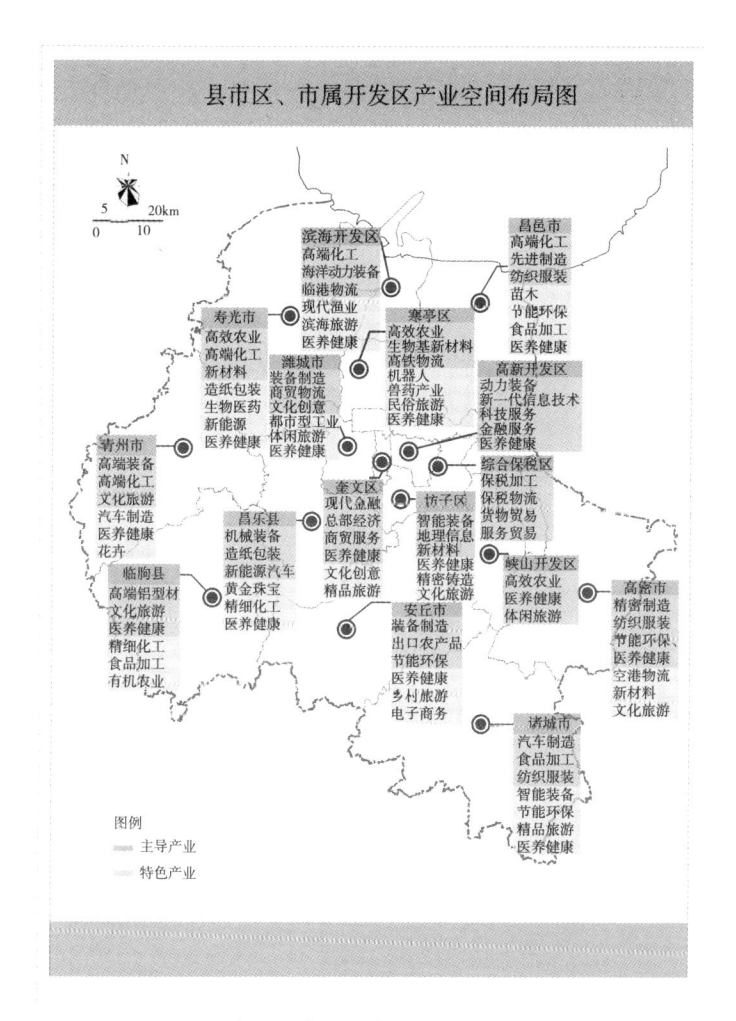

第二章 潍坊市产业升级助推新旧动能转换

图 2-1 县市区、市属开发区产业空间定位布局图

昌邑市。重点布局高端化工、先进制造、纺织服装等主导产业，发展苗木、节能环保、食品加工、医养健康等特色产业。

临朐县。重点布局高端铝型材、文化旅游、医养健康等主导产业，发展精细化工、食品加工、有机农业等特色产业[①]。

昌乐县。重点布局机械装备、造纸包装、新能源汽车等主导产业，发展黄金珠宝、精细化工、医养健康等特色产业。

---

① 潍坊新旧动能转换重大工程，https://wenku.baidu.

第三节　潍坊市产业转型升级发展布局

潍坊市产业转型升级的发展思路为：按照各产业发展基础、特点和趋势，统筹好龙头企业、重大项目、产业园区、产业集群、产业链条的一体化推进，促进产业布局优化，提升产业竞争力。

一、加快布局先导产业

把握新一轮技术创新和产业变革趋势，着眼高端、高效、高附加值产品和技术，超前布局动力电池、生物基新材料、物联网及大数据、机器人、现代种业等先导产业，打造带动全市产业倍增、发展动力转换、引领发展潮流的新兴产业梯队。

（一）动力电池产业布局

依托高新开发区、昌乐县和寿光市，聚焦燃料电池、锂电池两大领域，形成"一主一副、两线发展"的动力电池产业发展格局。动力电池产业布局，如图2-2所示。

燃料电池。依托潍柴动力整合全球创新资源，在高新区主攻氢燃料电池和固态氧化物燃料电池两大燃料电池技术，延伸开发氢燃料电池客车、氢燃料电池重卡、氢燃料电池组件，以及下一代质子交换膜燃料电池电堆、燃料电池模组、固态氧化物燃料电池等。加快潍柴新能源动力产业园、氢燃料电池国家创新中心建设，推动潍柴动力与巴拉德、锡里斯中国合资公司在潍坊落地，实现燃料电池及关键材料、零部件的本地化生产。依托中科氢能装备产业园，保持甲醇制氢技术领先优势，推动氢动力集成模块、水电解制氢储能设备项目，构建完善的氢能技术创新应用产业链。

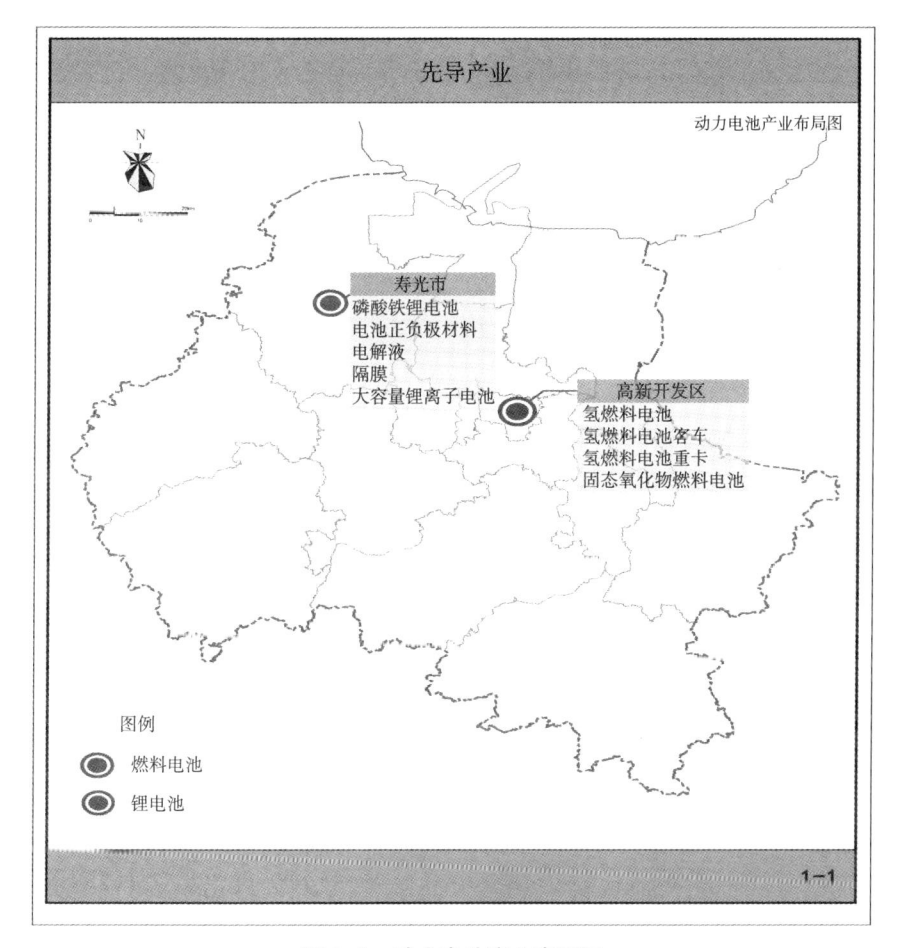

图 2-2　动力电池产业布局图

锂电池。进一步巩固磷酸铁锂电池技术和产业化优势，突破动力电池正负极材料、电解液、隔膜及大容量锂离子电池技术瓶颈。发展智能充换电站、充电桩、加氢站等基础设施，打造基于充电网、互联网、车联网"新三网融合"的智能充电服务云平台和多能生态网[①]，布局电池梯度利用和回收业务。推进威能乘用车动力电池组、商用车动力电池组与新能源汽车动力电池组生产项目，形成高性能锂电池生产应用聚集区。

---

① 潍坊新旧动能转换重大工程，https://wenku.baidu.

（二）生物基新材料产业布局

以寒亭区、寿光市、青州市为核心，鼓励有条件的县市区差异化发展生物基产品，形成"三核引领、多点布局"的发展格局，加快建设国家级生物基新材料产业基地，打造具有全国影响力的"潍坊生物基"品牌。

生物基新材料产业布局，如图2-3所示。

图2-3 生物基新材料产业布局图

寒亭区。以潍坊欣龙、中科恒联为龙头，开发连续真空薄膜推进溶解、干喷湿纺丝、利用高效蒸发器的溶剂回收、回收稀溶液提浓工艺、原纤化控制利用等关键技术，重点生产高性能功能化纤维、莫代尔纤维、莱赛尔纤维、可降解绿色纤维素膜、再生纤维素膜、纤维素肠衣等产品，建设百亿级生物基新材料产业园。

寿光市。以金玉米、英利实业、兰典生物为龙头，研发具有自主知识产权的高效生物菌种培养技术，提高发酵法 D-乳酸生产率、转化率、光学纯度。突破高效菌株选育技术，独立培养和改良基因工程菌种，采用微生物发酵法制备丁二酸，提高丁二酸最终结晶率、纯度。重点开发聚丁二酸丁二脂（PBS）、聚乳酸（PLA）、生物基材料助剂、新型溶剂法纤维材料等产品，培育从原料加工、关键单体合成到终端应用产品的多条特色产业链条。

青州市。以吉青化工、荣美尔生物、丰本生物为龙头，突破生物基酯类增塑剂的酶法绿色催化关键技术与清洁生产工艺，研发高品质绿色环保生物基增塑剂高效合成技术，实现对传统邻苯类增塑剂的替代。实施生物基增塑剂绿色催化技术及产业化研发等项目，建设青州经济开发区生物产业园。

（三）物联网及大数据产业布局

重点布局高新区、潍城区、青州市，支持有条件县市区积极落户相关技术应用项目，形成"一主两副、全域应用"的产业发展格局。

物联网产业。推进高新开发区与聚量集团等企业深度合作，建设物联网产业园，设立智联网（AIoT）全球研究中心、艾拉物联（Ayla）平台北方运营中心、创新智联网（AIoT）实验室，加大物联网核心技术、非对称技术攻关，加快云相关、5G、AI 等前沿技术落地，提供终端、云平台、多行业解决方案等产品服务。建设安丘物联芯片及智能制造产业园、寒亭 SVAC 国家标准人工智能与物联网大数据产业基地、潍城聚量智慧物流园、青州聚量智慧国际陆港和智能物联网产业园，拓展升级 Tech+ 金融、+物流、+制造业、+中欧班列、+农业、+智慧城市六大领域，优化全市物联网产业生态。

大数据产业。推进"数聚潍坊"，在政务、商务、民生、产业发展等领域，实现大数据高效采集、有效整合、开放共享。加快高密市卫星大数据研发中心、坊子区腾讯云科创服务平台等重点项目建设。依托青岛科技大学大数据学院，重点在卫星大数据、农业大数据、工业大数据、健康医疗大数据等领域开展研究与创新，采用定制培养等校企合作模式，培养工业化和信息化深度融合的应用型大数据人才。

（四）机器人产业布局

依托寒亭、坊子、潍城、诸城、滨海、昌乐机器人龙头企业，提升精密减速器、伺服电机、控制器、传感器与驱动器等核心技术，开发工业机器人、特种机器人以及医疗健康、家庭服务、教育娱乐、智能泊车等服务机器人及控制系统，打造特色机器人产业基地。机器人产业布局，如图2-4所示。

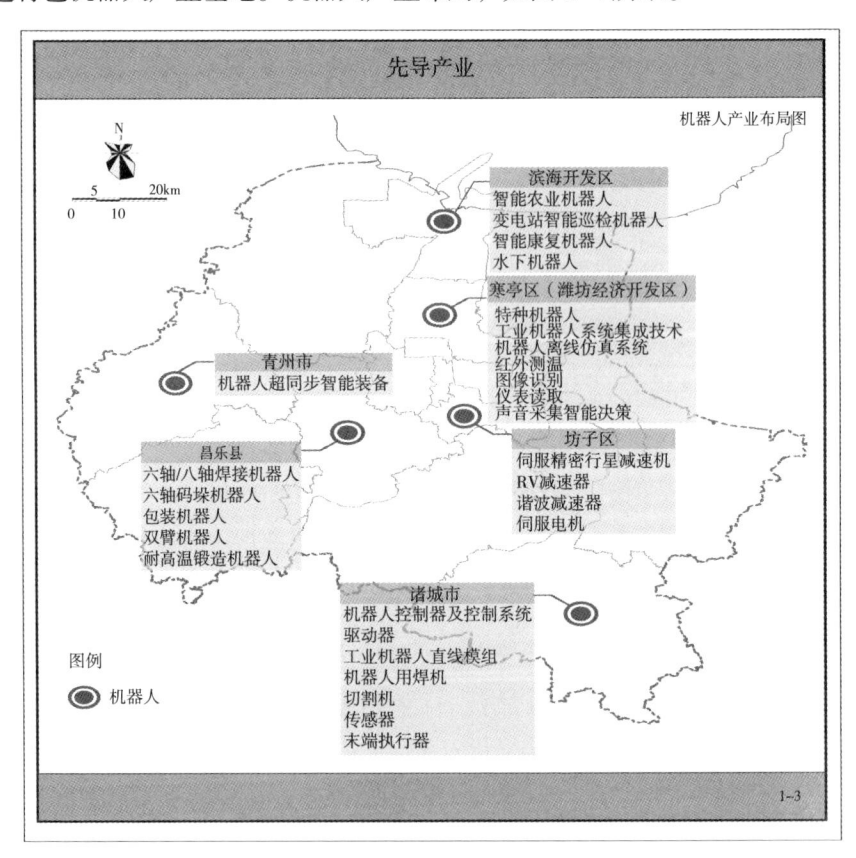

图2-4　机器人产业布局图

青州市，依托北京超同步伺服股份有限公司、耐威智能科技等企业，发展超同步智能装备、飞行器制造及大型无人机条件保障。寒亭区（潍坊经济开发区），以新松（潍坊）智慧园为依托，培育特种机器人企业、机器人应用企业和智能工厂，打造以机器人应用研发、系统集成为特色的专业园区。坊子区，建设帅克智能装备研究院平台，打造机器人关键零部件制造中心。潍城区，以智能制造产业园为依托，引进ABB、SIEMENS、KUKA、LN等领军企业，打造江北机器人小镇。诸城市，以迈赫机器人等企业为依托，建设迈赫机器人智能化实验中心，开发智能工厂的全系统集成工程。滨海区，以华创机器人等企业为依托，加快工业机器人、机器人应用系统集成、工业自动化设备、农业机器人等产品研发和产业化。昌乐县，推进耐高温锻造机器人、8轴焊接机器人及高性能本体和控制柜的研发制造，打造工业机器人基地[①]。

（五）现代种业产业布局

依托寿光、诸城、青州、寒亭、昌乐、临朐、安丘、峡山等农业基础较好地区，重点突破蔬菜育种、畜禽育种、小麦玉米育种等技术，加快产学研相结合、育繁推一体化的现代种业体系建设。到2025年，培育专业化骨干种业企业5~10家，重点打造2~3家现代种业集团。现在种业产业布局，如图2-5所示。

蔬菜育种。以寿光、青州为核心，建设国家现代蔬菜种业创业创新基地，培育一批具有自主知识产权的蔬菜新品种，打造中国蔬菜种子谷。发挥潍坊农业科学院、寿光果菜品种权交易中心、寿光蔬菜产业集团、山东华盛农业优势，促进新品种转移转化和推广应用。

畜禽育种。以诸城外贸祖代肉鸡、昌乐乐港祖代肉鸭、青州江海原种猪、临朐伊利奶牛、安丘澳大利亚原种杜泊羊等良种繁育基地为依托，大力实施畜禽良种引进、研发、培育、再提升工程，打造具有国际先进水平的畜

---

① 潍坊新旧动能转换重大工程，https://wenku.baidu.

禽种业基地。

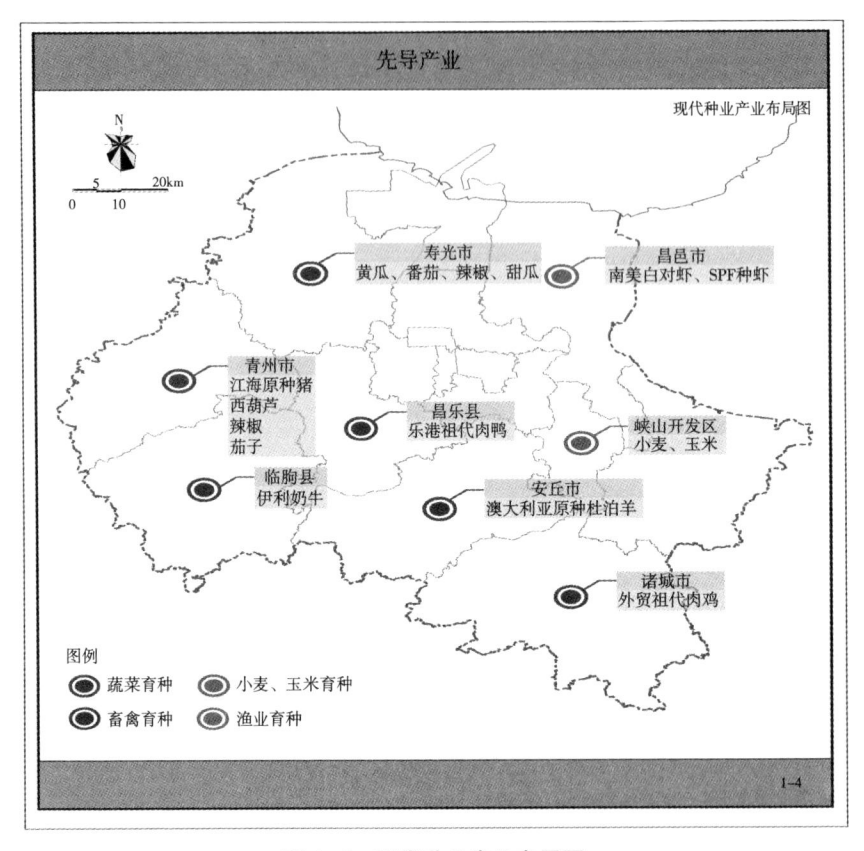

图 2-5 现代种业产业布局图

小麦玉米育种。依托北京大学现代农业研究院，探索小麦、玉米育种国际合作的新路径，提升分子育种水平，突破小麦、玉米的新品种选育技术，做大做强小麦、玉米种业。

渔业育种。依托国家级水产遗传育种中心，引进南美白对虾种业研发项目，建设具有国际先进水平的大规模家系选育、SPF 种虾扩繁设施平台。

二、做大做强先进制造业

坚持制造业立市，推动制造业高端化、智能化、绿色化、集群化发展，加快向价值链中高端延伸，打造制造业强市。

（一）动力装备产业布局

重点布局高新区、滨海区、高密市、青州市、昌邑市、诸城市，加快发展大功率高端发动机、轮船发动机、燃气轮机等动力装备，促进产业链上下游企业集聚，完善产业链条、推动功能耦合，打造国际动力城。

动力装备产业布局，如图2-6所示。

图2-6 动力装备产业布局图

高新区，加快潍柴新能源动力产业园和配套产业园建设，建设国家内燃机质检中心、内燃机可靠性国家重点实验室，推进大功率高速发动机、高端液压基础件、柴油发动机关键零部件智能化改造等项目，打造新百万台数字化动力产业基地。建设航空动力产业园,拓展动力装备产业链条。滨海区,依托潍柴重机等企业,建设高端特种动力制造基地,搭建海洋动力装备创新中心、大缸径天然气发动机研发试验平台,推进船舶动力装置和发电机组优化升级,打造绿色大功率船用发动机产业基地[①]。高密市,聚焦海工装备研发生产,建设豪迈装备产业园,培育打造大型燃气轮机产业链。青州市,建设海洋动力产业园和智能制造产业园,推进发动机及零部件研发生产,依托耐威航空产业园打造无人机及惯导研发生产中心。昌邑市,建设风力发电设备工程研究中心,研发大型陆上风力电机组和大功率永磁直驱风力发电机,与广西玉柴合作建设高端发动机生产项目。诸城市,依托开元电机等企业,打造高效节能电机产业链,建设节能电机产业基地。

(二)高端化工产业布局

以化工园区、专业园区、重点监控点三大载体,构建"3+4+N"产业发展格局。依托滨海区、寿光北部、昌邑北部3大优势产业集群,建设环渤海南岸千亿级石化产业基地;依托昌乐、临朐、诸城、高密4个轻化工园区,构建特色鲜明、优势突出的配套产品体系;依托21个省级化工重点监控点,建设市场竞争力强的"专、精、特、新"产品。到2025年,全市规模以上化工企业营业收入突破5000亿元,其中高端化工占比达到40%以上。

滨海区,依托中化弘润、新和成等龙头企业布局实施原油储备库、蛋氨酸和PG等项目,依托山东海化等企业发展纯碱深加工产业链。寿光市,依托鲁清石化、联盟化工、东方宏业等企业,向高端橡塑一体化、添加剂等化工新材料延伸发展,实施煤炭清洁高效利用等项目,建设中德绿色化工产业园;依托大地盐化、新龙集团等企业,发展氯化高聚物产业链。昌邑市,依托昌邑石化等企业,实施国Ⅵ汽油升级等项目,打造化工原料基地;发展医药中

---

① 潍坊新旧动能转换重大工程,https://wenku.baidu.

间体、生物化工、高分子材料、溴化染料中间体等精细化工。轻化工产业园的布局中，昌乐轻化工产业园，重点发展塑料助剂、高效减水剂、锂电池负极材料、高端树脂等产品；临朐化工产业园，重点发展特种碳黑、有机硅密封材料、PVC加工助剂等铝型材产业配套产品；诸城化工产业园，突出汽车、纺织、现代农业配套特色，加快发展汽车橡塑制品、水性涂料、纺织助剂等产品；高密化工产业园，突出工程塑料及特种树脂、弹性体及特种橡胶、高性能纤维等产业板块，重点发展丁基橡胶、丙烯酸酯橡胶、聚氨酯弹性体等轻化工产品。省级化工重点监控点的布局中，强化要素保障，推动监控点项目尽快转化为现实生产力，支撑化工产业转型升级。高端化工产业的详细布局，如图2-7所示。

图 2-7 高端化工产业布局图

（三）新一代信息技术产业布局

以高新区为龙头，串联潍城区、安丘市、坊子区、滨海开发区、寿光市等县市区，辐射带动全市新一代信息技术产业发展。

虚拟现实（VR）。以歌尔智慧城为核心，以高新开发区为依托，辐射带动周边地区，打造国内一流、国际知名的虚拟现实产业基地。突破 VR 移动智能终端芯片、人机交互、三维显示、智能语音处理、生物特征识别等关键技术，重点发展 VR/AR 智能配件等产品和服务，形成"硬件+软件+内容+应用"的完整产业体系，建设虚拟现实技术成果产业化和示范应用先行区。加快歌尔 AR/VR 及相关光学模组项目，以及北航歌尔智能制造研究院、歌尔学院、VR 协同创新发展中心等平台建设，引进一批产业上下游配套软硬件企业和系统集成服务商，构建完整、虚拟现实产业链条。

声光电及集成电路。高新区，依托浪潮华光、中微光电子等企业建设国家创新性半导体发光产业集群，依托歌尔股份建设全国重要的电声器件产业聚集区。潍城区，依托潍坊先进光电芯片研究院，加快半导体芯片产业发展。安丘市，依托汇川电子、歌尔精密制造等企业，打造基础元器件产业基地。坊子区，依托共达电声等企业，建设丹麦研发中心，拓展海外市场，加快向电声技术整体解决方案提供商转变。滨海区，重点推进华芯集成电路产业园建设，研发量产高频率、高功率、高效率的微波集成电路六英寸芯片，抢占第三代芯片技术发展高地。

地理信息。高新区、坊子区按照"一中心两园区"格局共建山东测绘地理信息产业基地。搭建北斗导航公共服务平台，推广北斗民用技术、测绘地理信息应用，参与北斗卫星导航等军用市场竞争。

软件服务。培强做大潍坊软件产业园、寿光软件产业园等重点园区，加快发展软件开发、软件服务外包、呼叫中心、系统测试等业态。

新一代信息技术产业布局，如图 2-8 所示。

图 2-8　新一代信息技术产业布局图

（四）汽车制造产业布局

以商用车、新能源汽车、特种车为主导产品，布局打造"323"汽车产业基地。高新区、诸城市、青州市打造商用车生产基地，高新区、昌乐县打造新能源汽车制造基地，昌邑市、高密市、寿光市打造特种车制造基地。到 2025 年，全市汽车产业（不含低速车）实现营业收入比 2019 年翻一番。汽车制造产业布局，如图 2-9 所示。

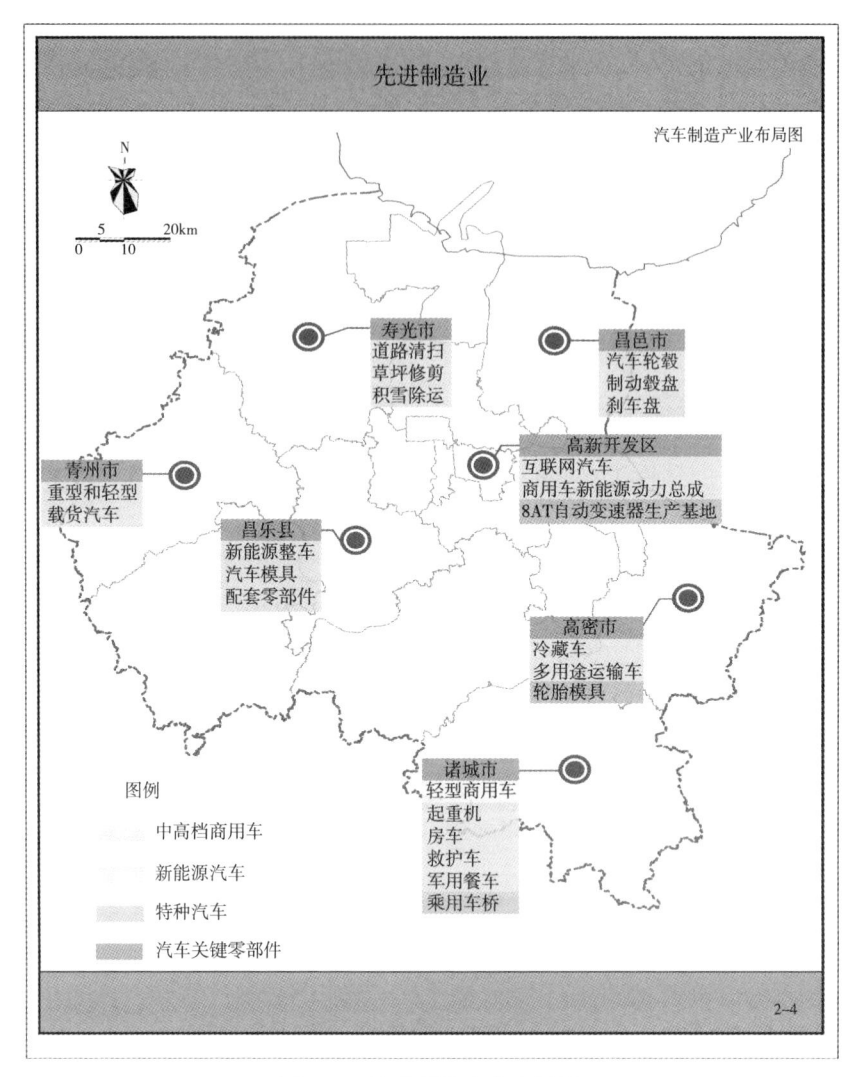

图 2-9　汽车制造产业布局图

中高档客货商用车。高新区，依托北汽福田山东多功能汽车厂，加快商用车自动化、数字化、网络化、智能化升级，打造山东互联网汽车产业基地。诸城市，依托北汽福田诸城汽车厂，建设亚洲最大的轻型商用车生产基地。青州市，依托江淮汽车山东分公司、东虹工贸等整机企业，建设轻型载货汽车工业园。

新能源汽车。高新区，依托潍柴动力、盛瑞传动等企业，建设商用车新能源动力总成系统制造基地[①]。昌乐县，依托比德文控股集团，加快向高速、高端电动汽车市场迈进，打造新能源汽车制造产业基地。

特种汽车。诸城市，主要布局起重机、房车、救护车、军用餐车等高端专用车生产。高密市，主要布局冷藏车、多用途运输车生产。寿光市，主要布局道路清扫、园林养护等多功能环境作业车生产。青州市，主要布局除雪车、环卫车等智能特种专用车生产。

汽车关键零部件。高新区，依托盛瑞传动等企业，建设8AT自动变速器生产基地。诸城市，依托义和车桥、山东大业等企业，建设商用车桥及变速箱、车架、覆盖件、橡塑件等汽车零部件制造基地。高密市，依托豪迈科技等企业，建设世界一流的轮胎模具产业基地。昌邑市，依托浩信集团、康迈信机械等企业，打造国内最大的汽车轮毂、制动毂盘等汽车零部件生产基地[②]。

（五）新材料产业布局

推动工程陶瓷、碳化硅等前沿新材料融入高端制造供应链，加快钢铁、玻璃、建材、轻工等基础优势材料向高端材料转型。新材料产业布局，如图2-10所示。

前沿新材料。高新区，开展金属和非金属3D打印材料、3D打印设备精密零部件研发，建设3D打印技术创新和服务中心。依托航空航天产业园，建设鑫精合增材制造项目，发展金属3D打印。寿光市，依托中科雅丽等高科技企业，开发纳米级玻璃微珠保温隔热浮体材料。高密市，依托斯达克生物等企业，开发生物降解淀粉塑料系列产品。潍城区，依托东方钢管海洋新材料科技园，突破海洋防腐护栏、海洋工程用钢、高分子防水材料、高性能混凝土生产研发。坊子区，依托华美精细技术陶瓷等企业，开发高性能先进工程陶瓷材料，研发高性能、轻量化复合防弹新材料。安丘市，依托金鸿集团等企业，研发军用防弹陶瓷。

---

① 潍坊新旧动能转换重大工程，https://wenku.baidu.com。
② 同上。

图 2-10　新材料产业布局图

基础优势材料。高新区，依托潍坊特钢建设先进钢铁材料产业园，发展高端汽车用钢及岩棉、加气板等新型建材；依托俊富非织造材料有限公司延伸产业链条，发展高端医用防护服等终端产品，打造健康护理小镇；依托汇胜集团及山东省特高压变压器绝缘材料工程技术研究中心，建设特高压变压器绝缘材料产业基地。安丘市，依托盛宝、蓝想等企业，打造高端热塑性复合材料生产基地。昌乐县，依托日科化学、元利化工等企业，打造新型PVC抗冲改性剂产业聚集区。昌邑市，依托同大海岛等企业，研发高仿真超纤服装革等纺织新材料。高密市，依托孚日、银鹰化纤等企业，打造新型功能纤维产业基地[①]。寿光市，依托宇虹防水等企业，打造EVE高分子新材料、高端防水材料产业聚集区。诸城市，依托美晨科技等企业，打造先进高分子材料制品产业聚集区。临朐县，发挥华建铝业龙头作用，推进中欧节能门窗产业园、中国（临朐）铝模板产业园、

---

① 潍坊新旧动能转换重大工程，https://wenku.baidu.

国家铝型材及门窗制品质量监督检验中心建设，打响"中国铝业之都"品牌。

（六）医药产业布局

聚焦化学原料药及制剂、生物制药、中医药、兽用药、医疗康复器械五大领域，形成布局集中、特色突出、产业链完整的现代医药产业体系。到2025年，医药产业营业收入达600亿元，成为区域性医药产业基地。医药产业布局，如图2-11所示。

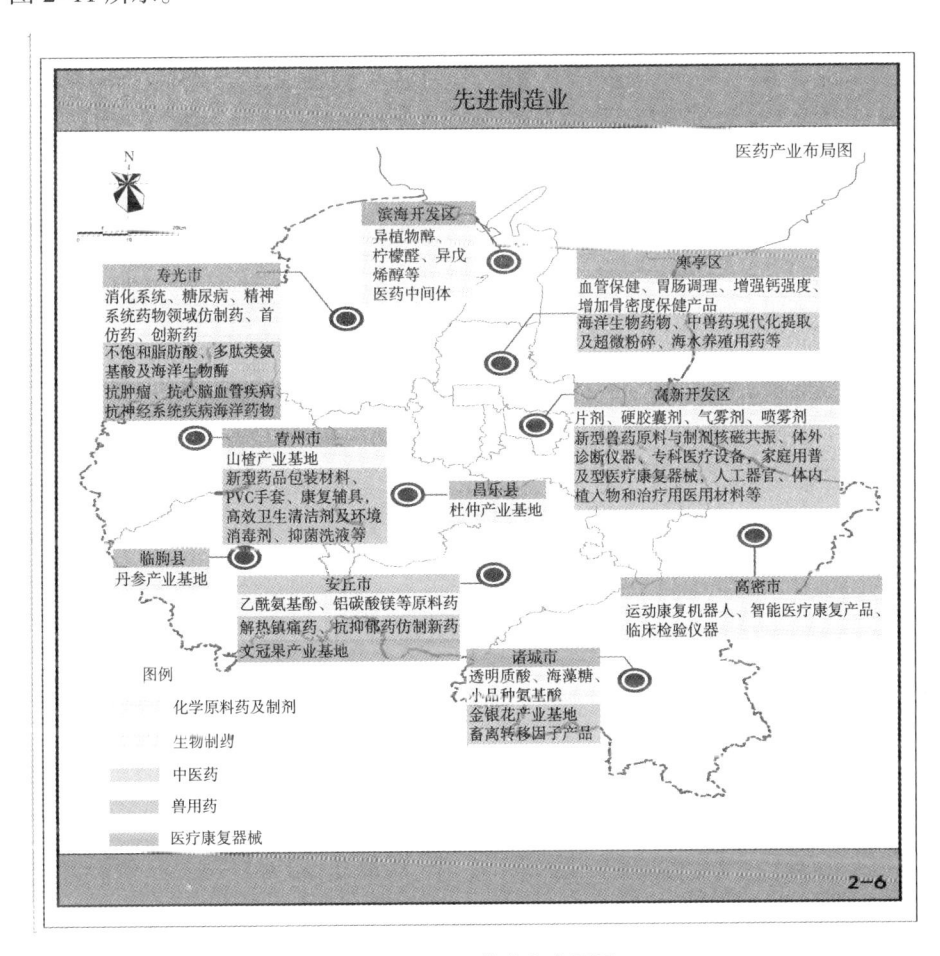

图 2-11　医药产业布局图

化学原料药及制剂。寿光市，支持富康制药在消化系统、糖尿病、精神系统药物三大领域做好仿制药、首仿药、创新药的研究与产业化开发,建设富康制剂国际化产业园。安丘市,依托鲁安药业、特珐曼药业等企业,巩固对乙酰氨基酚、铝碳酸镁等原料药产能优势,加强解热镇痛药和抗抑郁药仿制新药研发与储备。滨海区,以新和成药业为龙头,加强以异植物醇、柠檬醛、异戊烯醇等为主的医药中间体的研发、生产。潍城区,支持康华生物等企业,开展体外诊断试剂、智能检验分析系统等产品研发和生产。

生物制药。高新区,完善生物医药产业园"研发孵化—中试加速—产业化"服务支撑功能,重点推进中狮生命健康产业园建设,加快片剂、硬胶囊剂和气雾剂(含激素类)、喷雾剂等研发生产。寒亭区,依托潍坊制药厂开发心血管保健、胃肠调理、增强钙强度、增加骨密度四大类保健产品。诸城市,推动东晓生物与齐鲁工业大学、华东理工大学等科研院所合作,研发透明质酸、海藻糖、苹果酸、维生素B12、小品种氨基酸等生物发酵产品。寿光市,依托富康制药、天力药业等企业,重点开发抗肿瘤、抗心脑血管疾病、抗神经系统疾病海洋药物[1]。高密市,依托兴瑞生物、康地恩等企业,重点发展干细胞工程、发酵工程、酶工程、活性肽等。

中医药。推进中医药标准化、规模化、集约化生产,鼓励中药生产企业向中药材产地延伸产业链,构建中医药研发、生产、流通全产业链。依托沃华医药、诸城浩天药业、潍坊海王中药、潍坊中狮制药等知名企业,培育一批中药生产"名厂"和经营"名店",支持青州尧王制药开展中药配方颗粒省级试点,促进中药配方颗粒研发生产和临床应用。探索建立中药绿色制造新模式,依托高新区生物医药产业园,推动中药现代化制造,加强中成药新药研发,建设中药制剂中心。建立中药产品追溯体系,实现从药材生产、供应、入库到中成药生产、销售、使用的全过程可追溯管理控制。发展"中医药+食品",研发中药保健食品,加强中医药养生馆、药膳堂等服务设施建设,推进药食同源产业转型升级。

---

[1] 潍坊市人民政府.潍坊市人民政府关于印发潍坊市推进机械装备产业发展实施方案等七个方案的通知[R].2015-08-23.

兽用药。诸城市，依托信得科技，提升畜禽转移因子工程技术研究中心创新能力，巩固转移因子产品国内领先地位。高新区，支持华辰制药等企业构建集研发、生产、销售、技术服务、追踪检测五位一体的产业链模式，布局与全球一流产品等效的新型兽药原料与制剂产业化项目。寒亭区，支持亚康药业等企业突破海洋生物药物、中兽药现代化提取及超微粉碎、海水养殖用药等技术。青州市，支持诺达药业产业化技改升级，创新中药生物炮制技术，推广中医理论在养殖端的高效应用技术。滨海区，建设国邦健康产业园，发展核心兽药原料药以及配套兽药制剂一体化。

医疗康复器械。高新区，依托新力超导、奥新医疗、航维骨科医疗器械等企业，重点研发磁共振超导磁体、高端磁共振影像装备等仪器设备，以及家用型康复器械，发展人工器官、体内植入物和治疗用医用材料等，推广应用潍坊产核磁共振等大型医疗设备及核心关键部件。高密市，依托泽普医疗等企业，推进适老化工程和服务项目，研发康复机器人、智能医疗康复产品、临床检验仪器，打造中国最大的运动康复医疗制造基地。青州市，依托尧王制药、英科医疗、贝隆控股等企业，加强新型药品包装材料、PVC手套、康复辅具等医疗器械产品以及高效卫生清洁剂、环境消毒剂、抑菌洗液等消毒产品的研发。

（七）纺织服装

重点布局诸城市、寿光市、高密市、昌邑市、潍城区，突出高端服装制造和时尚引领发展方向，提高终端产品比重，打造特色纺织服装产业集群。到2025年，纺织服装产业主营业务收入突破2000亿元。

做大做强孚日家纺、希努尔集团、仙霞服装、同大海岛新材料、桑莎制衣、耶莉娅服饰等龙头企业，组建"化纤—棉纺织"、服装、家用纺织品、印染四大产业联盟，开展共性关键技术攻关。

加快化纤技术创新和引进先进技术，升级传统工艺，以生态功能性家纺产品及节能环保生产技术为主要研发方向，开发系列配套产品，提高家用家纺产品的质量和档次。采用个性化设计，推进服装企业从生产型向创意设计、品牌经营型转变[①]，推进服装产业向时尚化、定制化、品牌化方向发展。转型提升高密市劳保用品产业，提升"中国安防产业名城"影响力和辐射范围。

（八）造纸包装产业布局

寿光市、昌乐县，重点布局发展新闻纸、铜版纸、胶版纸、特种衬纸等高档特种用纸；寒亭区、坊子区，重点布局生活用纸、玻璃纸等高附加值产品。到2025年，造纸包装产业营业收入达1000亿元。

寿光市，依托晨鸣集团，推进美伦纸业技术中心建设，加快国际化发展步伐，在非洲、南美洲、大洋洲设立木材及原料基地，在北美洲、欧洲建设浆林纸一体化制造工厂，打造全球一流的造纸包装产业航母。昌乐县，依托世纪阳光纸业，建设80万吨复合瓦楞原纸和50万吨生物机械浆项目，建立概念包装研究院，延伸造纸产业链下游产业，拓展欧洲、中东、中亚消费市场，提升一次包装、二次包装和国际物流包装市场占有率，实现由传统造纸向概念包装及提供整体解决方案升级。寒亭区，依托恒联集团，与美国国际纸业公司、芬兰道格拉斯索集团合作，建设高档生活用纸、特种纸生产项目，打造国内领先的特种纸研发与制造基地。坊子区，以恒安纸业、恒安心相印等骨干企业为依托，调整优化产品结构，提升生活用纸等产品附加值，生产经营"心相印"品牌和"柔影"品牌高档系列生活用纸，打造江北生活用纸制造集散基地。

（九）特色制造产业布局

聚焦智能农机、专用机械、节能环保、数控机床、精密铸造等细分领域，推进专业化、特色化产业园区建设，打造一批主导细分市场的现代产业集群。

智能农机。以坊子区为龙头，串联昌邑市、高密市、诸城市，打造"一核

[①] 潍坊市人民政府.潍坊市人民政府关于印发潍坊市推进机械装备产业发展实施方案等七个方案的通知[R].2015-08-23.

多点"农机装备产业格局,推动点核衔接、融合互动,打造国家智能农机产业基地。坊子区,依托雷沃重工、谷合传动、帅克机械等企业,重点发展谷物收获机械和智能大功率拖拉机,打造国家级智能农机装备生产基地。诸城市,依托雷沃重工诸城车辆厂、山东恒基农牧机械等企业,建设高端农机装备产业园。潍城区,依托鲁中拖拉机、中远重工等骨干企业,筹建智能农机装备研究院,研发生产大功率拖拉机、高效农机具、工程机械等高端产品及其配套零部件。高密市,依托科乐收金亿机械等企业,建设大喂入量收获机械示范园。昌邑市,依托昌宁集团、广通机械等企业,打造农业机械、畜牧养殖机械、农机配件生产基地[1]。

专业机械。以青州市、寿光市、昌乐县为重点,支持主机骨干企业带动配套企业发展,培育以装载机为主的工程机械,以及钻杆、螺杆钻具、钻井平台为主的石油机械特色产业集群。

节能环保。以潍城区、诸城市、高密市、安丘市为核心,联动发展高新区,聚焦节能、环保、资源循环利用等重点领域,形成"四核一点"发展格局。鼓励各县市区发展节能环保服务业,培育壮大盛伟集团、龙安泰环保等重点企业。潍城区,依托潍坊节能环保产业园,加快发展高效节能装备制造业;以泰北环保、爱普环保等企业为龙头,发展环境污染治理新业态,引进培育生态修复、环境评价等环保服务业态;以大洋泊车为龙头,推动相关产能整合,打造智能泊车产业基地。高密市,依托豪迈科技、孚日电机、恒涛节能、尤碧诺等骨干企业,做优做精高效换热器、节能锅炉及周边设备、污水换热设备、中大型臭氧发生器等优势产品和特色服务。安丘市,以恒安散热器、监想环境科技、盛宝传热等骨干企业为龙头,发展工业高效换热技术节能装备;以科灵空调为龙头,发展地源、空气源、海洋温差能等热能利用技术产业;以汶瑞机械、天洁环保、联荣环保等企业为龙头,发展造纸制浆专用环保设备和脱硫脱硝除尘及VOCs治理等污染防治环保设备。诸城市,依托开元、金昊三扬、贝特尔等企业,

---

[1] 潍坊新旧动能转换重大工程, https://wenku.baidu.

发展高效节能电动机、固液分离和污水处理环保装备、新型保温建材为特色的节能环保产业体系。高新区，支持天瑞重工等重点企业，建设磁悬浮智能科技产业园，加大磁悬浮离心鼓风机等优势产品推广，尽快形成品牌效应，形成增长新动能。

精密铸造。重点布局寒亭区、昌邑市、高密市、诸城市、坊子区、潍城区、安丘市、青州市、滨海区，严控新增铸造产能，支持存量产能整合，提升废砂处理水平。寒亭区，依托潍柴铸锻有限公司，推进熔炼、制芯、砂处理、造型、清理五大工序技术改造，研发生产新一代高端内燃机铸件产品，匹配潍柴动力产品升级换代需求。昌邑市，依托浩信集团，搭建智能铸造产业创新中心，建立"智能化+数字化+绿色铸造+互联网"的智能化铸造示范工厂，提升配套能力和水平。高密市，依托豪迈科技，巩固轮胎模具、汽轮机气门嘴、海工装备、化工连续流反应器等高端铸造件产品优势，开拓海上风电、齿轮箱、大风电、燃气轮机、压缩机、矿山机械等超精度铸造产品。诸城市，以汽车和船舶重要零部件为方向，建设精密铸锻产业园和精密科技小镇。坊子区，加快推进豪迈研发基地建设和国际模具城招商，依托国家机械科学研究总院，建设省级数字化绿色铸造技术与装备创新服务平台。潍城区，加快一立动力航空航天燃气轮机用涡轮、叶轮等精密铸件及模具设计制造，加快精密压铸等产品提档升级。安丘市，依托盛瑞铸造，建设盛瑞绿色智能金属成型区域共享中心，打造集生产、试制、研发、3D打印等功能于一体的绿色智能金属成型共享中心。青州市，依托豫信铸业、铸威新材料科技有限公司等企业，发展短流程铸造和高端装备精密铸造。滨海区，依托山东冀凯装备制造有限公司，推进3DP打印铸造技术研究和砂型打印机研发生产。

三、做精做优现代高效农业

以国家农业开放发展综合试验区核心区为引领，辐射全域，强化主辅联动，创新提升"三个模式"，打造全国农业开放发展引领区、农业科技创新先行区、农村一二三产业融合发展示范区[①]。

（一）蔬菜产业布局

打造寿光、青州、昌乐、寒亭设施蔬菜高标准产区，安丘、昌邑、高密、诸城、峡山露地蔬菜高标准产区，加快创建现代种业示范基地、高新技术示范基地、蔬菜新六产示范基地，推进全国蔬菜质量技术标准中心、蔬菜精加工中心、蔬菜集散交易及物流配送中心、蔬菜产业信息服务中心建设，构建"两区三基地四中心"发展格局，打响"中国蔬菜硅谷"品牌。到2025年，争创省级蔬菜标准化生产基地150处以上，农产品标准化生产达到100%，"三品一标"产品认定数量达到800个以上，设施蔬菜面积扩大到350万亩，蔬菜电商交易额达200亿元以上。

做大做强寿光蔬菜产业集团、鲁寿种业、华盛农业、永盛农业、兴旺种业等产业龙头企业，加快推进寿光南繁基地和西繁育种基地、诸城永丰盛绿色蔬菜生产示范园、盛大生姜科技示范园等项目建设。开展"菜篮子"示范基地建设，推进设施蔬菜生产基地、露地蔬菜生产基地改造升级，重点推广应用移栽机、田园管理机等技术装备，提升机械化、自动化水平。

（二）畜牧水产养殖业布局

布局诸城市、昌邑市、安丘市、高密市，打造高效畜牧养殖走廊，布局寿光市、滨海区、昌邑市，打造水产连绵带。到2025年，畜牧产业加工量达400万吨，水产增养殖面积15万公顷，实现营业收入1600亿元。

推广农牧结合、生态循环的新型种养模式，推进畜牧业互联网应用、物联网应用和畜牧业电商发展，实现互联网与畜牧业深度融合。完善禁养区、限养区、

---

① 潍坊新旧动能转换重大工程，https://wenku.baidu.com。

适养区。推行规模化、标准化养殖方式，加强养殖饲养管理和环境治理，严格落实环境影响评价和动物防疫条件许可制度，积极探索种养匹配、农牧循环养殖模式。开展临朐黑山羊、寿光鸡、潍坊奶山羊等地方畜牧品种资源保护和产业化利用。加快推进"粮改饲"试点，发展全株玉米、苜蓿、构树、狼尾草等饲料作物种植。实施品牌引领企业创建行动，着力培育"潍坊肉鸡""潍坊肉鸭"优势区域公用品牌。做大做强中粮、六合集团、中集集团等一批龙头企业，加快实施得利斯现代智能化猪厂、昌邑农牧食品产业园、大北农生态养猪一体化、诸城万亩青岛农业发展基地、高密盛德牧业肉羊产业链示范项目、安丘畜禽养殖标准化示范场等一批重点项目。

水产养殖业，以潍坊渔港为核心，寿光羊口中心渔港和昌邑下营渔港为两翼，建设我国北方重要的水产品交易中心和冷链物流中心。海水养殖，引进贝、藻、鱼等多营业层级生态养殖和标准化池塘生态养殖新技术和新模式，规模化发展近海养殖、工厂化集约养殖和潮上带池塘生态养殖。淡水养殖，实施放鱼养水工程，培育观赏鱼类养殖，助推休闲渔业发展。

（三）花卉苗木产业布局

以青州花卉、昌邑苗木为龙头，带动周边县市区，建设国内花卉苗木流通集散地建设，打造全国重要的花卉苗木产业基地。到2025年，花卉种植面积稳定在9000公顷左右，苗木生产机械化作业率达到60%左右，花卉苗木产业销售收入突破120亿元。

花卉业。以青州市为龙头，实施花卉种质创新、特色花卉培育、花卉文化打造、花卉名园建设、花卉外贸促进等工程，创建一批花卉转型升级示范企业，建设国际花卉苗木技术转移中心、观赏苗木基地。提升设施栽培花卉比例，实现花卉生产机械化、专业化。拓展花卉产业链，覆盖花卉栽培设施生产、花卉资材生产、花卉衍生品生产、花卉金融、花卉流通等领域，建立链条完整、功能完善、运行高效的花卉产业链体系。

苗木业。以昌邑为中心，带动诸城、高密、昌乐等周边地区，重点栽培有旺盛市场需求的苗木品种，推进苗木标准化、专业化生产，加速苗木产业融合发展。推动诸城农林国家级科技孵化器、北方苗木新品种繁育重点实验室、海棠种质资源圃等项目建设，推动林区变景区、林产品变旅游商品。

做大做强亚泰农业、昌邑绿博园等龙头企业，加快推进中国花卉电子商务交易中心花多采电商平台、中国（青州）花卉苗木交易中心建设，提升青州花卉博览会、昌邑苗木博览会知名度。

（四）中药材种植产业布局

实施"中药材生产倍增计划"，到2025年全市中药材种植面积扩大到200万亩。推进中药材规模化、规范化种植，发展中药材主产区种植业，重点培育临朐丹参、青州山楂、昌乐杜仲、安丘文冠果、诸城金银花、潍城鼠尾草和马鞭草等道地中药材品牌。加强珍稀中药材保护利用，建立稀缺濒危中药材种植养殖基地。加快中国中药谷产业平台建设，制定中药材种植养殖、采集、储藏技术标准，保障中药材质量。

（五）农副产品深加工产业布局

以中国食品谷、诸城山东省新型工业化示范基地（食品）、安丘食品（农产品）加工出口基地为核心，相关县市区错位发展畜牧、渔业、食用菌、蔬菜、果品，逐步完善肉羊、肉牛、肉鸡、肉鸭、生猪、海鲜深加工等板块。到2025年，食品加工产业规模以上企业营业收入达1200亿元，全市农产品加工转化率达到80%以上。

中国食品谷。围绕食品加工链条，加快建设食品产业创新中心、检验检测和认证中心、配送物流中心、展示交易中心、品牌运营中心，推进食品电子商务平台、研发孵化平台、仓储物流平台、综合交易平台、检验检测认证平台建设，打造食品产业高端要素的聚集区、引领食品产业转型发展的综合平台、食品产业制度创新和对外开放的窗口，面向全省、辐射全国安全食品加工贸易基地。

诸城山东省新型工业化示范基地（食品）。依托诸城外贸、得利斯、惠发食品等企业，发展传统肉食、高端粮油加工、高附加值速冻食品、营养食品，完善良种繁育、饲料生产、宰杀加工、熟食品生产、淀粉生产、色素提炼等产业链条，开发功能性肉制品及骨胶原蛋白、活性速溶全骨素、骨多糖等深加工产品。

安丘食品（农产品）加工出口基地。以出口农产品标准化基地为基础，发挥蔬菜种植规模优势，加快无公害、绿色有机食品认证，强化食品优质原料基地建设，打造安全放心健康食品产业链。景芝酒业，突破芝麻香、浓香微生物发酵技术及芝麻香风味成分的分析研究，酿酒机械化、智能化等关键生产技术，进入中国白酒业综合实力第二阵营。

四、加快发展现代服务业

着力做大做强现代物流、金融服务、医养健康、文化旅游等现代服务业，构建创新发展、集聚发展、融合发展、高端发展的现代服务业产业体系[①]。

（一）金融服务产业布局

以奎文区、高新区为核心，统领全域金融产业发展，打造服务潍坊、辐射半岛的区域资本中心。

农村金融。提升农村合作金融机构服务能力，建立农业发展基金，鼓励融资担保公司、融资租赁公司积极开展涉农业务。完善齐鲁农村产权交易中心的平台功能，丰富交易品种，扩大交易规模，增强服务"三农"经济发展的能力。

科技金融。重点发展专注于科技企业的风险投资基金、科技信贷，构建风

---

① 马林峰，相丹.转型升级推动产业向中高端迈进[N].潍坊日报，2016-03-31.

险投资、科技信贷、创业并购、资本市场以及科技保险、租赁、担保等内容互相配套的科技金融体系，破解资金与技术对接难题。

新型金融业态。发展养老金融、教育金融、旅游金融等新业态，提高对新兴产业企业股权和债券融资的支持力度。大力发展产业链、供应链金融产品和服务，积极推广仓单质押、应收账款质押贷款、票据贴现、保理、国际国内信用证、供应链融资票据等融资方式[①]。

（二）现代物流产业布局

搭建以高铁、海运、航空、保税等物流业态为支撑的现代物流大平台，发展多式联运，打造全国高铁物流枢纽城市、山东半岛公路运转中心、空港物流发展示范区、农产品特色物流基地。

高铁物流。依托潍坊高铁北站，高起点规划建设高铁物流园，开发基础物流、商贸物流、增值物流、物流配套四大业务，加强与中铁快运对接，打造中铁快运山东物流集散中心。

海港物流。抢抓渤海湾港口整合机遇，破解5万吨级深水航道和泊位建设难题，完善疏港铁路、疏港高速等港口集运体系，大力发展现代港口物流。拓展外贸航线网络，借力鲁辽陆海货滚甩挂运输大通道，优化航线航班结构，逐步融入国际海运供应链，发挥好港口统筹陆海、服务全市的龙头作用。

空港物流。超前对接胶东国际机场，启动潍坊（高密）临港经济区规划建设，重点建设航空物流基础设施，带动先进制造、现代服务业等产业发展。加快发展航空快递，推动顺丰速运公司在潍坊机场投放更多运力，拓展跨境快件直运、直封、直发业务，开通、加密潍坊的全货机航线。

陆港物流。用好潍坊市列入国家发改委、交通运输部《国家物流枢纽布局和建设规划》陆港型国家物流枢纽承载城市机遇，依托青州国际陆港、欧亚班

---

① 潍坊新旧动能转换重大工程，https://wenku.baidu.

列资源，提升中亚班列、俄罗斯班列，提高班列返程货物运载率，推动国际班列向西延伸至欧洲范围，稳定开行东行至青岛班列。提升陆港进出口集散能力，健全完善陆港保税仓、海外展示仓等功能模块，推进多式联运纵深发展，打造功能完备、开放共享、智慧高效、绿色安全的陆港型国家级物流枢纽。

保税物流。依托综合保税区，加快进境活体牛隔离场建设，提高进境种畜加工、运输、配送的服务范围和辐射半径；推进进口肉类、冰鲜水产品指定口岸建设工作，打造成为服务潍坊、辐射东北亚的进出口鲜活类产品交易中心[①]。依托青岛保税港区诸城功能区，建设高端产业出口加工区、现代物流区、高新技术与创智创业区、综合配套服务区，打造青潍一体化发展桥头堡。

（三）文化旅游

整合全市自然和人文资源，加快文化旅游项目招商，丰富文化旅游产业内涵，推出一批高水平的"潍坊创意"和"潍坊设计"。实施文化旅游融合发展"双十工程"，加快文化和旅游各领域、多方位、全链条深度融合，提升文化旅游市场主体经营水平和景区品质，促进文化旅游产业高质量发展，打响"渤海之滨风筝都，农圣故里动力城"城市品牌。

文化创意。扶持书画一级市场壮大，推动书画二级市场发展，规范艺术品交易流通，推进艺术品市场健康有序发展。加快"文化+互联网"工程建设，培育全影网、八喜旅游网等文化旅游数字化互联网平台，推动数字文化产业发展。提高动漫、影视剧、微电影、视频直播、游戏等线上消费产品的生产营销能力，培强做大"宅经济"。提升文化创意产业园区基地建设水平，推动文化创意产业集聚发展。支持广告企业创意创新，做大做强国家广告产业园。提升展会策划举办水平，打造区域性品牌文化展会。

精品旅游。依托国家级齐鲁文化（潍坊）生态保护区建设，重点开发青州

---

① 潍坊新旧动能转换重大工程，https://wenku.baidu.

古城、坊茨小镇、十笏园文化街区、杨家埠民间艺术大观园、东北乡等以民俗文化为特色的旅游产品。以国家级、省级全域旅游示范区青州市、临朐县为龙头，辐射带动全域旅游高品质发展。整合开发诸城恐龙、临朐山旺化石、昌乐远古火山口群等地质奇观资源，打造地质旅游精品线路。以滨海省级旅游度假区为龙头，带动北部海洋生态旅游开发，打造全省"仙境海岸"文化旅游目的地。加快乡村旅游发展，打造青州井塘古村、临朐北黄谷村、奎文南屯社区、昌乐响水崖子村、昌邑齐西村等传统古村落，带动发展一批业态好、功能齐、设施全的乡村旅游示范点。充分运用5G等现代科技，大力发展智慧旅游。

工艺美术。强化工艺美术创意设计提升，融入现代设计理念，提升年画、风筝、核雕、红木嵌银、泥塑、地毯等产品的审美时尚感。加强与高校合作，建立潍坊工艺美术创意大师工作室、校企合作大学生实训基地。常态化举办"工艺潍坊"创意设计艺术节和创意设计大赛。引导年画、剪纸、核雕、泥塑等工艺美术产业注册成立市场主体，推动工艺美术品牌化发展。重点推动华艺雕塑、潍坊鸢都嵌银厂、红叶地毯等工艺美术企业发展。

工业设计。扶持壮大山东凯雷德、潍坊鼎益等本土工业设计企业，为全市工业企业提供高质量、专业化的品牌策划咨询、品牌视觉设计、核心技术升级、创新产品设计、生产实现等服务。重点在工业设计、文创设计、服装设计等领域，开展基于新技术、新工艺、新装备、新材料、新需求的设计应用研究，促进工业设计向高端综合设计服务转变，推动工业设计服务领域延伸和服务模式升级。

（四）医养健康产业布局

实施"潍坊全域医养健康城"工程，重点建设以高新、奎文为主载体的核心区，沿潍河、弥河两岸的东部医养健康产业隆起带和西部医养健康产业隆起带，以及高端康养中心、老年用品生产集散中心、养护人才培养中心、智慧养老研发中心、中医药传承发展中心，形成"一区两带五中心"的产业布局，促进医疗、养老、养生、体育等多业态融合发展，建设国家医养结合示范省先行区。

医疗服务。合理布局和优化配置医疗资源，重点推进医疗机构提升工程。推广家庭医生签约服务，预防控制重大疾病。开发应用健康医疗大数据，发展智慧医疗，建成统一权威、互联互通的市、县两级全民健康信息平台。

医养结合。培育健康融合发展新业态，加快九龙生态康养小镇、鲁中水乡康养小镇等建设，推进医养相关产业跨界融合。加强体医融合，完善公共体育服务体系，加快建设功能齐备的"中心城区10分钟健身圈""县市中心城区15分钟健身圈"。

中医服务。开展中医药文化"六进"行动，普及中医药健康养生理念和知识。设置医疗机构中医药服务专区，提升"国医堂""中医馆"建设水平。深度挖掘中医药文化，推动中医药文化与旅游产业有机融合，开发中医药健康旅游项目、产品、线路，建设一批国家和省级中医药健康旅游示范区、示范基地。发展"中医药+养老"，促进中医医疗资源进入养老机构、社区和居民家庭，促进中医药与养老服务深度融合。依托峡山中国艾·大健康运营中心，策划举办全国艾系列产品展销会，构建艾产业链。

健康管理。促进健康管理与移动互联网、健康大数据、智慧医疗融合发展，培育健康管理新业态、新模式。鼓励社会力量发展康复护理、母婴照料和残疾人康复护理等专业健康服务机构。培育和引进健康体检机构和品牌，鼓励公立医院与社会资本合作开展健康管理服务。

（五）特色消费产业布局

适应居民生活水平提高和消费升级的需求，培育和挖掘新消费增长点，满足人民群众多样化、个性化、精细化、高品质的生活需求。

信息消费。大力发展农业电商，推动食品谷国际食品、山东优渥、"安丘农耕"、地主网等优质农产品区域电商平台集群发展，培育一批特色鲜明、模式成熟的农村电子商务示范镇，打造中国农产品电子商务之都。加快建设"全影网"婚嫁电商平台、恩源电子商务基地、颐高电商产业园、鲁东电商物流园、昌乐珠宝产业集群电商平台、八喜旅游网等一批专业化电子商务平台和园区。

家庭服务。以家政服务、养老服务、社区照料服务和病患陪护服务为重点，培育一批家庭服务示范企业，多渠道、多业态提供综合性生活服务。实施家庭服务从业人员定向培训工程，加强康复、保健、护理等家庭服务专业人员技能培训[①]。开展行业标准制定，规范家庭服务业市场秩序。

第四节　潍坊市产业转型升级发展建议

为在更高层次上优化全市产业布局，促进区域协调发展，加快推进新旧动能接续转换，潍坊市应进一步贯彻新发展理念，以增强科技创新力、加快产业集群化、提高空间集聚度为重点，统筹推进产业技术创新、园区集聚、项目布局、融合发展、"双招双引"、要素保障等重点工作，着力优化产业结构，全面提升产业发展质量。

一、产业转型升级重点措施

（一）加强技术创新驱动

加强技术创新驱动，着力做好一下几方面工作。

其一，推进关键共性技术研发。深化产学研合作，发挥企业创新主体作用，加强与国内外高层次高等院校、科研院所合作，瞄准引领产业发展的世界前沿技术，引进行业领军人才，开展协同创新，在重点产业领域，集中突破一批关

[①] 寇有观.学习弘扬生态文明思想 策划建设智慧生态城乡[J].办公自动化，2019.02.

键共性技术，占领创新发展制高点。

其二，建设技术创新平台。吸引天使投资、创业投资、私募股权投资参与，加快北京大学现代农业研究院等重大创新载体建设，打造"政产学研金服用"创新共同体。落实相关扶持政策，支持企业创建国家（省级）企业技术中心、工程（技术）研究中心、工程实验室。新建一批海外研发中心，加强国际科技合作和技术成果转化。

其三，优化创新环境。完善创业创新服务体系，建立健全服务科技创新的支持体系。落实人才政策，吸引集聚高端人才。开展股权和分红激励改革，保障研发者和创新者合理分享产品收益。深化产学研合作，加快技术成果转化。依法加强创新发明知识产权保护，将侵权行为信息纳入社会信用记录。实施政府收购、订购和优先采购，政府采购向创新产品和服务倾斜。

（二）促进产业集聚发展

促进产业集聚发展，着力做好以下几方面工作。

其一，加快培植产业集群。按照"主导产业、特色产业成链成群"的要求，做大做优支柱产业、特色产业、新兴产业集群，打造全市经济增长的重要引擎、产业发展的主要平台、创业创新的重要高地。

其二，支持重点龙头企业延伸链条建设产业园区，协同引进上下游配套企业和产业链缺链项目。对符合园区产业定位的项目，提高"双招双引"考核系数，提升园区产业集聚度。对围绕主导产业或龙头企业落户同一园区的项目，可多个项目捆绑计算投资额或地方贡献，享受招商发展激励政策。

其三，优化园区运营机制。全面完成16个省级以上开发区体制机制改革，推进园区机构重组和职能优化，推行园区"管委会+公司化"运营模式，实施"市场化运作、企业化经营"，强化园区经济功能，增强发展活力。加强园区公共服务平台建设，打造社会化、市场化、专业化的公共服务支撑体系。

（三）统筹重大项目布局

统筹重大项目布局，着力做好以下几方面工作。

其一，实施补短板强弱项项目。着眼产业发展的短板弱项，在公共安全信息系统建设、公共卫生、应急物资储备、医疗物资产业链建设等领域，储备实施一批补短板强弱项重点项目，纳入全市重点项目"白名单"，优先支持、靠前落实，进一步增强经济发展韧性，培育新的经济增长点。

其二，实施重大项目落地会商制度。强化对新上项目的规划引导和布局优化，建立审批服务局、发展改革委、工信局、农业农村局、自然资源和规划局、生态环境局、投资合作促进局等部门参加的联席会议制度，依据全市区域功能定位和产业布局要求，建立行业准入、空间准入、项目准入"三位一体"的项目投资准入制度，对全市重大项目布局进行统筹，协调解决项目立项落地、资源配置相关事宜。

其三，完善项目利益分享机制。按照"共建共享、互利共赢"的原则，适度发展"飞地"园区。建立全市重点招商项目跨区域流转和利益共享机制，对全市范围内跨区落地的招商项目、现有孵化器内孵化毕业并跨区转化的企业、按照区域功能定位和产业布局要求需跨区域迁移的项目，市级统筹项目转接区域双方在GDP、税收、考核等任务指标方面的利益分配应避免同类项目无序竞争、随意落地，促进产业有效衔接，空间有序布局。

（四）塑造产业物流优势

塑造产业物流优势，着力做好以下几方面工作。

其一，巩固提升枢纽城市优势。推进京沪高铁二通道、潍烟高铁、青潍城际铁路建设，建成济潍高速、济青高速中线、莱州至董家口潍坊段等5条高速公路，推进潍坊港扩建和疏港高速配套，加快机场迁建步伐，推动鲁辽陆海货滚甩挂运输大通道、国际集装箱航线、空中走廊、"齐鲁号"欧亚班列、"中国食品谷"号铁路冷链班列等国际通道建设,完善现代化城市交通体系,打造全国性综合交通枢纽。

其二,构建一体化物流网络格局。依托现代农业、先进制造业发展基础,加快建设以国家农业开放发展综合实验区为承载的陆港型国家物流枢纽,完善提升鲁东物流中心、食品谷物流中心、航空物流中心、滨海临港物流中心的功能,以专业物流园区为载体完善县域物流节点[①],构建"一枢、四心、N节点"的总体物流发展布局。

其三,提高产业物流效率。推动全国流通领域现代物流供应链体系建设试点城市、城乡高效配送示范城市、省级物流标准化试点城市和智能快件箱进楼宇工程等试点示范,加快现代供应链"四化""五统一"标准改造,开展现代物流供应链体系项目、物流标准化项目、城乡高效配送项目、智能快件箱进楼宇试点和示范推广,以模式创新提升物流效率,降低产业链物流成本,提高产业整体竞争力。

(五)推进深度融合发展

推进深度融合发展,着力做好以下几方面工作。

其一,推进产业跨界融合发展。融合发展产品加工、现代物流、文化旅游、科普会展等关联产业,争创国家"新六产"综合试验区。推进先进制造业与现代服务业"双轮驱动"和融合发展,支持制造业骨干企业剥离重组研发、金融、物流等非核心业务,面向行业提供专业化服务。加快培育研发设计、技术转移、创业孵化、知识产权、科技咨询等生产性服务业,提高对现代农业、先进制造业发展的支撑能力。

其二,实施"互联网+"工程。建设市云计算中心、数据存储中心、大数据平台,完善互联网基础设施。推动特色农产品电子交易市场发展。扩大"企业上云"

---

① 关于构建新体制培育新优势加快全市开放发展的意见[N].潍坊日报,2016-08-10.

覆盖范围,推动自动化生产线改造、数字车间和智能工厂建设。深化互联网技术在物流、金融、文化、旅游、健康、家政等领域的深度应用,壮大体验消费、定制消费、信息消费的规模。

其三,推进产城融合发展。依托现有产业园区,按照产城融合发展理念,在促进产业集聚、加快产业发展的同时,建设城市服务功能完善、产业和城市深度融合、环境优美宜业宜居的新型城区。

(六)高水平开展"双招双引"

高水平开展"双招双引",着力做好以下几方面工作。

其一,明确招引方向。聚力全市优势主导产业及战略新兴产业,聚力高端项目,围绕产业链补链、强链、延链,逐一剖析产业缺失环节和问题清单,定向招引企业、重点人才、投资团队,明确"双招双引"目录,开展点对点精准招商。

其二,完善招引政策。对国家和省、市现有"双招双引"政策进行系统梳理,借鉴先进地区经验做法,及时调整优化。在政策宣传兑现落实上下功夫,着力优化营商环境,打造诚信招商品牌。创新招商模式,强化专业招商,组建专业招商团队,抓住发达城市高成长性企业在全国布局的机遇,主动对接,主动服务,主动招商。探索组建专业化、市场化招商公司,推行"招商合伙人"制度,与知名中介咨询机构、投资促进机构、商(协)会、专业平台公司等开展招商合作。

其三,强化园区招商。推动专业公司招商办园,通过打造利益共同体,调动专业公司在精准招商项目、园区建设等方面的积极性。推广潍柴动力、歌尔股份、盛瑞传动等企业的成功做法,实施"供应商本地化"策略,支持重点龙头企业延伸链条建设产业园区。

(七)打造产业开放新高地

打造产业开放新高地,着力做好以下几方面工作。

其一,拓展产业开放格局。发挥现代农业产业优势,高水平建设国家农业开放发展综合试验区；推进国际农业食品标准引进普及，申请注册国际农业食品商标，获取国际通行证。落实100种产品品牌培育计划，加强"小巨人"企业和"隐形冠军"企业培育，提升企业和产品的国际竞争力；推广潍柴动力、歌尔股份等企业的成功经验，支持骨干企业与全球制造业领军企业开展资本、技术、研发等合作，加强国际合作与品牌建设。深度推进医疗、养老、金融、教育、旅游、体育等领域国际开放合作，推动服务贸易创新发展，建设现代服务业国际合作先行城市。

其二，提升产业双向开放水平。推动外贸转型升级示范基地建设，提高品牌商品、资本品出口比重。推进"千企百展"行动，深耕传统市场，积极开拓新兴国际市场。扩大"十大产业"先进技术设备、关键零部件进口，增加紧缺能源资源和优质消费品进口。培强做大跨境电商园区和综合服务平台，带动中小微外贸企业出口，塑造外贸产品内销品牌，同步提升产业出口能力和内销竞争优势。

其三，聚力打造开放发展高端平台。着力提升中日韩产业博览会、潍坊国际风筝会、鲁台会等节会办会水平[①]，抓好中日韩（潍坊）产业博览会的提档升级，争取成为国家级重点展会。

其四，深度参与"一带一路"建设。抢抓"一带一路"六大国际经济合作走廊建设机遇，加快农业和食品产业国际合作示范区等重点园区建设，推动设立对等合作区域，拓展经贸合作广度和深度。支持企业在沿线国家交通枢纽和节点城市建设仓储物流基地、分拨中心和产品营销中心，加快海外营销网络布局。依托新旧动能转换基金，加大对"一带一路"项目支持。

（八）强化资源要素保障

强化资源要素保障，着力做好以下几方面工作。

---

① 关于构建新体制培育新优势加快全市开放发展的意见[N].潍坊日报，2016-08-10.

其一，加强用地需求保障。开展园区、企业土地节约集约利用评价，加强闲置和低效产业用地处置，提高建设用地开发强度、土地投资强度。推广工业用地"弹性年期出让、先租后让、租让结合"制度，降低企业用地成本，鼓励园区、企业实施"零增地"技术改造。优先考虑重大项目用地指标，对带动、提升效应特别突出的重大项目，实行"一事一议"，全市统筹。

其二，强化财政金融支持。优化财政资金投向，重点保障园区整合、节约集约用地、技术成果转化、公共服务平台建设。整合市内各类股权投资基金[①]，加大对重点产业、关键领域的支持和引导力度。探索在市级以上重点园区引入银行、创投、保险、证券等机构，提供"银行+担保+保险+创投+科技中介服务"的一揽子金融服务。

其三，强化环境容量保障。严格落实煤炭、能耗替代，推进环境要素集约利用，重点支持先进制造业项目建设。加强区域统筹，对市级以上重大项目、重点园区环境容量予以倾斜保障。强化污染物减排，严格新上项目环境准入，降低新增项目对环境要素的需求。建立高能耗、高污染企业淘汰退出机制，全面提升重点行业技术装备水平和污染治理水平。

其四，加强基础设施建设支撑。加快5G基站全覆盖，统筹推进智慧城市大脑、人工智能、数据中心、工业互联网等新型基础设施建设，强化未来经济硬核支撑。实施临朐抽水蓄能电站、港口、高铁、高速、城市轨道交通、机场迁建等重大基础设施工程，为全市产业高质量发展提供有力支撑。

二、产业转型升级实施保障

产业转型升级实施的保障，体现在以下几方面。

第一，加强组织领导。充分发挥政府主体责任，各级政府要强化统筹协调，

---

① 山东省人民政府关于印发山东省新旧动能转换重大工程实施规划的通知[R].山东省人民政府公报，2018-02-28.

明确责任分工，优化配置资源，分别制定规划落实方案，推动产业布局规划有效落实。建立由市发展改革委、科技、财政、工信、农业、自然资源和规划、生态环境、水利、商务、市场监管、行政审批等部门组成的联席会议制度，定期研究部署工作推进情况，加强各有关部门在规划实施中的协作配合，解决推进过程中遇到的重大问题。健全实施机制，各县市区和市属各开发区要切实提高规划管理水平和实施效率[①]。

第二，凝聚广泛共识。通过报刊、广播、电视、网络等多种媒体，开辟专栏，加强对全市产业规划宣传解读；将规划实施纳入市县镇三级干部专题培训、重点企业负责人培训计划，进一步统一思想、形成共识，使实施规划成为全社会的自觉行动。及时总结梳理先进理念、先进经验和先进模式，挖掘树立典型标杆，提炼形成可复制、可推广的成果，适时在全市范围内推广。

第三，强化评估督导。强化规划分工落实责任，科学开展中期评估和实施后评估，根据评估结果及时科学调整规划。将各级各部门落实规划情况纳入经济社会发展综合考核，加强考核结果运用，将规划落实情况与中央和省预算内投资项目安排、专项奖补资金支持、土地指标调整等挂钩，充分调动各级各部门落实规划的积极性和主动性。

---

① 潍坊潍城区国民经济和社会发展，https://wenku.baidu.

第三章

潍坊市科技创新助推新旧动能转换

第一节　科技创新助推新旧动能转换的要求与目标

一、科技创新助推新旧动能转换的指导思想

潍坊市坚持以习近平新时代中国特色社会主义思想为指导，全面贯彻落实党的十九大，十九届二中、三中、四中全会精神，紧扣省、市重点工作，坚持创新是第一动力、人才是第一资源，深入实施创新驱动发展战略，以"重点工作攻坚年"为契机，积极融入全省科技发展规划，加快构建有利于科技创新、成果转化和人才聚集的体制机制[1]，努力在高新产业培育、研发体系建设、科技成果转化、科技人才引进等方面实现新突破，全面提升创新供给能力，为推进新旧动能转换、促进全市经济高质量发展提供强有力的科技支撑。

二、科技创新助推新旧动能转换的基本要求

科技创新助推新旧动能转换有以下几个基本要求。

一是坚持创新驱动。着力推进科技创新、体制机制创新、商业模式创新、社会治理创新，优化要素配置，激发创新创业活力，创造新供给，释放新需求，推动新技术、新产业、新业态蓬勃发展，加快实现发展动力转换[2]。

二是坚持重点突破。凝练一批战略性和针对性强的科技难题和需求，选择

---

[1] 郝全洪.推进协同发展的现代产业体系建设的思考与建议：基于管理动力系统理论的视角[J].学术研究，2021.01.
[2] 刘先银.发展理念是发展行动的先导　六个"必须"布局"十三五"，http://blog.sina.com.

一批关键技术和核心技术作为主攻方向，实施重大领域科技核心关键技术突破战略。集中力量，加大投入，加快实施，完成重点科技建设任务，力争以局部的突破和跨越带动本市核心竞争力和自主创新能力的整体跃升。

三是坚持高端引领。突破关键核心技术，培养和吸引高端人才，加速科技成果产业化。在一些重点领域适度超前部署，引领产业结构向高端攀升。

四是坚持产业提升。实施一批重大科技专项，培育壮大战略性新兴产业，运用高新技术改造优势产业，提升产业发展的层次和质量，增强产业核心竞争力。

五是坚持机制创新。深化重点领域和关键环节的改革，在强化"三体"（企业主体、创新载体、产学研一体）建设，科技金融结合、股权激励、自主创新考核评价等方面率先突破[①]。

三、科技创新助推新旧动能转换的发展目标

（一）科技创新总体发展目标

把握机遇，科学决策，合理规划，以创新驱动发展为主线，全力推进创新型城市建设和经济社会高质量发展。经过五年的发展，具有潍坊特色的区域创新体系基本形成，激励自主创新的体制机制和政策体系进一步完善，创新能力大幅度提升，科技进步与创新成为支撑经济发展方式转变的主导力量。

到"十四五"末，实施一批重大科技创新项目，建成一批省级以上高水平科技创新平台，转化一批重大科技创新成果；全市高新技术企业达到1200家，高新技术产业产值占比达到50%，全社会研发投入达到2.5%。到2025年，基本形成产业布局合理、质量效益提升、产业结构优化、创新能力增强、开放水平提高的现代产业新体系。

---

① "十三五"科技规划工作思路，https://www.gwyoo.com。

（二）科技创新具体发展目标

科技创新具体发展目标如下。

一是加快科技创新平台建设。立足潍坊市经济发展实际，促进企业加快研发平台建设，集中科技资源，对制约区域产业发展的"瓶颈"技术难题进行攻关，提升行业领域创新能力。着力扭转目前潍坊市各类研发平台开放性不足的局面，引导其面向全市相关企业提供行业技术服务，发挥好研发平台带动全行业技术水平共同提升的作用。

二是发挥科技项目实施带动作用。组织企业申报国家级、省级重大项目。加大项目检查监督及验收考核力度，做好计划项目实施工作，依靠项目实施带动创新能力提升，利用技术升级加快经济结构调整和发展方式转变。

三是推进"政产学研金服用"深度融合。推动科技创新的协调联动机制进一步完善，企业协同创新主体地位更加突出，"政产学研金服用"创新要素有效集聚和优化配置。发挥科技部门在企业和科研院所中的桥梁纽带作用，根据科技型企业实际技术需求，深入推进潍坊市院企对接、校企对接活动，全面提升本市产学研合作水平，促进更多院士、专家与潍坊市企业开展科技合作，建立高水平工作站、研究所。

四是推动高新技术产业发展。把高新技术产业发展作为优化产业结构、促进转型升级和创新驱动发展的重要抓手，加快改造提升传统产业，增强高新技术产业规模，不断提升高新技术产业在规模以上工业中产值的比重。

五是科技人才工作扎实推进。深入实施人才优先发展战略，突出"高精尖缺"导向，着力发现、培养、集聚高层次人才。以人才引进培养为着力点，推进产业创新发展。加快落实千人计划、万人计划，加快引进外国高端专家、院士、泰山学者、泰山产业领军人才等高端科技人才。

六是创新能力显著增强。全社会研发经费占生产总值比重、规模以上企业研发经费占比达到国内先进水平，科技创新的引领作用凸显，建成国家创新型城市。专利申请总量、授权总量继续保持全省领先位次，高新技术企业数量力争突破1000家。

七是创新驱动生态体系显著完善。科技创新质量和效益大幅提升，自主创新能力居山东省前列，成为区域性创新中心，打造国内一流的自主创新市级示范区。

八是融入山东省新旧动能转换综合试验区核心区。充分利用邻近新旧动能转换核心城市（青岛）的优势，积极对接青岛国家高新技术产业开发区（红岛）、中国－上海合作组织地方经贸合作示范区（胶州）等国家战略试点区域，加快推进国家创新型城市建设[①]。

第二节　科技创新助推新旧动能转换的重点任务

潍坊市科技创新助推新旧动能转换的重点任务为，围绕实施创新驱动发展战略、中国制造2025等，加快推进以科技创新为核心的全面创新，推动传统增长引擎转型升级，大力培育发展新兴产业，优化区域经济布局，推动全市创新协同发展。

一、通过重大项目实施，推动产业转型升级

围绕加快推进高端装备、新一代信息技术、新能源新材料、现代农业、高端化工等新旧动能转换十强产业，实施重点项目推进工程，建设科技服务平台，加快海洋强市建设步伐，着力破解影响产业发展的"卡脖子"关键技术难题，

---

① 王寿林．我国社会主要矛盾的特征及对贯彻新发展理念的要求[J]．观察与思考，2021（1）：5-14．

推动产业转型升级。

（一）实施重点项目推进工程

实施重点项目推进工程，包括以下几方面内容。

一是实施重大科技创新项目。重点组织实施潍柴动力"燃料电池动力系统"、歌尔股份"虚拟现实"、豪迈科技"陶瓷热交换器"、天瑞重工"磁悬浮鼓风机"、默锐科技"化学溴素阻燃剂"等创新项目；重点推动雷沃重工的"14千克/秒以上大型智能化多功能谷物收获机械技术及装备研发""重型CVT拖拉机（280~340马力）关键技术研究与整机开发""基于遥感和物联网技术的数字农业技术开发与应用""面向协同精准作业的农机自动控制技术及系统""高端复式条播机械研发""200马力以上拖拉机高端转向驱动桥研发"和"面向智能工程机械的专家诊断系统"项目，坊能新动能公司的"适用于深部地热开采与浅层地热高效利用的RTR热泵系统研发及产业化应用"和"自主式智能消防机器人技术"，富源增压器"燃料电池用空气悬浮离心压缩机的研制与应用"、北斗院物联"多源融合自动导航技术"、共达电声"智能声纹识别芯片的关键技术研究和产业化"、华美精陶"超薄液晶玻璃基板用碳化硅陶瓷及其制品的研制与产业化应用"等重大科技创新项目。每年力争有50个项目列入省级以上重点研发计划，争取资金2亿元以上。

二是推进科技项目产业化。重点抓好奥杨"新能源氢燃料电池供氢动力组件"、美晨"新能源卡车智能悬架减振系统的研发与产业化"、北汽福田"车身车间智能化改造项目"、青腾"机械工业制造泛在物联网全景质控平台"、大业"10万吨子午线轮胎钢丝帘线智能化改造项目"、蓝想环境"湿烟气深度协同治理超净排放绿色智能技术装备"、七维新材料"年产20万吨环保型工业水性涂料"、奥天电子"绿色节能的新一代大功率开关器件驱动、保护、动态检测集成电路"、金鸿新材料"高性能反应烧结碳化硼陶瓷及复合装甲材料"、埃尔派粉体"大宗固废超音速蒸汽粉碎及多固废协同互补高值利用技术产业化成套装备"、万山"2万吨/年液体纯氢能源项目"、野马汽车"26万辆新能源乘用车"、矿机"急倾斜薄及中厚煤层智能化开采关键技术与装备"、世纪阳光纸业"50万吨麦草生物机械浆纸模包装项目"、潍焦"全海深浮力材料"、元利化学"4.5万吨/年受阻胺类光稳定剂技术"、欣龙生物"超高分子量聚丙烯腈碳纤维原丝及相关助剂的研发"、潍森纤维新材料"生物基包装新材料纤维素肠衣关键技术研究与应用"、百德生物"废弃动物蛋白资源高效生物酵解集成化关键技术研究与示范"等科技项目的研发及产业化工作。

三是推动食品安全关键技术研究。支持企业研究危害物的高效识别、精准检测和确证技术,建立主要标志物的识别、测定及快速应急风险评估方法,构建集化学、物理及生物追溯为一体的新型溯源模型,开展预警研究;研究常见污染物的快速检测与精准识别技术,开展食品中常见污染物高灵敏和高特异性检测的关键共性技术研究,建立经济便携的食品安全现场快速诊断新技术。支持拜尔检测开展食用农产品中高残留农药筛查及其在慢性疾病发生发展中的作用机制研究,积极推荐潍坊市企业申报省重点研发计划医用食品专项。

四是打好"1+1+8"污染防治攻坚战。支持企业推进污染防治先进技术创新,形成一批具有自主知识产权和行业发展推动力的核心技术,积极争取国家、省级科技计划专项支持。鼓励关键技术研发,加快突破重大关键技术。支持企业开展绿色防控技术、有机肥替代化肥技术、减肥增效技术和水肥一体化技术创新,降低化肥农药使用量,增加有机肥使用量。支持研发全生物可降解地膜,组织大专院校、科研院所和企业联合攻关。支持恒涛节能开展A级锅炉智能制造及生命全周期项目研究,皓隆环境开展挥发性有机物(VOC)分散收集、集中净化处理的VOCs治理方式及活性炭的循环再生利用项目研究,创新华一开展高浓度印花(印刷)废水有机污染物及氮回收利用技术攻关。

(二)建设科技创新服务平台

建设科技创新股份平台,包括以下几方面内容。

一是完善创业孵化平台。结合现有产业基础和优势，探索新型孵化方式，支持各园区搭建专业化、市场化创业服务平台，完善提升"众创空间＋孵化器＋加速器＋产业园区"四位一体创新创业服务体系，重点协助蓝色智谷建设综合性科技服务平台,建设中国(潍坊)创新创业孵化示范基地,培育形成若干特色鲜明、具有较强影响力和带动示范作用的创客空间和科技企业孵化器。

二是完善企业研发平台。发挥企业研发平台的"创新之核"和"成果之源"作用，支持企业单独或联合高校院所组建市级以上重点实验室、工程技术研究中心、院士工作站等企业研发平台，每年新增市级以上企业研发平台10个以上。开展现有研发平台的上档升级，积极培育一批有望升级为省级、国家级的企业研发平台。

三是完善科技合作平台。瞄准创新源头，以优势企业和园区为合作主体，加快招院引所力度，重点对接引进"中科系""北清系""强企系"创新创业资源，打造一批企业化、市场化、多元化、国际化的新型科技合作平台，助推相关企业实现新旧动能转换。紧抓"一带一路"战略机遇，认真梳理企业需求，建设中科创新园国际技术转移中心，吸引先进科技成果来潍坊落地转化。

（三）推动生物医药产业高质量发展

推动生物医药产业高质量发展，包括以下几个方面内容。

一是支持开展重大新药创制与高端医疗装备项目研究。针对潍坊市新药及高端医疗装备领域缺少原创性和国际影响力的创新成果问题，在重大新药创制与高端医疗器械领域重点支持药物精准发现、药物规范化评价、创新药物研发、高端医学装备、智能装备关键技术及产品等七个研究方向，力争通过关键技术突破,研制系列重大新型药物及健康产品,加速创新型高端医疗器械国产化进程,提升潍坊市医药产业自主创新能力和健康产品产业化水平。支持佰昕元制药开展用于低血糖治疗的GLP-1受体拮抗剂的研发与产业化，兴瑞生物开展治疗艾滋病的CAR-T细胞产品的临床研究及转化，诸城兴贸玉米开展生物酶脱支处理结合重结晶法制备功能性纳米抗性淀粉研究。

二是推进生物医药重点项目实施。聚焦生物医药产业发展需求,推动重大关键核心技术突破,培育形成潍坊市生物医药产业自主创新和产业竞争新优势。支持吉青化工开展光－酶耦合催化合成环氧类化合物关键技术研究;支持泽普医疗加大新产品研发力度,推进"互联网＋智慧医养康复"大数据运营系统研究;鼓励康华生物开展分子诊断生物技术——癌症伴随诊断多重高分辨 Q-PCR 试剂盒项目。

三是加快推进生物医药产业园建设。充分发挥全市生物医药创新引领作用,不断完善协同创新体系[①],加大"双招双引"力度,提升孵化服务水平。建立新药创制、中医药、生物农业等协同创新中心,吸引聚集相关领域高端院校及人才项目落户园区。继续加强对中狮产业园、盛宏医药等在建和提升项目的包靠协调力度,全力配合推进沃华中药精品园项目。加快推动药物研发平台、资本运作平台、第三方中介服务平台、医院药企合作平台、销售平台等平台的建立与完善,重点对接四川吉隆添加剂、香港大蒜素等项目,力争在大项目招引上实现新突破。细化做实舜腾资本设立的 1 亿元产业基金,加大科技创新券申报力度,强化对中小微企业的科技金融支撑。

(四)加快海洋强市建设步伐

加快海洋强市建设步伐,包括以下几方面内容。

一是着力构建起现代海洋产业新体系。海洋强市建设工作将重点围绕海洋环境监测与保护、高端海洋装备、智慧港口与海洋工程、海洋生物资源与制品、深远海养殖与极地渔业、海水综合利用六个研究方向,力争通过关键技术突破、创新平台搭建、高端人才引进等方式,构建起现代海洋产业新体系。

二是推动海洋产业质效升级。支持海洋产业集群发展,加大现代海洋产业"雁阵形"发展培育力度,鼓励海洋生物医药、海洋装备制造、海洋新材料、

---

① 霍建君.创新驱动转型发展 努力走在全国前列[J].今日科技,2013(7):36.

海水淡化及综合利用等海洋战略新兴产业发展，谋划推进一批技术先进、创新性强、有发展潜力的大项目、好项目，推动潍坊市海洋产业高质量发展。

三是鼓励涉海企业开展重大项目研究。支持山东海科院通过技术集成与示范，开展海水淡化和浓海水综合利用高性能离子交换膜的制备及应用研究，实现淡水与高纯度浓盐水的联产新工艺成套化装备落地。支持力创电子开展高性能LNG/柴油双燃料电控多点喷射系统的研发，改变我国船用燃气发动机的产业格局；支持赛马力研发20~500kW新型智能环保船用双燃料发电机组，通过技术创新提升发电机组燃油替代率，提高排放标准；鼓励天瑞重工开展海水养殖用磁悬浮鼓风机的研究及产业化应用，以填补山东省在这一领域的空白，打造山东省在磁悬浮技术和海洋产业的先发优势。

四是支持LSD大科学装置建设。LSD大科学装置项目建设中应充分发挥中国航天系统科学与工程研究院钱学森系统科学理论研究、系统工程集成方面的优势，中铁五局集团有限公司复杂环境地下硐室施工、国防涉密设施施工优势，山东大学水动力学理论和地下洞室群建设优势，以及地方政府优良的营商环境、健全的配套设施、完善的保障体系等政策优势，建立科学的管理运营机制，打造"硬科技、专业化、定制化"的科研平台。通过中央企业和科研院所主导、金融部门参与、地方政府支持的"政学产研金"共建机制，形成世界水动力科技人才高地，并引领国防装备产业、船舶动力产业、海洋工程产业等百余产业链，通过军工带海工，打造千亿级产业集群，解决海洋产业滞后的问题，实现大科学装置建设共享的新路径。

二、加快科技园区建设，提升区域创新能力

加快构建区域创新支撑高地，高标准建设农业科技园区，着力打造科技创新示范园区，充分发挥科技园区的创新引领带动作用，打造全市科技创新的样板和高地，提升区域创新能力。

（一）围绕区域发展特色化，加快构建区域创新支撑高地

主要做好以下几方面工作。

其一，突破国家农业开放发展综合试验区这一核心。借助国家农业开放发展综合试验区这一国家级对外合作开放平台，重点围绕农业等领域，坚持以改革的思维和方法，着力破除制约农业对外开放的体制机制障碍，以改革促进开放，以创新驱动发展，激发内在活力。坚持"引进来"与"走出去"相结合，充分利用国际国内两个市场、两种资源，吸纳国内外现代农业发展的新技术、新产业、新业态、新模式，推动优势产能国际合作。

其二，积极推进国家创新型城市和创新型强县建设。进一步细化国家创新型城市建设任务目标，压实工作责任，加强督导调度，确保潍坊市国家创新型城市验收成功，助力现代化高品质城市和创新型省份建设。对照国家创新型市县建设标准，按照理念、平台、产业、人才、制度"五大革新"要求，立足传统产业改造升级和战略新兴产业发展，创新推进项目招引、高端人才引进和产学研结合，加快发展高科技产业，引导企业建设技术研发平台，提高产品附加值和综合效益，力争在推进国家创新型强县建设中科技创新软实力得到有效提升。

其三，全力推动寿光争创国家级高新区。充分发挥寿光农业发展特色，推动寿光省级高新技术开发区升建国家高新技术开发区。在前期工作基础上，加强与省厅、科技部的汇报对接，扎实做好各项"迎考"工作，力争早日获批。进一步完善寿光高新区发展规划，尽快创建为国家级高新区，赋予"寿光模式"新内涵，开创一个地市、两个国家级高新区的创新发展新局面。

其四，全力支持潍坊高新区改革。支持高新区机构改革，引导高新区聚焦主责主业，加快高质量发展。支持高新区瞄准世界科技前沿，在体制机制、资源共享、财税金融、人才培养、产城融合等方面先行先试，探索创新，率先突破，形成可推广、可复制的经验和模式，把高新区建设成为区域转型升级引领区、

创新创业生态区、体制机制创新试验区、国际化先行示范区。

其五,抓好创新型园区建设提升,形成浓厚科技创新氛围。加快推进山东省农业高新技术产业开发区建设,大力推进食品产业整体技术改造升级,争取建设省级高品质肉类产业技术创新中心。抓好生物医药、高端装备制造、信息技术、新材料等产业发展,力争将潍坊市生物医药创新创业共同体列入省级支持范围,支持重点企业牵头组建产业联盟,促进产业发展向中高端延伸,不断提高产品加工转化率和附加值。

(二)建设农业科技园区,发展高新技术企业和高新技术产业

主要做好以下几方面工作。

其一,高标准建设农业科技园区。把握农业科技园区的"农、高、科"定位,把农业科技园区建设成为创新创业的重要基地,培训职业农民的大课堂,成果示范推广的主要阵地,集聚创新资源的重要载体,农业农村改革的试验田,吸引更多农业企业到园区落户,培育更多高新技术企业,连片带动乡村振兴。

其二,做好峡山省级农业科技园区建设。按照园区规划建设好核心区各项功能设施,重点发展有机蔬菜和无公害蔬菜等种植,强化集约育苗、环境监控、水肥一体化、生物防治、智能作业等新技术、新产品、新品种、新设备等集成创新与利用,打造潍坊市有机蔬菜生产基地。

其三,充分发挥已批省级农业科技园区作用。助力区域产业做强做大,提质增效,推动产业集群创新能力不断提升,培育更多的龙头企业和高新技术企业[①]。

(三)着力打造科技创新示范园区

1.打造多个特色科技产业园区

围绕产业转型升级需求,聚焦生物医药、现代农业、新能源、新材料等新

---

① 刘兴远.在构建新发展格局上争做示范:优势与路径[J].唯实,2021.01.

旧动能十强产业，谋划和建设一批科技产业园区。新松（潍坊）智慧园总投资50亿元，规划占地1500亩，主要依托新松机器人全球领先的技术和产业优势，整合潍坊理工学院"新工科"资源，打造全省机器人及人工智能产业创新发展样板区和新旧动能转换示范区。

潍坊中南高科·鸢都汇智园项目占地440亩，总投资13.5亿元，整合潍坊当地优质企业，引进北京、青岛、济南优质企业，重点引进智能制造、精密仪器、人工智能硬件及应用等无污染优质企业。生物医药产业园占地面积150亩，总建筑面积15万平方米，项目计划投资5亿元，打造生物医药公共服务平台，构建生物医药、生物制剂和医疗器械三大基地。高新技术产业园占地200亩，总建筑面积16万平方米，园区内的科技企业孵化器于2013年通过国家科技部认定，是全市第5家国家级科技企业孵化器，也是全市高新区外的第1家国家级孵化器，"十四五"期间将对孵化器进行改造提升，继续完善"苗圃—孵化器—加速器"的科技创业孵化链条，将专业化服务不断向前端和后端扩展，对处在不同发展阶段的在孵企业提供高质量创业增值服务。另外，还有长松科技产业园、万创众创空间、潍坊总部基地、特色人才产城公园、潍坊农创港、跨境电商总部产业园等一批特色园区，也是集聚高新技术产业和高端技术人才的重要载体。

2. 全面提升科技园区支撑、服务、创新能力

支持高新区、自创区、农业开放发展综合试验区建设，充分发挥科创园区核心引领及示范带动作用，瞄准世界科技前沿，在体制机制、资源共享、科技金融、人才培养等方面率先突破。支持科创园区开展关键核心技术研发、重大科技创新载体建设，完善科技服务体系，培育发展主导产业。积极争创国家级科技孵化园区，高标准编制完善科创园区总体及产业发展规划，着力打造集业态培育、技术研发、人才引进、科技金融产业孵化等于一体的现代高新技术产业体系，带动区域创新能力提升。支持有条件的县市区规划建设科教创新园区，打造创新型人才培养基地和科技成果转移转化新高地。

3. 加快推进产业园区创新技术成果转化，推动实施乡村振兴战略

强化协同创新，建设和发挥战略联盟和科技创新批平台作用，壮大特色优势产业，大力引入专业成果技术，加快成果转化，发挥项目示范带动作用。牢固树立科技引领产业发展思维，结合实施乡村振兴战略，推动互联网+、物联网农业、区块链技术创新发展；结合旅游产业发展，配合推进农业综合体、田园综合体项目；结合医养事业发展，配合助力健康养老产业发展；结合绿色生态，助推生态环保产业，促进一、二、三产融合发展。

三、培植新兴产业龙头企业、科技型企业和产业集群

超前布局一批新兴未来产业，促进产业集聚发展，培育优势科技企业，围绕特色产业集群化，培育壮大高新技术产业规模，提高产业核心竞争力。

其一，打造特色产业集群。加大对新技术、新产业、新业态、新模式的培育发展力度，支持重点龙头企业延伸链条建设产业园区，协同引进上下游配套企业和产业链缺链项目。

其二，培育发展战略性新兴产业。借助物联网、大数据、区块链等技术，联合高等院校、科研院所及企业，围绕工业企业应用、金融、供应链、文创、食品溯源、检验检测、医疗健康等领域，布局一批"区块链+"产业，逐步打造国内国际有一定影响力的集区块链科研、人才培养、应用落地孵化于一体的服务管理平台，抢占科技新高地。

其三，着力打造高端化工集群。依托中化弘润、新和成、海化集团、国邦医药等企业，围绕石化、盐化、精细化工和新材料等领域，组织进行专业化产业链设计，支持引进建链、补链、强链等重大项目，强化财税、资金、土地、技术、人才等方面的保障力度，及时协调解决产业集群发展和项目建设中存在的难点、堵点问题，全面提升集群协作配套能力和综合竞争优势，打造省内一流的高端化工产业集群和新材料基地。

其四，强化产业空间整合。优化园区布局，加大存量园区整合提升力度，鼓励以国家、省级园区为依托，建立统一的管理机构，对区位相邻、产业相近的小散园区进行整合、托管。加强专业分工与产业协作，打造全市各集聚区特色鲜明、主业突出、互相配合的产业发展格局。

第三节 科技创新助推新旧动能转换案例

一、重点项目建设助推新旧动能转换

（一）绿色智谷创新发展

为加快推进现代农业绿色发展、高质量发展，充分发挥科技创新引领作用，潍坊市峡山区倾力打造绿色智谷项目，聚焦高端人才引进、前沿技术攻关、成果推广应用，围绕现代农业、食品安全、纳米材料等重点领域，搭建了北京大学现代农业研究院重点实验室、兴旺生物育种国际研发中心等重点科研平台，引进了国家现代农业与食品前沿产业技术创新战略联盟、山东蓝海农业科学研究院、潍坊生物与纳米技术产业研究院等新型研发机构，加快形成科技资源富集、高端人才集聚、创新活力迸发的生动局面，全面构筑科技创新和人才集聚新高地。

智汇峡山，创业华夏。峡山绿色智谷秉承习近平总书记"聚天下英才而用之"的核心人才观，坚持人才强区、科技兴区发展理念，全面优化资源要素配置，积极营造一流创新创业环境，聚集了以世界著名生物学家、北京大学现代农业研究院首席科学家邓兴旺，世界著名育种专家张兴平，北京大学现代农业研究院资深研究员章旺根和泰山产业领军人才王喜萍为代表的一批海内外专家学者，将有效发挥政府智囊团作用，为全区的农业发展和科技创新提供智力支持，为潍坊创新提升"三个模式"以及潍坊国家农业开放发展综合试验区建设提供强大的科技支撑，对全省乃至全国现代农业的发展产生重要影响。

北京大学现代农业研究院由山东省人民政府、北京大学合作共建，是全省新旧动能转换的重点项目[①]。研究院拥有300~500名国际一流人员组成的科研团队，省编办配备180个事业编制，用于引进高科技人才。计划建成30个世界前沿实验室，成立多个研究中心，包括基础研究、生物育种、科技成果转换、食品安全研究、作物遗传研发、生物信息大数据等。现在北京大学现代农业研究院项目已全面开工建设，为承接展示研究院科研成果，当地政府规划设计了绿色智谷、农业科普公园等配套项目，计划年内动工建设，通过加快科技成果转化，推动项目招引落户，全力打造成为山东乃至全国的现代农业科技"硅谷"。项目建成后，将整合山东省和北京大学的资源优势，为全省新旧动能转换、打造乡村振兴齐鲁样板做出积极贡献[②]。

（二）峡山生命科学产业园创新发展

峡山生命科学产业园位于峡山区创新创业服务中心。产业园旨在通过创新政府服务模式，实施科学有效管理，不断优化资源要素配置，打造一流营商环境，加快建设人才创新创业新高地，推动高端产业集聚发展，为峡山加快新旧动能转换提供持续动力。

园区成立以来，先后引进源宜医学科技、荆卫生物科技等在生命科学领域处于国际高端研发水平的12家高科技企业[③]；引进世界著名生物学家、美国科学院院士邓兴旺，中国工程院院士金宁一，美国哈佛大学博士后吴东颖，澳大利亚昆士兰大学分子生物研究所研究员黄啸，吉林大学博士生导师柳增善，韩

---

① 北京大学现代农业研究院[J].走向世界，2021.01.
② 李国栋.担负起服务乡村振兴的重大使命[N].潍坊日报，2021-03-02.
③ 尹莉莉，窦浩智，孙孔嘉，等.不负绿水青山 方得金山银山[N].潍坊日报，2020-06-16.

国科学技术院郑载胜等高层次人才55人，其中院士2人、博士35人。建立市级以上科技创新平台18个，打造科技研发团队10个，前沿技术成果不断涌现。

在今后的发展中，峡山生命科学产业园将立足功能定位，持续做大做强生命科学产业，建设一批省级、国家级重点实验室、工程技术研究中心等科技创新平台，加快引进一批在国内国际处于高端研发水平的高科技企业，聚力培育一批生命科学、现代农业、生物医学领域亿级新兴产业集群，努力打造面向国内外、产业高端、人才集聚、创新涌动的全产业链条生命科学创新创业示范园区。

（三）峡山中铁国骏智造谷创新发展

峡山中铁国骏智造谷项目是区党工委、管委会积极响应全省推进新旧动能转换重大工程号召，大力实施腾笼换鸟，破旧立新，在淘汰主城区周边原有部分低端产能企业基础上，创新谋划的全区重大支撑项目，该项目是中央企业助力山东省新旧动能转换座谈会上代表潍坊市的唯一签约项目[①]。

项目由潍坊国骏建设投资有限公司投资开发，中铁二十局集团有限公司总包建设，一期规划占地1200亩，总投资25亿元，总建筑面积59.6万平方米，分4个片区开发建设。其中1、2、4片区为生产区，主要建设高标准生产车间，打造电子信息新材料产业园、生物科技产业园等园中园，通过整合相关上下游产业链，形成电子信息新材料产业集群、高端装备产业集群和生物科技产业集群；3片区是研发运营中心，主要建设写字楼、科研楼等，为入驻企业和项目提供配套服务。项目将打造成为潍坊市培育绿色工业的集聚孵化平台，形成技术进步与产业升级相互促进的新格局，全面提升城市发展活力，增加就业、积聚人气，助推峡山经济社会实现更高质量发展。

---

① 刘超，刘涛.绿水青山引凤来[N].潍坊日报，2019-10-16.

二、区域科技创新助推新旧动能转换

（一）潍坊高新区加快科技创新发展

近年来，潍坊高新区抢抓新旧动能转换重大机遇，以高水平建设山东半岛国家自主创新示范区为契机，积极推进以"创新驱动战略提升"为核心的"三次创业"，全区科技事业取得显著发展。2019年，全区共拥有高新技术企业187家；新实施各级科技计划项目191项；新建市级以上企业工程技术研究中心和重点实验室12个，累计达到192个；技术合同登记额达到8.22亿元，同比增长20.6%；高新技术产业产值占规模以上工业总产值的比重达到79%，同比增长5.3%。

1.科技创新的发展思路

潍坊高新区按照"自主创新、重点跨越、支撑发展、引领未来"的科技工作总方针，以增强自主创新能力为核心，强化科技政策供给，加快体制机制改革，促进要素资源整合，链接全球创新网络，加快打造资源集聚、环境优良、成效显著、开放合作的科技创新创业生态体系，努力把潍坊高新区建设为具有丰富创新资源和密集创新网络的区域创新中枢，为推进新旧动能转换提供强有力的科技支撑。

高新区科技创新的发展目标为：紧紧围绕重点工作部署，在"建设科技服务平台、培育优势科技企业、营造科技创新环境"三大领域，重点推进八大重点任务。到2025年，全区建成省级以上科技企业孵化器和众创空间25个以上，市级以上各类企业研发机构240个以上，引进高校院所及分支机构50个以上，培育认定高新技术企业400家以上、瞪羚企业50家以上。

2.科技创新的发展重点

科技创新的发展重点体现在以下几个方面。

其一，加快培育优势科技企业。进一步做大做强高新技术企业，加快培育壮大高新技术企业集群，重点以产业园区为依托，建立高新技术企业培育库，深入实施中小微企业"小升高"计划，整合集成各类创新创业资源，进行倾斜扶持、重点培育，使其尽快成长为高新技术企业。

其二，进一步完善科技创新政策体系。制定出台《潍坊高新区支持科技创新引领高质量发展若干政策》，综合运用无偿资助、后补助、贷款贴息、购买服务等方式，重点支持企业科技创新和成果转化。加大财政科技专项资金支持力度，完善高新区科技发展计划体系，优化高新区科技创新券制度，引导全社会各类创新主体不断加大研发投入。

其三，进一步提升高层次人才服务水平。认真抓好人才引进、培养、使用"全流程"管理，积极组织申报各类人才工程和示范基地，打造引才引智政策和体制机制的创新平台。广泛组织参加各类人才竞赛，以赛代评，激发科技人才创造活力。依托骨干企业，加快引进青年人才和外国专家人才，推荐争取国家科技部创新人才推进计划，协助各类人才积极争取上级科技资源支持。

其四，深入畅通技术交易服务渠道。依托国家级技术转移示范机构，着力为企业提供技术合同登记备案工作的培训指导，组织企业与高校院所开展产学研合作交流。通过政策和资金引导，培育和壮大技术转移服务机构，提升技术经纪服务能力，促进成果转移转化。加强人才队伍建设，依托服务机构培养一支懂专业、懂管理、懂市场的技术交易服务人才队伍。

（二）潍坊昌乐县加快科技创新发展

1.科技创新的指导思想

潍坊市昌乐县切实落实省市科技发展工作思路以及县委县政府高质量发展、赶超发展目标要求，以科技服务企业发展为中心任务，以提升产业发展质效为目标，优化产业空间布局，高效配置要素资源，营造良好产业生态，扎实推进新旧动能转换,加快构建体现昌乐优势特色的现代化产业体系,以科技进步引领推动质量提升、效率变革,加快构建现代化经济体系。

2. 科技创新的发展重点

科技创新的发展重点体现在以下几个方面。

其一,大力发展高新技术产业。加快传统产业转型升级,加快发展新兴产业。按照统筹安排、战略调整、合理分工、协调发展思路,逐步形成特色鲜明、分工明晰的高新技术产业布局。依托高新技术企业、科技型中小企业、院士工作站、工程技术研究中心、重点实验室、孵化器、众创空间等载体,加快高新技术产业发展。大力培育和做大做强高新技术企业,支持行业龙头企业,不断提高企业的核心竞争力,推动持续创新,真正把科技转化为生产力。通过重点培育,整合发展形成一批具有较强竞争能力和主导产品优势的大企业、大集团,推进重点项目实施。建立高新技术企业长期培育机制,对有申报意向的企业全部入库培养,按照高新技术企业认定标准逐步规范提升,成熟一批,申报一批。

其二,大力加强高端技术人才引进。围绕科技兴企、工业强县,积极引进高新技术产业、支柱产业、新兴产业以及重点工程等领域急需的高科技人才。制定符合昌乐县实际的高科技人才引进政策,开通人才来昌乐县创业绿色通道。加强高科技人才平台载体建设,推动企业与国内外高校、科研院所对接合作,共同建立工程技术研究中心、重点实验室等科技创新平台。坚持引进资金、项目、技术与引进人才并重,实现招商引资与招才引智良性互动。充分发挥昌乐县优势行业、龙头企业、支柱产业对人才的吸纳作用,吸引一批优秀人才来昌乐县发展。

其三,大力加强科技创新平台建设。围绕全县科技任务需求,加强各类研发中心的引进,争取更多高校院所落户昌乐县,建设产学研结合的现代工业创新体系。引导企业创建一批科技企业孵化器、工程技术研究中心、重点实验室,建设一流的应用研究基地,引领和带动优势行业技术进步。深化与省内外高校院所合作交流,建立合作伙伴关系,与各高校院所签订战略合作意向、框架合作协议，形成稳定深入的合作关系。建立常态对接机制，聚焦县域发展高层次人才需求，开展人才引进活动。

其四，大力加强科技计划项目培育。围绕新能源汽车、装备制造、造纸包装、新材料等重点产业，大力挖掘培育科技含量高、发展前景好、带动能力强的优质科技项目，强化重点支持，积极申报市级以上科技项目。引导支持有条件的企业与高校院所合作实施重大科技项目，提升项目科技含量和竞争力，积极申报省级重点科技项目。加强企业技术创新基础能力建设，以提高创业服务能力为重点，鼓励企业与高等院所、科研院所等共建研发机构，以"产学研"模式带动企业科技创新项目申报。

（三）潍坊保税区加快科技创新发展

1.科技创新的指导思想

潍坊保税区紧扣省、市、区重点工作，聚焦创新驱动发展战略，加快构建有利于科技创新、成果转化和人才聚集的体制机制，努力在高新产业培育、研发体系建设、科技成果转化、科技人才引进等方面实现新突破，全面提升创新供给能力，为全区经济高质量发展培育新动能、打造新引擎、提供新动力。

2.科技创新的发展重点

科技创新的发展重点体现在以下几个方面。

其一，完善科技创新平台体系。一是加快科技创新平台建设。深入实施创新驱动发展战略，培育建设一批高水平、高层次、高质量科技创新平台，进一步增强企业自主创新能力，促进产业转型升级，实现经济高质量发展，把科技创新平台建设作为集聚创新资源、转化科技成果的重要途径，不断激发企业科技创新平台建设的积极性。二是加快打造创新创业共同体。重点培育中科院化学所潍坊化工新材料产业技术研究院、海洋经济协同创新研究院等研发载体，集聚"政产学研金服用"各要素，联合新和成、海科院等企业，针对精细化工领域科技成果转移转化，开展产业共性问题攻坚，争取打造1家以上省级创新创业共同体。

其二，加快培植一批引领发展型科技企业。一是深入实施高新技术企业"育苗造林"工程和"小升高"计划行动。通过优化培育手段、强化政策扶持，引领和带动更多充满活力、具有高成长性的科技型中小企业脱颖而出，推动全区高新技术企业集聚及高新技术产业快速发展。二是加快打造新型科技创新示范区。创新"园区＋公司＋基金"开发运营模式，整合区属国有企业资源，组建科创园开发运营平台，设立科技创新基金，培育、扶持一批具有发展潜力的中小科技创新企业，促进科技成果转化，打造滨海高新技术产业聚集平台与科技创新发展载体。

其三，加大对企业自主创新支持力度。一是支持企业加大研发投入。狠抓科技创新政策落实，确保高新技术企业税收减免、企业研发费用税前加计扣除等政策不折不扣落实到位；鼓励企业通过加大科技创新和研发投入，提升净资产收益率，增加值指标的含金量、含新量和含绿量。二是推动产学研深度融合。促进企业加快新技术、新产品、新工艺开发及推广应用，突出重点产业、重点领域关键共性技术研发，力争列入省、市计划项目居全市前列，进一步提高企业的研发能力和技术攻关水平。二是支持企业共享科研设施与仪器。加大对省、市创新券政策的宣传力度，鼓励中小微企业和创业（创客）团队使用共享科研设施与仪器开展科技创新服务。

其四，完善科技创新的金融与产权保障。一是促进科技与金融深度结合。发挥科技成果转化贷款风险补偿资金作用，加强与各大银行的协作配合，将保税区优势项目和企业积极推荐给银行，推动银行加大对科技型中小微企业贷款力度，拓宽科技型企业融资渠道，创新科技信贷模式，开展针对科技型中小微企业的融资服务。二是强化知识产权运用和保护。强化知识产权质量提升的政策导向，支持科技型中小企业开展知识产权质押融资，指导推荐企业积极申报中国、省、市专利奖；加快培育一批核心知识产权和技术标准，着力加强专利侵权纠纷调处，加大知识产权保护力度。

其五，加快产学研合作与成果转化。一是加大科研院所合作项目引进力度。依托保税区传统优势产业，不断加大对中科院化学所、中科院过程所、北京理工大学、天津大学等科研院所、高校的引进力度，深入对接京津冀、长三角经济圈，进一步拓宽企业、高校、科研院所精准合作渠道；重点推动中科院化学所潍坊化工新材料产业技术研究院、中科院计算所中科晶上研究院等项目加快建设。二是完善技术转移转化体系。鼓励各高校、科研院所成立专门的技术合同登记服务机构，提供技术合同登记服务；依托省技术合同网上认定系统，推行技术合同证明网上认证，提高服务水平和效率；开展技术转移示范机构建设，支持引进专业技术市场服务机构，推动线上线下技术交易。

其六，加强人才引进与培育。一是实施"高精尖缺"人才集聚行动。认真抓好院士服务保障若干措施的落实，实施"一事一议"引进顶尖人才。二是全方位引进培育人才队伍。深入推进大学生集聚工程，加大线上线下招聘力度，深入开展"山东—名校人才直通车""才聚鸢都—直通名校"等系列招引活动，加强大中城市联合招聘、大学生就业创业"多会合一"等各类招聘力度，组织实施"金蓝领"项目培训和"千名青年技师素质提升计划"，提升大赛承办规模和水平。三是优化人才发展环境。以"一次办好"改革为契机，编制人才专员服务清单，畅通人才服务绿色通道，提升人才服务信息化水平，实现人才服务流程再造，真正"让人才少跑腿，让数据多跑路"；加强科技人才金融服务创新，优化"人才投""人才贷""人才保"等扶持方式，解决种子期、初创期人才项目融资难题。

（四）潍坊寒亭区加快科技创新发展

1.科技创新的指导思想

高举中国特色社会主义伟大旗帜，以加快新旧动能转换实现高质量发展为核心目标，实施"创新驱动、科技兴市"两大发展战略，确立"创新发展、大力引进、优先培育"三大技术发展路径，打造"公共研发、企业创新、公共服务、跨区研发服务"四大科技创新平台。

寒亭区科技创新发展的基本思路为：依托潍坊国家农业开放发展综合试验区、生物基新材料产业园等科技园区，增强寒亭区企业自主创新能力，跨越重点难点，支撑企业发展，培育一批科技创新能力强、技术水平过硬的先进企业。着重纺织服装、机械装备、食品加工、安防用品、生物医药五大主导产业领域技术改造，重点培育智能装备、节能环保、生物医药、新一代信息技术、新能源、新材料等战略新兴产业和高新技术产业，实现"搭平台、聚人才、育能力、促转型、造氛围、改体制"六大战略任务，形成全市创新驱动发展新局面。到 2025 年，力争将寒亭市建设成为自主创新能力强、科技支撑引领作用突出、区域辐射带动作用显著的区域性创新中心。

2. 科技创新的发展重点

科技创新的发展重点体现在以下几个方面。

其一，完善科技创新体系，打造科技创新平台。进一步深化改革，合理配置创新资源，改善创新布局。加强企业与科研院所、金融机构等主体间的合作，共同打造科技创新平台[①]，形成相互协同、相互支撑的良好创新生态系统。力争全区市级以上科技创新平台新增至少 30 家。

其二，培育高新技术企业，优化产业结构布局。实施科技型中小企业、高新技术企业、创新型领军企业三大培育工程，推动一部分发展前景广、创新能力强的企业纳入高企培育库，重点培育其成长为高新技术企业。落实首次认定高新技术企业财政补助等优惠政策，鼓励企业发展高新技术产业，确立高新技术产业在全区经济中的主导地位，优化产业结构布局。力争到 2025 年，全区高

---

① 山东省人民政府关于印发山东省"十三五"科技创新规划的通知[R].山东省人民政府公报，2017-01-20.

新技术企业总数达到40家以上。

其三,加大科研经费投入,促进科技成果转化。积极落实研发费用财政补助政策,鼓励企业加大科研经费投入力度,鼓励企业与高校院所、科研机构共同实施科技成果转化,吸引县域外个人、组织带科技成果来当地转化,积极培育和扶持科技成果转化中介服务机构,发挥技术市场与行业协会等在成果转化中的作用,力争科技成果转化走在全市前列。

(五)潍坊奎文区加快科技创新发展

1.科技创新的指导思想

以习近平新时代中国特色社会主义思想为指引,紧紧围绕推动高质量发展,以打造协同创新平台为着力点,以"双招双引"、科技创新平台建设和创新主体培育等为抓手,进一步健全科技创新体系,全面提升科技创新能力,为全区经济社会发展培育新动能、打造新引擎、提供新动力。

2.科技创新的发展重点

科技创新的发展重点体现在以下几个方面。

其一,培育打造创新创业共同体。紧密结合奎文区资源禀赋和产业基础,按照聚焦优势产业、布局一批新兴产业的总体思路,坚持市场化机制和政策性支持相结合,积极探索政府和社会资本合作模式,鼓励多元主体参与创新创业共同体建设,健全完善资本链与产业链、科技链、人才链对接机制,依托齐鲁创智园,构建"政产学研金服用"协同创新体系,发挥高端人才集聚、企业孵化培育、创新创业服务、科技成果转化、产业集聚提升等方面的作用,推动经济实现高质量发展。

其二,突出抓好"双招双引"工作。确立以"平台+项目"的招引思路,依托齐鲁创智园辐射带动能力,围绕"市场导向、政府引导、企业主体"的原则,深化与国内知名科研院校的交流合作,提升与大院大所合作的深度和层次,通过整建制引进、建立分支机构等方式，积极引进落地科研院所合作项目。根据产业发展和人才实际需求，通过各种渠道、多种方式，引进高层次人才和紧缺急需的技能型人才，持续加大与中科院上海药物所等"国字号"科研机构、复旦张江研究院等国内知名高校专家院士、学者对接引进力度。

其三，构建科技创新平台建设体系。着眼于全市发展战略和创新链布局需求，着力在科技创新平台建设上持续用力。全力加快推进齐鲁创智园后续规划模块建设，重点推动智能制造产业园、创智云谷等配套体系建设，进一步发挥园区在人才引进、招院引所、技术研发、成果转化等方面的载体作用，增强区域科技要素聚集能力。配合推进潍坊市产业技术研究院建设，通过政府引导、市场化运作、联合高等院校与科研院所，着力构建起集科技资源汇聚平台、应用技术研发载体、成果转化窗口、创新创业沃土和高端人才聚集高地于一体的新型创新研发机构服务平台。根据奎文区产业基础和特点，整合全区创新资源，依托区内规模以上企业，新建提升一批重点实验室、工程技术研究中心、院士工作站、产业技术创新联盟等创新平台。

其四，优化提升"双创"载体平台。加快"众创空间聚集区"建设，按照"互联网+创新创业"模式，推广发展创新型孵化载体，发挥政策集成和协同效应，着力为小微创业企业和个人创业者提供优质的服务。实施科技企业孵化器和众创空间提挡升级工程，推动科技企业孵化器和众创空间增量提质上水平[1]，支持运行良好的科技企业孵化器和众创空间争创国家级、省级，加快完善"众创空间——孵化器——加速器——科技园区"全链条创新创业孵化体系。

其五，强化企业技术创新主体地位。加快培育具有自主知识产权的科技型企业，优先支持其承担国家和省、市科技计划项目。支持骨干企业通过提高产品技术含量和附加值，占据产业链高端环节，全面增强核心竞争力。深入实施科技型中小企业入库和"小升高"工程，广泛组织符合条件的企业申报进入科

---

[1] 蒋兰英.科技创新视角下建宁县食品加工产业转型升级的对策研究[J].产业与科技论坛，2019（24）：26-28.

技型中小企业库，发掘培植有潜力的企业升级为高新技术企业。

其六，加速科技成果转移转化。坚持需求导向和产业化方向，面向经济社会发展主战场推进科技创新，建成有影响力的区域性成果转化、孵化、交易中心。围绕产业链部署创新链，着力推动科技应用和创新成果产业化，发展一批规范化、市场化的科技服务中介机构。强化企业创新主体地位，落实扶持政策，调动企业在技术创新决策、研发投入和成果转化上的主动性，推动科技成果向应用转化、向企业转化[①]。

其七，加快打造医药产业集聚平台。全面深化与中科院上海药物所为代表的国内外相关研发机构在人才培养、药物临床试验、药品中试加工等方面的交流合作，加快推进新药中试报产平台落地建设。对接储备一批可以落户平台的医药研发生产项目、创新企业及高端人才。按照政府主导、企业主体、市场化运作的模式，以高端制剂和医疗器械为重点，整合生物医药产业链上的有关优势资源，建设销售外包服务平台（CSO）、研发外包服务平台（CRO）、生产外包服务平台（CMO）三大平台，打造集医药研发、生产和销售于一体创新发展的医药产业集聚平台。

其八，加快构建科技创新管理新机制。完善科技管理部门权力清单、责任清单和公共服务清单，健全事中事后监管机制，加快从研发管理向创新服务转变。创新科技服务方式，优化提升市科技孵化中心、区科技合作中心等平台功能，完善"互联网+科技服务"模式，为各类创新主体提供方便快捷的公共服务。逐步探索建立由第三方专业机构管理科技项目的机制，优化科技创新生态环境。

（六）潍坊青州市加快科技创新发展

1.科技创新的指导思想

按照青州市委、市政府工作部署，以实施创新驱动发展战略为主线，以创

---

① 中共济南市委关于制定济南市国民经济和社会发展第十三个五年规划的建议[N].济南日报，2015-12-21.

新型城市建设为抓手，以"等不起"的紧迫感、"慢不得"的危机感和"争一流"的使命感，着力突破制约经济社会发展的关键技术，带动产业配套开发，催生新兴产业，发展高端产业，壮大优势产业，改造提升传统产业，实现创新驱动发展和区域核心竞争力提升。

其科技创新发展的总体思路为：把握机遇，科学决策，合理规划，全力推进创新型城市建设和经济社会高质量发展。到2025年，具有青州特色的区域创新体系基本形成，激励自主创新的体制机制和政策体系进一步完善，创新能力大幅度提升，科技进步与创新成为支撑经济发展方式转变的主导力量。

2. 科技创新的发展重点

科技创新的发展重点体现在以下几个方面。

其一，构建以企业为主体的技术创新体系。鼓励和引导企业与高等院校、科研机构联合建立技术研发机构，整合科技资源，搞好产学研结合，按照人才、项目、园区一体化的模式，加快建立利益共享、风险共担的技术协同创新机制。支持企业建立高水平的行业技术创新中心，并将其建设成为新产品、新技术的研究开发中心，决策咨询中心，产学研联合与对外合作交流中心，人才吸引、凝聚与培训中心以及产品、技术服务与辐射中心。

其二，加快高新技术人才培养与集聚。制定落实配套政策措施，提高科技人才待遇，鼓励知识、技术和才能等要素参与收益分配，稳定人才队伍。采用企业与高校联合培养等方式，着力培养一支具有现代经营管理技能的高素质企业家队伍。加大人才智力引进工作力度，积极引入产业发展急需的各类人才，重点引进产业创新型人才和技术带头人、拥有自主知识产权成果的人才、科技成果转化急需的管理人才等，倾力引进站在科技前沿、占据技术制高点的顶尖人才，并发挥其社会影响力形成专家效应，吸引更多创新团队向青州市聚集。

其三，加强科技成果转化和推广服务平台载体建设。围绕主导产业，按照突出特色、提高辐射带动能力的发展思路，加快创新平台及科技园区的建设。

以企业研发中心为重点,加大资金、人才、政策扶持力度,增强企业发展新兴产业、运用现代高新技术嫁接改造传统产业的能力[①],提高整体技术水平。

其四,发展农业科技,促进现代农业转型。坚持以现代技术为带动,特色农产业为基础,生产加工工业为主导,龙头企业为主体,花卉、绿色有机食品、新型中兽药、绿色饲料和生物农药为重点,大力培植发展涉农工业,加快农村农业工业化步伐。到2025年重点发展5~10家拥有现代高新技术、市场竞争力强的涉农工业龙头企业。利用高新技术发展带动农业科技创新,形成种、养、加、销一条龙的产业链,实现农民增收、产业增效。加强与中国海洋大学、山东农业大学、青岛农业大学、山东省农科院、鲁东大学等科研单位合作,重点针对青州柿子、山楂开展林产品精深加工技术的研究与开发,延伸产业链条,提高林产品效益。

其五,推进社会发展领域科技进步,促进经济社会可持续发展。大力推动电子商务、现代物流、远程教育、远程医疗、安全保卫等新兴服务业的发展,加快高新技术在金融、咨询、贸易、文化等服务领域的应用与推广,加快新兴服务产业技术发展,增强服务业的科技竞争力。充分应用现代电子信息、网络和GIS等先进技术手段,将城市的各种数字信息及城市各种信息资源加以整合并充分利用,提高城市管理水平。

其六,配套落实政策措施,进一步提升服务意识。认真贯彻落实中央、国务院《关于深化体制机制改革加快实施创新驱动发展战略的若干意见》,进一步创新管理机制,在平台建设、人才引进、产学研合作等方面健全完善相关配套文件。当好服务科技与经济融合发展的"店小二""服务员",深化行政审批体制改革,明确权力责任清单,提高服务质量。借助传统媒体与云服务、微信平台等新媒体,及时传递科技新政策,推广科技新成果,宣传发展新典型,营造良好的创新生态环境。

---

① 山东省人民政府关于印发山东省"十三五"科技创新规划的通知,山东省科学技术厅网站,2016-12-02。

（七）潍坊寿光市加快科技创新发展

寿光市聚焦创新驱动高质量发展，以高新区升建作为统领，统筹推进"双招双引"、高企培育、项目申报等工作，不断提升科技创新服务新旧动能转换的效能。

1. 全力以赴推进高新区升建

按照科技部升建国家高新区要求，超前谋划，倒排工期，高标准做好各项基础工作。一是力争早日完成科技部专家评审组现场考察准备工作。根据高新区升建现场考察要求，准备好相关的工作汇报、文件汇编等汇报材料；扎实推进展览馆建设后续工作，高水平打造三个主导产业（种业研发、生物基新材料、动力装备制造）的考察现场。二是全力争取尽早进入国务院审批程序。定期召开高新区升建领导小组成员会议，将任务层层分解，压实责任，协调涉及的发展改革、自然资源管理等部门与国家发改委、国家自然资源部提前对接，确保各项工作顺利推进，争取尽快进入国务院批复程序。

2. 全面实施乡村振兴战略，强化农业科技创新

主要做好以下几方面工作。

其一，强化农业科技创新供给，解决制约农业发展的关键技术问题。围绕产业兴旺、绿色生产、循环发展，支持企业积极承担国家重点研发计划、省重大创新工程、农业良种工程等科技计划。开展蔬菜、畜禽等新品种培育，研发适应不同土壤、作物特点的生态化肥农药，研发新型动物疫苗及试剂，研发各类智能农业机械。着力创新一批关键核心技术，集成应用一批先进科技成果，基本满足农业对新品种、新装备、新产品、新技术等科技成果有效供给的需求。

其二，加快农业科技创新载体建设，提升企业自主创新能力。积极推进企业申报建设重点实验室、技术创新中心等创新平台，综合运用政策、投入、金融、服务等多元化的支持方式，引导各类创新要素向企业集聚。通过科技创新载体

创建工作，加快企业的人才培养和技术研发，不断提升企业的自主创新能力和新产品竞争力。

其三，推动农业科技成果转化应用，让科技成果尽快转化为现实生产力。一是加快县域创新驱动发展。通过国家开展创新型县（市）、创新型乡镇活动的契机，营造科技成果转化应用的良好生态[①]。二是加强产学研合作。开展科技成果对接活动，协助企业积极对接国内外高校院所，加强与以色列、荷兰、意大利、美国的农业科技交流合作，强化与中国科学院、中国农业科学院、中国农业大学、江南大学、山东农业大学、青岛农业大学等高校院所的交流合作，引进优秀科技成果在本市转化推广，推动农业科技成果跨区域流动和落地。三是充分发挥各类农业科技园区的示范引领作用，将优秀科技成果惠及广大农民。

3. 多管齐下推动"双招双引"

主要做好以下几方面工作。

其一，大力推动人才平台载体建设。围绕山东省、潍坊市"十强"产业和寿光市"4+4"产业体系，对全市现有市级以上人才平台载体情况进行摸底梳理，建立平台载体信息库，分层次进行培育。支持依托蔬菜集团建设山东省设施蔬菜技术创新中心、巨能金玉米建设生物基新材料重点实验室、山东新龙科技股份有限公司建设电子级特气和湿化学品重点创新研发平台。有针对性地进行指导，补短板，强弱项，对科研基础好、科研力量强、工作开展实的平台积极推荐申报省级国家级平台，不断提升人才承载能力。

其二，鼓励企业与科研院所共建研发机构。主动为企业开展院企合作提供科技服务。同时，立足寿光市产业优势和发展布局，依靠各镇街力量，发挥科技镇长优势，深入挖掘企业潜在合作点和技术需求，推动院企合作走向深入。

[①] 济南市国民经济和社会发展第十三个五年规划纲要，互联网文档资源，http://www.360doc.com.

其三，大力实施"走出去"战略。根据企业发展需求，组织企业积极参加省、市与大院名校举办的各类科技成果对接活动，实现更大范围内科技对接，对已有合作意向的，推动企业主动到合作单位开展洽谈，实现精准对接，力争更多的科研院所合作项目落地。

4. 精准施策做好高企培育

树牢高新技术企业是科技创新第一品牌、首要抓手的工作理念。实施高新技术企业培育工程，把培育和发展高新技术企业作为工作重点，通过构建"科技型中小企业——高新技术入库培育企业——高新技术企业"的梯次培育机制，分层次精准培育。

瞄准"四新四化"方向，立足生物医药、新材料、能源环保以及现代农业等寿光市主导产业，加强挖潜培育，带动突破一批产业关键共性技术[1]。抓好省级以上科技项目的实施管理，加快推动科技成果转化，引领产业延伸链条、迈向高端。

（八）潍坊诸城市加快科技创新发展

1. 科技创新的指导思想

坚持新发展理念，坚持高质量发展，深入落实省、潍坊市和诸城市总体发展战略，以国家创新型县市建设为总抓手，统筹深化园区平台载体机制，搭建科技人才平台，加大高新技术企业培育、高端人才引进和政产学研金服用结合力度，加强创新创业共同体建设。推进"互联网+""智能+"在制造业、智慧农业、旅游度假、智慧康养、休闲体育产业体系示范，推进机械制造、食品、纺织服装等传统行业的技术提升改造和转型升级，以生物医药、新材料、信息技术、高端装备制造产业园等为重点，全力打造高新技术发展的示范区、创新

---

[1] 山东省人民政府关于印发山东省"十三五"科技创新规划的通知，山东省科学技术厅网站，2016-12-02.

创业的活力区，以推动全社会科技进步水平提升。

到 2025 年，力争省级以上研发机构达到 120 家，省级以上服务机构达到 10 家；高新技术企业达到 130 家，高新技术企业主营业务收入占规模以上工业企业主营业务收入的 40% 以上；科技型中小企业 200 家；全社会研发经费支出占 GDP 的比重达到 3.5% 以上。力争建成国家创新型示范市县。

2. 科技创新的主要举措

诸城市科技创新的主要举措有如下几个方面。

其一，积极推进国家创新型强县建设。抓好创新型园区建设提升，形成浓厚科技创新氛围。加快推进山东省农业高新技术产业开发区建设，大力推进食品产业整体技术改造升级，争取建设省级高品质肉类产业技术创新中心。抓好生物医药、高端装备制造、信息技术、新材料等产业发展，力争将本市生物医药创新创业共同体列入省级支持范围，支持重点企业牵头组建产业联盟，促进产业发展向中高端延伸，不断提高产品加工转化率和附加值。

其二，狠抓科技创新平台，提升创新发展能力水平。一是进一步完善创新创业服务平台体系，补齐创新创业孵化链。不断推进企业孵化器增量提质，围绕重点领域和重点产业发展，依托科技实力雄厚的骨干龙头企业牵头联合高校、科研院所、金融投资机构和专业服务机构共同组建创新创业共同体，通过政策扶持措施，引导牵头围绕产业链的缺失环节、薄弱环节开展协同创新，开展共性技术研发，将应用前景好的科研成果进行系统化、集成化和产业化研究开发，推动行业领域的技术进步和新兴产业的发展，不断强化共同体在产业关键共性技术攻关、技术标准制定、成果转化等方面的核心领头作用。二是进一步探索建设共性技术产业创新平台。统筹全市优势科技资源，在重点产业领域建设产学研、军民深度融合的共性技术创新平台，吸纳科技优势资源，联建共性技术创新中心，形成为全行业服务的共性技术研发平台；推动现有大型科学仪器设备协作共用共享、精准对接服务，有效支持产业共性技术开发；推进科技成果产品化，抢占技术制高点，确立行业的领先地位。支持诸城省级农业科技园区创建山东省农业高新技术产业开发区。

其三，加强科技创新工作的领导和指导。加强创新发展，建设创新型强县。进一步完善科技服务体系管理体制和运行机制，引导协调促进产学研开展合作并取得新成效。创造"让一切劳动、知识、技术、管理和资本的活力竞相迸发，让一切创造社会财富的源泉充分涌流"的创新氛围。增强科技服务体系功能，加快实施创新驱动发展战略推动大众创业万众创新。

第四节 科技创新助推新旧动能转换的对策建议

一、强化科技创新能力建设

构建全方位科技创新平台体系，提升产业创新能力，围绕平台布局战略化，加快推动科技创新载体建设，打造专业化的科技创新孵化体系，畅通科技成果转移转化通道[①]，健全完善科技创新投融资机制，支撑产业创新能力提升，形成内外融合的国际创新网络。

（一）构建全方位科技创新平台体系

根据科技部、省科技厅的规划布局，重点推动高端智能装备与精密制造山东省实验室、水动力国家重点实验室、潍柴国家燃料电池技术创新中心等高端研发平台建设，围绕平台布局战略化，加快推动科技创新载体建设，提升潍坊市创新平台的研发能力和水平，为经济发展提供强有力的科技支撑。

---

① 孙述涛.政府工作报告[N].济南日报，2021-01-18.

1. 加快推进高端创新平台建设，提升产业创新能力

主要做好以下几方面工作。

其一，加快企业技术创新平台建设。充分发挥潍柴国家商用汽车动力系统总成、盛瑞国家乘用车自动变速器等国家级工程技术研究中心的研发龙头带动作用，进一步提升国家级平台在全市应用技术研究和行业共性关键技术中的功能水平，推动建成世界一流的研发平台。发挥山东省数码喷印功能材料工程技术研究中心等省级工程技术研究中心的研发龙头带动作用，进一步提升省级平台在全区应用技术研究和行业共性关键技术中的功能水平。在高端装备、电子信息、新材料等重点产业领域，以企业为主体，瞄准国内外创新发展前沿，建设市级以上工程技术研究中心、重点实验室、院士工作站等创新平台。积极推进平台、项目一体化，健全完善科技计划项目库，重点推荐有高端研发平台的企业申报省级以上科技计划项目，进一步提高平台的研发能力和技术攻关水平。

其二，探索建设共性技术产业创新平台。统筹全市优势科技资源，在重点产业领域建设产学研、军民深度融合的共性技术创新平台，联建共性技术创新中心。重点培育中科院化学所潍坊化工新材料产业技术研究院、海洋经济协同创新研究院、佩特来商用车研究院等研发载体，集聚"政产学研金服用"各要素，开展产业共性问题攻坚，形成为全行业服务的共性技术研发平台。充分发挥科技创新平台引才、聚才功能，重点推动潍柴氢燃料电池国家技术创新中心争创工作，加快国家级水动力系统专项实验室和院士城、航天城建设。加快"卡脖子"关键共性技术攻关，培育转化优秀科技成果。

2. 围绕平台布局战略化，加快推动科技创新载体建设

主要做好以下几方面工作。

其一，实施创新平台提升工程。坚持质、量并举，积极搭建高水平国家、省、市级各类创新平台，以山东省实验室体系重组和"1133"布局为契机，筹备建设高端智能装备与精密制造山东省实验室。支持坊子区筹建水动力国家重

点实验室，推动寒亭区高新技术产业园申报国家科技企业孵化器，寒亭区国贸中心申报市级众创空间，青囊生物、天润曲轴等企业申报市级工程技术研究中心、重点实验室。

其二，高水平建设市产业技术研究院。建成具备良好自我发展能力、具有较强影响力的新型研发机构，引进培养一批科技领军人才与团队，开展产业应用技术研发创新。推进市产研院办公场所规划建设、机构组建、基金设立等工作，研究出台《潍坊市产业技术研究院加盟院所管理办法》，规范加盟院的运行和管理，把产业技术研究院打造成"政产学研金服用"服务综合体，加快推动成体细胞、蓝色化工、质子重离子产业技术研究院建设。

其三，加快北京大学现代农业研究院建设。研究院整合山东省和北京大学的资源优势，计划建成30个世界前沿实验室，成立多个研究中心，包括基础研究、生物育种、科技成果转换、食品安全研究、作物遗传研发、生物信息大数据等。为承接展示研究院科研成果，规划设计峡山绿色智谷、峡山生命科学产业园、农业科普公园等配套项目，全力打造成为山东乃至全国的现代农业科技"硅谷"。

其四，加快打造一批创新创业共同体。围绕新旧动能转换重大工程，按照"突出市场导向、创新体制机制、促进成果转化、引领产业升级"的建设原则，加快山东海洋高速动力装备创新创业共同体、山东省智能农机装备创新创业共同体、潍坊市智能农业装备创新创业共同体、潍坊市水洞试验群及关联海洋装备创新创业共同体、潍坊市基于北斗的多源融合高精度芯片及智慧应用创新创业共同体建设，建设一批不同主体、不同模式，具有较强影响力的市级创新创业共同体。支持潍坊先进光电芯片研究院省级创新创业共同体建设，重点在项目、资金、人才方面给予倾斜。

（二）打造专业化科技创新孵化体系

围绕特色产业，布局建设专业科技孵化载体，加快构建"众创空间——孵化器——加速器——产业园"接力式科技孵化链条，完善创新创业服务平台体系，补齐创新创业孵化链。围绕"种子期——初创期——高成长期"企业发展需求，以加速器建设为重点，加大对孵化器和众创空间引进管理团队、投资在孵企业、培育高新技术企业的支持力度，努力提高其孵化众创能力。依托县市区、省级以上开发区，围绕特色产业，布局建设专业科技孵化载体，助力区域经济发展。

依托行业龙头企业、新兴研发机构和高校院所，围绕行业共性技术需求和技术难点，加快优势科技成果转移转化。集成科技金融、创业辅导、技术转移等资源，推进资本和人才高效结合，进一步提升科技企业孵化器和众创空间专业化水平，形成"创新研发—创业孵化—产业集聚"联动机制，打通企业"孵化—培育—产业化"等关键环节，重点孵化培育一批具有行业核心竞争力的科技型企业。

积极推动潍坊市大型科学仪器设备协作共用共享、精准对接服务。提高大型科学仪器设备使用效率，扩大创新券政策覆盖范围，支持中小微企业开展科技创新活动，通过仪器设备共享降低企业研发成本，增强潍坊市创新创造活力。学习借鉴广州、成都等南方城市科技孵化体系建设成功经验，提升孵化载体在科技研发、科技金融、创业辅导、技术转移等方面的专业化服务水平，构建"众创空间——孵化器——加速器——产业园区"科技创业孵化链条，加快打造大众创业、万众创新的升级版，进一步提升科技企业孵化器和众创空间专业化水平。

（三）深化产学研协同创新

1.围绕科技创新国际化，持续推进"双招双引"

主要做好以下几方面工作。

其一，强化精准对接和精细化服务。充分发挥"科技专家智库"的作用，通过电话沟通、微信联系、线上会议等多种方式，推进科技合作沟通不断档、科研院所和人才引进不停滞。组织企业与国内外高校院所专家团队开展高效、精准对接，重点加强与中科院、清华大学、山东大学等知名高校院所的联系，推动科技成果、技术服务等优势资源服务我市企业创新发展。围绕绿色化工、先进制造等优势产业分领域开展"百院千企"创新合作对接活动，加快推进中科院沈阳生态所潍坊现代农业与生态环境研究院等分支机构建设，推进中科院青海盐湖所、中科院广州生物医药与健康研究院、中国科技大学等高校院所在潍坊共建研发平台。

其二，深化国际科技合作。推动企业"走出去"与"引进来"相结合，打造国际科技合作潍坊品牌。鼓励科技型企业与欧美、以色列、日韩等国家企业、科研机构和大学开展双边合作，促进先进技术及成果引进、输出和转移转化。充分发挥B2C中以科技转移平台孵化器等高端国际科技合作平台作用，通过网上路演、在线合作交流等多种方式，加快海外研发中心和孵化器建设，加快建设高端国际科技合作平台，提升我市科技国际化水平。

其三，加大科技人才培育引进。围绕重点产业、重点项目，组织申报科技部创新人才推进计划和国家"万人计划"，引进一批高层次人才、团队。支持寿光蔬菜产业集团申报国家引才引智示范基地，为打造乡村振兴"潍坊模式"升级版提供人才支撑。

2.促进政产学研深度合作，着力破解创新资源匮乏瓶颈

主要做好以下几方面工作。

其一，精心谋划特色产业精准对接。聚焦全市智能装备、高端化工、节能环保等重点领域关键共性需求，推动"百院千企"创新合作对接活动深入开展，采取"请进来""走出去"等多种形式，分领域组织"小分队、多批次、主题化、专业性"的专题对接活动，解决企业技术难题与合作需求，加快推动技术成果转化应用。深度开展多层次、多形式的科技精准对接活动，围绕半导体芯片、装备制造、新能源、节能环保、生物医药等领域，充实完善企业高质量发展技术、人才需求以及高校院所专家、科技成果信息库，主动对接市内和国内外知名高校院所，有效解决企业技术难题与合作需求，全面搭建高校院所与企业合作的

信息需求桥梁。组织开展科技人员、院校专家到企业"把脉会诊",有针对性地提供政策辅导、技术诊断和规划指导等服务。

其二,加大大院大所引进力度。围绕重点发展领域,以行业龙头为承载,引进大院大所大校,联合建设一批产业研究院或行业性创新中心,为产业发展提供技术支撑。依托我市传统优势产业,积极对接中科院、工程院、北京大学、清华大学等国字号大院大所,深入对接京津冀、长三角经济圈,进一步拓宽企业、高校、科研院所精准合作渠道。结合盐化工等重点领域共性需求,推进中科院青海盐湖所、中科院广州生物医药与健康院、中国科学技术大学等高校院所在潍坊共建研发平台。加快完善县市区科技创新体系,推进与县市区共建中科院山东综合技术转化中心县市区分中心。以整建制引进、建立分支机构、联合共建研发平台等方式,推动中科院半导体所潍坊先进光电芯片研究院、北京工业大学潍坊研究院、中科院复杂系统管理与控制国家重点实验室(潍坊)智能技术研究院等院所加快建设,提升全市行业共性、关键技术研发转化能力。

其三,组织实施产业合作创新发展行动。围绕潍坊市重大产业发展需求,组织重大技术交流、产业需求与对接、产学研合作等形式多样的行业活动。积极组织高校院所专家潍坊行活动,开展"百名科技专家服务企业专项行动",带领企业到高校院所"求医问诊",有针对性地提供政策辅导、技术诊断、联合研发和规划指导等服务,帮助企业不断提升持续发展能力。

3.加强科技人才队伍建设,为创新发展提供智力支撑

主要做好以下几方面工作。

其一,更大力度引进培育高端人才。建立健全更加积极、更加开放、更加有效的人才政策体系。围绕高端装备、电子信息、节能环保等优势产业,突出"高精尖缺",重点引进培育国家级重点人才、泰山产业领军人才、泰山学者、鸢都产业领军人才等市级以上重点工程人选。按需引才,不唯学历,重在引进有真才实干的各类人才,同时重视本地人才的挖掘与培育。突出人才强企,最大

限度地降低企业引才成本，放大"人才潍坊伯乐"效应，激发企业家引育人才创造力。充分发挥引进外国人才和智力工作优势，积极申报"齐鲁、鸢都友谊奖"评选，确保招才引智工作更好地融入科技创新和改革发展大局。更好地发挥省级大学生创业园优势，加大海外留学人员引进力度，深入推进大学生集聚工程。

其二，积极组织举办各类人才大赛。鼓励支持社会力量参与或举办创新创业大赛等活动，积极组织企业参加潍坊市创新创业大赛、大学生创新创业大赛和山东省中小微企业创新竞技行动计划分领域赛事，培育出更多的优秀人才和创新型企业，形成人才创新活力竞相迸发的良好局面。

其三，着力提高人才服务水平。加强科技人才金融服务创新，探索设立区级人才创新创业基金，优化"人才投""人才贷""人才保"等扶持方式，解决种子期、初创期人才项目融资难题。发挥各类招才引智工作站的引才作用，多渠道、多层次规划建设一批人才公寓。建设人力资源服务产业园，加大各类人才中介服务机构引进培育力度。

（四）畅通科技成果转移转化通道

全面落实国家和省促进科技成果转化的政策措施，加大科技成果培育转化力度，健全科技成果转化收益分配机制[①]。

1.围绕关键领域技术研究，加速科技成果转移转化

深挖潍坊市科技企业创新潜力，大力支持企业培育、转化科技成果，对全市现有科技成果进行综合筛选，支持技术水平高、自主创新能力强、产业带动作用明显的科技成果申报国家、省科学技术奖，积极争取更多优秀成果获得高层次科技奖励。鼓励社会组织或个人设立公益性、旨在奖励为促进科技进步做出突出贡献的个人或组织的科学技术奖，进一步激发科技奖励工作活力。

---

① 孙述涛.政府工作报告[N].济南日报，2021-01-18.

2. 继续加大科技投入，促进科技成果转移转化

主要做好以下几方面工作。

其一，引导政府加大科技成果转移转化投入。聚焦增强资源配置能力，增强创新策源能力，优化政府财政科技资金投入结构，加大对科技创新成果转移转化的稳定支持。管好、用活财政科技资金，落实科技项目配套资金，进一步发挥财政资金的示范引导作用。

其二，建立完善多元化科技投入体系。发挥市场在资源配置中的决定性作用，引导激励企业和社会力量加大科技投入。加快发展科技金融，支持金控集团和有关商业银行开发科技专属金融产品，为科技型企业提供个性化、订单式服务，解决企业贷款难、融资难的问题。

其三，加大优秀科技成果奖励力度。做好国家和省科技奖励申报组织推荐工作，筛选整体技术水平高、自主创新能力强、产业带动作用明显的科技成果申报国家、省科技成果奖励。加大科技成果培育转化力度，充分发挥专家人才在各自领域的知识、技术、资源优势，推动科技成果转移转化，每年转化50项重大科技成果。

3. 深入实施科技人才聚集工程，为科技成果转移转化提供智力支撑

加大对各类科技人才的支持力度，在重大项目安排、财政资金分配等方面向高层次人才倾斜，把财政支持企业发展的各类专项资金，优先用于企业人才培养，特别是优先支持创新团队、产学研合作等人才计划项目。坚持项目引进与人才引进相结合，集成各类科技计划，通过支持高新技术项目引进高层次人才。按照实施一批科技项目、培养一批科技人才的思路，进一步健全完善科技项目数据库。积极组织科技人才申报省级以上科技计划，争取有更多科技人才承担的项目列入国家、省计划盘子，全力为人才创新创业提供资金保障。充分发挥政府引导鼓励人才创新创业的导向作用，带动企业不断加大对人才培养的投入力度。

（五）健全完善科技创新投融资机制

制定和落实有关税收激励政策，强化财政投入对自主创新的导向作用，设立科技创新发展基金，为企业快速发展提供资金保障，严格落实上级对财政科技投入的有关规定，建立多元化产业创新发展投入体系，促进科技与金融深度结合，为创新发展提供有力的资金保障。

其一，设立科技创新发展基金。对创新能力强、市场前景好、发展潜力大的创新型企业给予基金支持，推动企业快速发展。发挥科技成果转化贷款风险补偿资金的引导带动作用，加强与各大银行的协作配合，着力解决科技型中小微企业"轻资产、贷款难"问题。创新科技信贷模式，支持商业银行设立科技银行，开展针对科技型中小微企业的融资服务[1]。

其二，建立多元化产业创新发展投入体系。严格落实上级对财政科技投入的有关规定，确保足额到位并保持逐年增长。引导企业强化自主投入，鼓励企业用好研发费用加计扣除等税收优惠政策。运用积极的政策手段和经济杠杆，引导社会资金投向高新技术产业，逐步形成多渠道、多层次的高新技术投融资体系。

其三，促进科技与金融深度结合。发挥科技成果转化贷款风险补偿资金作用，加强与各大银行的协作配合，将潍坊市优势项目和企业积极推荐给银行，推动银行加大对科技型中小微企业贷款力度，着力解决科技型中小微企业"轻资产、贷款难"问题。拓宽科技型企业融资渠道，开展针对科技型中小微企业的融资服务[2]。依托潍州投资控股等政府投融资平台，加强与国家、省、市创新引导基金联动，逐步扩大各类创新基金规模，为创新发展提供有力的资金保障。

---

[1] 积极推进科技体制机制创新，人民网，http://theory.people.
[2] 陈博.创新驱动战略下宁波加快提升全要素生产率的对策思考[J].宁波经济：三江论坛，2017（10）：4.

二、打造富有活力的科技创新生态环境

加快构建科技创新管理新机制，构建以知识价值为导向的人才收入分配体系，建立科技创新活动容错机制，探索推进科技创新绩效评价机制，实施知识产权强市战略，注重技术创新服务保障。整合政府、企业、科研机构、高等院校等各类创新资源，形成服务创新创业全链条的科技服务共享体系，打造富有活力的科技创新生态环境。

（一）加快构建科技创新管理新机制

加快从研发管理向创新服务转变。完善科技管理部门权力清单、责任清单和公共服务清单，健全事中事后监管机制。逐步探索建立由第三方专业机构管理科技项目的机制，推动政府职能从研发管理向创新服务转变，优化科技创新生态环境。完善项目管理监督机制，结合省厅出台的《关于加强省重大科技工程项目管理的通知》要求，创新重大项目申报、管理、验收模式，加强项目中期评估、验收和档案管理。

（二）构建以知识价值为导向的人才收入分配体系

健全完善科技成果转化收益分享机制，对科技人员就地转化科技成果所得收益可按至少80%的比例奖励给主要科研人员。加大科技人员股权激励力度，提高全社会加快成果转化的热情和积极性。解决科研机构和科研人员最关心、最期待解决的实际贡献与收入分配不完全匹配、股权激励等对创新具有重要激励作用的长期缺位、内部分配机制不健全等问题，通过发挥收入分配政策的激励导向作用，支持科研人员依法依规适度兼职兼薪和离岗创业取得收入，让智力劳动获得合理回报。

（三）建立科技创新活动容错机制

要积极倡导敢为人先、宽容失败的创新文化。鼓励、保护管理者创新动力，要鼓励管理者在政策制定上更加大胆，政策实施上更加灵活，真正做到"法无禁止皆可为"；要加大政府管理部门的容错机制、纠错机制，推动政策实施关键部门的协调沟通，尽量加大事后监管，在法律允许范围内学会特事特议和例外处理；要持续改进工作作风，对新业态要更敏锐更宽容，产业配套要更完备更贴心，创业孵化要更专业更精细；积极倡导诚信文化，营造人人关心创新环境、人人建设创新环境的浓厚氛围。

（四）实施知识产权强市战略

强化知识产权运用和保护。重点围绕实施知识产权管理能力提升工程、大保护工程、运用促进工程、质量提升工程、发展环境建设工程"五大工程"，全力抓好潍坊市知识产权强市创建工作落实。全面建成知识产权保护中心，大力提升知识产权创造能力。

强化知识产权质量提升的政策导向。支持科技型中小企业开展知识产权质押融资，强化金融机构与企业协作。指导推荐企业积极申报中国、省、市专利奖。进一步完善市、县两级执法体系，加快培育一批核心知识产权和技术标准，着力加强专利侵权纠纷调处，加大知识产权保护力度。进一步优化专利专项资金支出结构，不断完善知识产权服务载体，优化知识产权服务市场环境。培育壮大知识产权中介服务品牌，建立健全信用管理制度，提升服务质量。

（五）注重技术创新服务保障

完善和加强基层科技服务机构管理运转机制。加强科技服务体系，建设有助于科学技术知识的产生、传播和应用转化活动的载体系统。完善科技推广体系，完善农科驿站建设，建立健全内部的职能职责分工，进一步细化与完善工作机制，解决好科学技术转化、普及、提高问题。加强科技信息服务体系建设，引导依托实力企业发展信息中介服务机构组织，将多媒体技术应用于科学技术的推广，促进科技推广、科技咨询和教育的发展[①]。

三、强化政策激励措施

制定对高端要素具有吸引力的科技政策，打造高效便捷的科技服务体系，加大对企业研发投入的政策支持，加大对高端人才培育的政策支持，加强创新政策的落实力度，为创新发展提供政策保障，营造良好的创新发展环境。

（一）制定对高端要素具有吸引力的科技政策

深入推进新旧动能转换。以创新型城市建设为引领，聚焦聚力新旧动能转换重大工程，进一步健全"1+5+N"政策扶持体系。以"四新""四化"为方向，加快推动装备制造、海洋化工等产业快引进、提层次、强实力，培育壮大新一代信息技术、数字经济、新能源新材料等新兴产业，进一步壮大高新技术产业规模。开展工业企业"亩产效益"综合绩效评价，建立导向更清晰、指标更规范、权重更合理的企业分类综合评价机制。加快铸造行业转型升级，严禁新增铸造产能，对确实需要新建的铸造项目实施等量或减量置换。充分运用工业企业技术改造综合奖补、重大企业技术改造项目贷款贴息、工业企业技术改造新增财力奖补等政策措施，推进高水平技术改造项目。

进一步完善科技创新政策体系。进一步加大科技投入，规范各级财政科技投入口径，优化支出结构，确保每年科技投入增长幅度不低于同级财政预算支出的增长幅度。创新支持方式，引导和带动社会力量支持科技创新[②]。加大财

---

① 李有明.社会主义新农村信息化建设[J].经济研究导刊，2010（35）：296-297.
② 山东省人民政府关于印发山东省"十三五"科技创新规划的通知[R].山东省人民政府公报，2017-01-20.

政科技专项资金支持力度，优化科技创新券制度①，引导全社会各类创新主体不断加大研发投入。

（二）打造高效便捷的科技服务体系

配套落实政策措施，进一步提升服务意识。深化行政审批体制改革，明确权力责任清单，提高服务质量。梳理"一次办好"事项，简化流程，提高效率；建立定期走访基层制度，主动上门了解县市区和企业发展需求；学习南方做法，在"双招双引"中，将企业、人才和院所的需求"前置"，根据对方需求争取政府支持，营造"亲""清"政商关系；加强科技"诚信体系"建设，对于失信企业列入诚信黑名单，禁止申报科技类项目、平台、奖项，为科技创新工作保驾护航。积极推进科技系统业务工作"流程再造"，简化服务环节，提高服务质量，着力为创新发展提供"一站式""保姆式"服务。

拓宽引才渠道，优化服务保障机制。调整引才方向，加强与友好国家的国际科技和人才合作交流，更加关注德、英、俄、日、韩等科技大国和以色列、荷兰、瑞典、瑞士等关键小国的优势领域。改进引才方式，支持用人单位"走出去"开展小规模、专业化、精准化引才活动，鼓励用人单位通过顾问指导、候鸟服务、线上对接洽谈等方式柔性使用高端外国人才，支持企业设立离岸人才创新创业基地，打造"境外孵化，成果回归"的利益共享机制。持续深入开展智行鸢都、鸢都国际名师大讲堂、赴境外招才引智等系列活动，不断开辟国际引智渠道，通过国家和省引智渠道搞好"二次引进"，降低引智成本，实现资源共享。围绕深化流程再造和"一次办好"，进一步完善外国人才引进和服务的相关配套政策，不断提升行政服务标准化水平。

---

① 黄玥.提升创新型企业创新动力研究：以石家庄为例[J].统计与管理，2018（3）：3.

（三）加大对企业研发投入的政策支持

支持企业加大研发投入。推动产学研深度融合，促进企业加快新技术、新产品、新工艺开发及推广应用。突出重点产业、重点领域关键共性技术研发，力争列入省、市计划项目居全市前列，进一步提高企业的研发能力和技术攻关水平。

鼓励构建以企业为主体的技术创新体系。支持企业建立高水平的行业技术创新中心，鼓励和引导企业与高等院校、科研机构联合建立技术研发机构，整合科技资源，搞好产学研结合，按照人才、项目、园区一体化的模式，加快建立利益共享、风险共担的技术协同创新机制。

严格落实企业研发经费投入奖励补助政策。对研发投入增长快、投入大的企业给予重点支持，优先推荐申报各级各类科技计划项目，提高企业加大研发投入的积极性。认真落实研发费用加计扣除政策，认真做好高新技术企业减税降费有关政策的宣传辅导工作，确保广大纳税人对高新技术企业政策特别是新出台的延长结转弥补亏损年限政策应知尽知。认真落实潍坊市大型仪器共享及创新券政策，注重宣传引导，扩大政策覆盖面，严格审核把关，理顺创新券管理流程，鼓励中小微企业和创业（创客）团队使用共享科研设施与仪器开展科技创新服务。

（四）加大对高端人才培育的政策支持

制定落实配套政策措施。提高科技人才待遇，鼓励知识、技术和才能等要素参与收益分配，稳定人才。采用企业与高校联合培养等方式，着力培养一批具有现代经营管理技能的高素质企业家队伍。加大人才智力引进工作力度，积极引入产业发展急需的各类人才，重点引进产业创新型人才和技术带头人、拥有自主知识产权成果的人才、科技成果转化急需的管理人才等，倾力引进站在科技前沿、占据技术制高点的顶尖人才，并发挥其社会影响力形成专家效应，吸引更多创新团队向潍坊市聚集。

加大对各类科技人才的政策支持落实力度。在重大项目安排、财政资金分配等方面向高层次人才倾斜，特别是优先支持创新团队、产学研合作等人才计划项目。积极组织科技人才申报省级以上科技计划，争取有更多科技人才承担的项目列入国家、省计划盘子。充分发挥政府引导鼓励人才创新创业的导向作用，带动企业不断加大对人才培养的投入力度。强化有关人才政策的落实督导力度，提高各类人才自主创新的积极性。

四、加强科技创新的组织保障

组建领导机构，加强组织领导，实施分类管理，明确分工责任，落实监督考核问责机制，加大宣传力度，充分调动各方面的积极性，强化规划实施中的协调管理，形成规划实施的强大合力与制度保障。

一是组建领导机构。成立由市主要领导任组长、分管副市长任副组长、相关工作部门主要负责同志任成员的潍坊科技创新领导小组，领导小组下设办公室，负责全市科技创新工作的指导协调、督查落实，各级、各部门按照职责分工，制订具体工作计划并推动落实。科技创新领导小组定期召开会议，协调解决创建过程中出现的问题，共同推动科技创新工作的组织实施。

二是实施分类管理。制定科技创新工作推进措施，注重分类指导。强化对科技创新工作的组织领导，建立健全协调推进机制。进一步分解细化任务目标，建立责任分工，明确牵头部门和协办部门责任，落实各项工作责任主体。细化工作方案，加强工作调度，确保完成科技创新工作的各项任务。

三是落实监督考核。推行一把手负责制，创新管埋体制和机制，不断完善科技工作绩效考核制度，形成推动科技创新的强大合力，定期对科技创新任务进展情况进行督导检查。强化推进措施，进一步强化要素保障，创新工作方式，加大统筹调控力度，创新实行扁平化管埋，积极强化向上沟通，实行精准考核，快速高效推进各项工作,确保各项工作落实落地。

四是加大宣传力度。加强舆论引导,灵活使用广播、电视、报纸等传统媒体和网络媒体、移动互联网媒体、微信平台等新媒体,及时传递科技新政策,推广科技新成果,全方位宣传潍坊科技创新的亮点和优势,加大对潍坊重大创新成果、杰出创新创业人才、骨干创新企业的宣传,进一步弘扬创新精神,增强创新意识,推进创新实践。加强科学普及,提升全民科学素质。大力弘扬鼓励创新、宽容失败的理念,打造人人关注创新、人人支持创新、人人参与创新的良好局面,营造创新创业的良好社会氛围与生态环境。

第四章

以"数字潍坊"建设助推新旧动能转换

第四章 以"数字潍坊"建设助推新旧动能转换

第一节　潍坊市建设数字经济的基础条件

一、数字经济概述

数字经济是以数字化的知识和信息为关键生产要素[①]，以现代信息网络为载体，以信息网络技术的有效使用作为效率提升和经济结构优化的重要推动力的一系列经济活动，是由信息技术革命带动的、以高新技术产业为龙头的新经济社会发展形态。

数字经济是伴随着物联网、大数据、云计算、人工智能等新一代信息技术创新发展应运而生的。如果把数字经济比作一个生命体，云计算、物联网、大数据、人工智能在肌体运行中起的作用不尽相同。云计算是"心脏"，为肌体运行提供源源不断的动力；物联网构建肌体的神经网络，实时感知和采集各类体征数据，为人脑提供关键生产要素——数据；大数据和人工智能共同组成"大脑"，分析所有的数据，进行思考和决策，保持肌体健康。

数字经济作为继农业经济、工业经济之后的一种新形态，通过物联网、云计算、大数据、区块链、人工智能等新技术的创新应用，与实体经济实现深度融合，成为农业现代化的助推器、制造业变革的驱动器和服务业新模式的孵化器，不断提高传统产业数字化、智能化水平。另有研究表明，数字经济投资带来的红利是传统投资的3~5倍。数字经济具有低失业、低通货膨胀、低财政赤字和高增长的"三低一高"特点，已成为产业转型升级的重要驱动力，也是当前全

---

① 陈明明，张文铖.数字经济对经济增长的作用机制研究[J].社会科学，2021（1）：10.

球新一轮产业竞争的制高点[①]。

二、数字经济现阶段发展趋势

当前，世界经济正处于加速向以数字经济为重要内容的经济活动转变的过程之中，世界各国和大型跨国企业都将数字经济作为未来发展的主要方向。美国设立了数字经济顾问委员会，数字经济已占GDP的33%；英国出台了《数字经济战略》，建设数字化强国；德国发布了《数字战略2025》，全面实施工业4.0；日本提出建设"超智能社会"，致力于网络与现实空间融合发展[②]。

我国数字经济发展同样已进入快车道。习近平总书记2016年在G20杭州峰会上强调："要把握发展数字经济的历史性机遇，提升经济中长期增长潜力"，在2020年12月8日中共中央政治局集体学习时进一步强调："要构建以数据为关键要素的数字经济，推动互联网、大数据、人工智能同实体经济深度融合"[③]。目前，全国各地都在加紧部署和推动数字经济发展。广州、深圳、沈阳等地专门成立了具有行政职能的数据统筹局，负责政务数据共享开放，综合开发应用大数据，促进数字经济发展。

根据《中国数字经济发展白皮书（2017年）》数据，2016年我国数字经济总体量达到22.6万亿元，位列全球第2位，同比增长18.9%，占GDP比重达到30.3%[④]。山东省2016年数字经济指数53.64，位列全国第4位。有关机构预计，2035年我国整体数字经济规模将达105.6万亿元，总就业容量4.15亿元。

---

① 闫德利，周子祺.数字经济：制造业是主战场[J].互联网天地，2017（4）：34-36.
② 刘九如.大力推动互联网和实体经济深度融合[J].中国信息化，2016（10）：3.
③ 王永章.充分利用人工智能化解新时代社会主要矛盾[J].宁夏社会科学，2021（1）：12-19.
④ 王登新，王小宁.数字经济：全球化新经济范式的形成[J].有线电视技术，2018，25（3）：4.

三、潍坊市数字经济发展的基础优势

智慧城市建设是发展数字经济的重要抓手。潍坊市通过创新智慧潍坊3.0建设，结合"1669"现代产业体系，大力推进云计算、大数据、移动互联、物联网等新技术、新模式的应用和新业态、新产业的培育，以及与经济社会各领域的深度融合，为全市数字经济的发展奠定了良好基础。

（一）网络基础设施不断完善

潍坊市"光网城市"走在了全省前列，光纤网络已覆盖城区所有居民小区，接入能力超过100Mbps，为数字经济融合发展提供了高速数据通道。全市互联网普及率超过80%，互联网出口带宽超过2800G。无线城市网覆盖了城区主要道路和重点公共场所，通过"V热点"统一认证，为公众提供统一、普惠、安全的免费Wi-Fi上网服务。

（二）云计算中心初具规模

经过PPP模式探索和市场化运营实践，潍坊市云计算中心运营逐步进入正轨，形成了300个机柜规模，为全市各级60多个部门的260多个业务系统以及300多台托管设备提供云服务支撑。目前正在规划建设支撑全市"企业上云"的企业云，成为数字经济发展的重要基石。

（三）大数据布局基本形成

潍坊市积极布局大数据，完善了数据经济发展的关键要素。

其一，在城市大数据汇集方面取得进展。成立了市大数据交易中心有限公司，建成大数据交易中心，制定了交易规则和管理制度，启动了大数据交易平台、大数据公共服务平台建设。"潍V"移动端公共服务拓展和"V派"城市通行证实名制推广，覆盖百万市民群体，促进了城市级大数据的汇集。

其二，在政务大数据归集方面成效显著。以市级信息工程项目审查把关为抓手，依托全市统一的信息资源共享交换平台，实现了智慧政务集约建设，有效实现了政务大数据的归集。

其三，在政务大数据应用方面取得突破。创新建设了社情民意大数据平台，通过共享、分析、挖掘市政务服务热线、市政务服务办、市经信委等部门社情民意数据，动态掌握民意诉求，为市委、市政府科学决策提供参考和依据。

（四）"物联潍坊"建设顺利推进

"物联潍坊"基础框架目前已初步建立，形成了潍坊市发展数字经济的独特优势与新的动力，夯实了数字经济发展的基础。一是建设了1600个NB-IoT基站，基本完成了NB-IoT物联网络覆盖。二是在全国率先建成了城市级物联网公共服务平台，面向全省提供物联设备接入、数据传输等服务。三是在统一平台支撑下，陆续启动了智慧水利、智慧农机、智慧路灯和智慧农业等试点应用项目建设。四是华为（潍坊）物联网创新研发中心建成运行，有效开展了物联网产品测试服务以及物联网成果展示。五是华为（潍坊）物联网产业联盟已汇聚国内外物联网领域优质合作伙伴52家，为潍坊市物联城市和数字经济发展提供了有力支持。

（五）电子信息产业快速发展

潍坊市电子信息产业形成了电声器件、虚拟现实、半导体照明、软件和信息服务业等产业重点，地理信息、3D打印、呼叫中心、文化创意、动漫等产业特色鲜明，发展迅速。全市电子信息产业主营业务收入居全省第5位，增幅居全省第2位。以歌尔股份为代表的虚拟现实产业形成规模，已申请专利百余项，产品占据全球VR高中端产品70%的市场份额，产销量全球第一。正在依托"歌尔智慧城"，打造出在国内外具有影响力的虚拟现实产业基地。全市电子信息产业的快速发展，进一步增强了数字经济发展的产业基础。

第二节 以创新驱动推进"数字潍坊"建设

潍坊市坚持以习近平新时代中国特色社会主义思想为指导，全面落实国家、省发展部署以及市委、市政府工作要求，大力实施大数据战略。以"城市大脑"建设为基础，以大数据创新应用和产业发展为动力，以省新型智慧城市试点建设为抓手，深化数据"聚、通、用"，支撑全市"流程再造""一次办好"改革以及城市治理体系完善提升，促进云计算、物联网、大数据、区块链、人工智能等新一代信息技术与经济社会各领域的深度融合[1]，提高数字政府、数字经济、数字社会发展水平，助推潍坊市新旧动能转换与产业转型。

一、推进政务数据资源互通共享，加快数字政府建设[2]

（一）立足"三通"标准，破除制约数据共享的"梗阻顽疾"

主要完成了以下几方面的工作。

其一，实现网络通。全市撤并专网，形成大网，市级自建专网全部实现与电子政务外网的互联互通，建成了全市"一张网"。

其二，实现系统通。市级自建业务系统全部完成与市政务服务平台的对接，制约部门间办事的"竖井"基本上被消灭。完成全市政务云整合，可上云信息

---

[1] 潍坊市 2020 年大数据工作要点 [R].2020.02.
[2] 董胜勇. 山东省大数据工作会议发言 [R].2020.01.

系统 100% 上云，形成了全市"一片云"。

其三，实现数据通。截至 2019 年年末，潍坊市共享平台共编制发布政务信息资源目录 2.5 万余条，汇集各级各部门业务数据 12 亿条，数据交换总量达 2.5 亿条[①]；视频监控共享平台已整合汇聚视频资源约 22 万路，汇聚报送省"互联网+监管"系统各类原始监管数据 200 万余条；公共数据开放网站已上线发布 3700 多条目录，1300 多万条数据量。在 2019 中国国际大数据产业博览会上，潍坊市"开放数林指数"位列全国副省级和地级市前十强。

（二）坚持省市联动，完善线上服务"窗口"

主要完成了以下几方面的工作。

其一，实现"爱山东"。潍坊市率先完成与省统一身份认证中心的测试联调，提交重点应用 67 个、政务服务高频事项 30 个、政务新媒体事项 11 个，各县市区分厅全部开通，上线应用 8 个。

其二，实现"山东通"。潍坊市基于"山东通"平台的移动办公 APP 已于 2018 年年底在"山东通"应用商店上架运行，目前已在市委办、市政府办部署应用，文件签批、请示报告、请假管理、通知管理等功能基本完善。另外，潍坊市开发上线了协同办公平台移动端 APP，为部门移动办公提供高效、安全的支撑服务，目前，已有 30 多个市直部门申请使用。

其三，政府门户网站完成网站改版升级。在第十八届（2019）中国政府网站绩效评估中，潍坊市列全国地市级第四、省内第一，连续三年进入全国地市前五名。

（三）突出数据"惠"民，赋能优政新活力

潍坊市积极响应省"数聚赋能"专项行动，按照"试点先行、逐步推进、

[①] 孟祥风，刘杰."大数据"赋能高质量发展[N].潍坊日报，2020-10-12.

全面铺开"的思路，组织相关部门、单位开展了"一次办好"政务数据归集共享专项行动，归集市级高频数据资源 300 余类，在义务教育入学报名、公积金提取等便民服务事项以及城市大型户外广告设置审核等高频行政审批事项方面进行了"零跑腿"办理的探索、试点，取得良好社会反响。2019 年 12 月 25 日，省大数据局组织的"数聚赋能·智惠齐鲁"山东媒体行活动中，来自人民日报、新华社、中新社、大众日报、山东广播电视台等 30 多家媒体记者，来潍坊对潍坊市"数聚赋能"工作的经验做法现场进行了采访报道。

其一，实现义务教育入学"零跑腿"。依托省、市政务信息资源共享交换平台，历时 3 个月，6 个部门的常住人口信息、不动产登记信息、社保缴费证明信息、购房合同信息、个体工商户基本信息、出生医学证明 6 类业务数据实现互通共享。2019 年，潍坊市中心城区入学报名学生约 2.5 万余人，网上录取率达 95%。

其二，试点"一次不跑·事就办好"。潍坊市首批选取 20 个高频行政审批服务事项进行试点，该 20 个事项 2018 年办理量达到 14 400 多件，占审批服务业务总办件量的 41.7%，是一批体现审批服务难点、堵点、痛点的典型事项。通过对 20 项试点事项办事材料逐一进行梳理分析，明晰数据共享需求，对接省、市政务信息资源共享交换平台，实现 12 个证照、800 余个信息项的共享；通过行政审批材料电子化、标准化建设，压减办事环节近 51%，平均提速 50%。自 2019 年 9 月份上线以来，累计减少群众跑腿 6000 多次，减少材料 1 万余份。

其三，实现公积金提取业务"零跑腿"。通过共享全市人口身份、不动产、退休人员、劳动能力鉴定等政务数据资源，融合支付宝等相关公司的信用数据、人脸识别数据和身份认证等社会化数据资源，实现了商业还贷提取、委托自动提取、解除劳动关系提取等高频公积金提取业务"掌上办"。上线以来，共受理业务 6000 多项，减材料 6000 余份，群众少跑腿 1.2 万多次。

其四，实现民意舆情数据创新应用。潍坊市建成运行民意舆情大数据平台，先后整合打通了市政务服务热线 12345、市政服务热线 12319 等热线数据，"市长信箱"、政务 APP、信访系统以及公安、城管等部门视频类数据，汇聚数据量 3 亿多条，编制民意大数据分析报告 70 多期，推动了房产证办理、节会旅游、生态环境等 20 多项民生热点问题的决策和协调解决。

二、聚焦城市品质提升，打造特色数字社会

（一）紧贴潍坊特色，谋划构建"城市大脑"

潍坊市借鉴深圳、杭州等先进城市经验，结合本市实际，谋划打造具备高兼容性、强支撑力、高智能化的潍坊特色"城市大脑"。依托云计算、物联网、大数据、信息资源共享交换体系，融合人工智能、区块链技术，实现城市各项运行体征数据的交互融通，打造智慧潍坊"城市大脑"，以数据的智能分析和精准判断执行，在确保城市功能运行流畅的同时，推动信息技术在公共服务、城市运行、城市治理等领域的跨界融合应用。

一是完善"城市大脑"智能中枢，为城市大脑提供高效可靠的计算、存储、网络、数据汇聚及分析支撑。二是建设政务大脑，深入推进政务信息系统整合共享，实现政务服务跨区域、跨层级、跨部门"一号申请、一窗受理、一网通办"。三是建设交通大脑，搭建协同交互的全市"大交通"综合管理调度体系，提高交通运输效率。四是建设城市管理大脑，通过实施智慧教育、智慧健康、智慧旅游、智慧社保、智慧社区、智慧管网等智慧化项目[1]，积极培育数字化、网络化的现代城市管理和服务新业态。五是建设警务大脑，对内外部数据进行资源汇集、深度整合和挖掘分析，实现包括视频、图像等信息深度共享和警务大数据应用。六是建设产业经济大脑，支撑潍坊市大力发展智能制造、VR 产业、数字金融、先进制造等数字经济业态。

目前，城市大脑的重要组成部分——辅助领导决策系统，已建成内测，该

---

[1] 许爱萍，成文.高质量发展视角下天津人工智能产业发展路径研究[J].城市，2020（12）：16-23.

系统基于对潍坊市30万市场主体和对标城市（例如南通市、泉州市、济南市、青岛市等）市场主体运行大数据的分析挖掘，通过"一张图"可视化分析，动态展示本市资本资金流向、人才资源分布、企业资源分布、产业经济结构等情况，为"双招双引"、营商环境和城市发展等决策提供数据支撑，不断培育壮大数字经济发展新动能。

（二）坚持多措并举，打造窄带物联示范城市

由山东省大数据局、潍坊市政府共同主办的2019智能物联网大会在潍坊市召开，5位两院院士、国内外领军企业高级管理人员等一批业界权威参会，为潍坊市物联网产业发展导入大量高端资源，取得丰硕成果，将"物联潍坊"建设推向新高度。"物联潍坊"是潍坊市2019年推动城市高质量发展的典型案例，该项目获得"2019中国智慧城市示范城市奖"。

在打造"物联潍坊"的总体建设思路上，潍坊市坚持以一个计划（物联网产业三年行动计划）、一套政策（加快推进物联网产业发展的若干政策）、一个平台（物联网公共服务平台）、一个园区（智能物联网产业园）、一个专班（物联网产业发展推进专班）、一个大会（智能物联网大会）的"六个一"为抓手，组合出拳、闭环运转，抢占物联网产业高地，打造全国物联城市样板。

物联潍坊建设的具体内容如下：一是协调通信运营商争取上级公司资金等支持，优化覆盖全市的物联网络，满足各类物联网应用场景需要；二是完善"物联潍坊"公共服务平台支撑能力；三是会同业务部门快速推进智慧泊车、车联网、智慧市政、智慧消防等物联网典型应用项目，以项目应用带动城市各类数据的汇聚，促进新一代信息技术与社会各领域的融合，为潍坊市数字经济发展奠定基础。

在总体架构上，"行动计划"是潍坊市物联网产业发展的总体布局；在政策扶持上，"系列政策"为物联网企业落地发展注入了原动力；在应用落地上，"物联网公共服务平台"是培育各类物联网应用的孵化器，也是物联网终端产品的

试验田；在产业承载上，"物联网产业园"为各类成熟的孵化应用落地及招引企业落户集聚提供了物理载体；在体制保障上，"推进专班"为物联网产业从招引、孵化到落地、发展提供全流程保障服务；在放大效应上，"物联网大会"成为以物联网为核心促进全球产业融合交流、扩大潍坊市物联网产业影响力的重要平台。"六个一"上下承接，形成闭环，激发推动产业发展的持久动力。

（三）勇于开拓创新，积极争创新型智慧城市试点

经山东省评审，潍坊市、寿光市和昌邑市被列入2019年首批省新型智慧城市试点城市。另外，潍坊市新型智慧城市建设案例入围工信部委托中国通信研究院评选的2019年智慧城市典型地区实践奖（地级市类别）。

潍坊市加快"智慧民生"便捷服务应用，持续增强数字经济发展新活力。以"惠民生"为特色，继续完善以"潍V"平台、"V派"城市通行证为代表的智慧城市公共服务建设。

其一，强化"潍V"平台功能。瞄准"权威新媒体""生活小助手"和"众创新平台"的新定位，通过实时政务信息发布和互动，搭建政府与市民的沟通桥梁。通过丰富和完善各类便民应用，为市民创造智慧生活新体验，特别是重点抓好"掌上政务厅"建设，实现与市、县、乡三级政务服务中心的数据连通，部署自助服务终端，打造简单事项"零跑腿"的政务服务新亮点。立足平台资源优势，支撑互联网创新创业，营造众创新空间。

其二，启动"V派"推广。"V派"是潍坊市独创的智慧城市通行证，以手机APP方式集成居民身份证、驾照、医保卡以及银行卡、公交卡、自行车卡、门禁卡、购物卡、图书借阅卡等，实现市民的移动支付和轻松出行。2018年发起"无卡、无证、无钱包"的"三无智慧生活联盟"，实现包括县市区在内的全部公交车的"V派"扫码支付，基本上完成"V派"在全市三级政务服务中心、二甲以上医院、酒店、商场、图书馆以及银行等场所的部署，公安系统事务办理及警察执法也将全面接入"V派"，推进信息消费经济的持续增长。

此外，潍坊市充分借鉴"粤省事""浙里办"等政务APP的成功经验，打造了具有潍坊特色的综合服务APP——"潍事通"，将应用资源全部推送至"爱山东"的同时，与"爱山东"潍坊分厅一起，为公众提供政务服务以及"吃住行游娱购"等一系列"掌上"便民服务。

三、着力升级产业发展"软硬件"，推动数字经济发展

主要做了以下几方面工作。

其一，谋定即动，催热数字经济发展氛围。潍坊市出台了《全市数字经济发展规划》《促进互联网经济发展实施意见》《数字经济园区认定管理办法》等文件。2019年，组织了2期全市数字经济业务培训，组织举办了"山东省大数据创新应用技能大赛"决赛暨第二届"潍坊市数字经济创新创业大赛"。

其二，筑巢引凤，加强"双招双引"。通过企业招商、产业链招商和园区招商等多种渠道，2019年潍坊市共外出招商30余次，签约AI物联网产业园、科技创新产业园等一批重点项目，签约总额23亿元。

其三，建设智慧潍坊产业园区，助力数字经济发展。依托潍坊物联网应用创新研发中心、大数据交易中心、云计算中心等资源优势，建设智慧城市产业园区，实现物联网、大数据、云计算、人工智能、现代金融等新兴产业的集聚发展[1]，不断壮大潍坊市数字经济，助力产业转型升级和新旧动能转换。争创全省大数据交易中心，形成大数据产业发展高地；推动"云支付"在经济、社会、民生等全域应用，将潍坊市打造成区域性互联网支付中心。该园区也可同时承担智慧城市会客厅、展厅以及智慧城市运行指挥中心等功能。

其四，市县联动，推动园区和重点项目建设。青州智能物联网产业园成为省级示范数字经济园区；山东测绘地理信息产业园入选省级数字经济园区名录

---

[1] 肖景培.惠州市建设智慧政府的问题与对策研究[D].武汉：华中师范大学，2017.

库。潍坊市组织各县市区开展了市级新一代信息技术及数字经济园区评选，已落地的 5 个数字经济领域的重点建设项目（新松智慧园、AI 产业园、AI 物联网产业园、青科大大数据学院、激光雷达产业园）正在有效推进。

第三节 "数字潍坊"助推新旧动能转换发展重点

一、全面推进数字政府建设

（一）完善云网基础平台

主要做好以下几方面工作。

其一，建设云网可视化监管平台[①]。进一步加强云网基础设施动态监管，深化市级部门上云，推进县级政务云归并整合，优化潍坊市政务云布局。开展政务云安全风险评估和安全测评，完善关键数据灾备体系，提高云平台可靠性和安全性。修订市级政务云服务目录，推动云服务从基础层向平台层、软件层服务演进。探索建立云服务"超市"，实现集约建设、按需应用。

其二，规范网络平台管理。以应用为导向，整合上级垂直专网，打通数据隔离通道。完成政务外网 IPv6 改造，建立健全网络安全预警、通报机制。

其三，提升视频平台规范化应用。按照"建设一路、规范一路、接入一路、可用一路"的原则，规范视频资源接入和部门间共享，为防汛抗旱、应急调度等工作提供直观的可视化支撑。

---

① 潍坊市 2020 年大数据工作要点 [R].2020.02.

（二）强化数据资源共享支撑能力

主要做好以下几方面工作。

其一，进一步完善基础信息资源库。扩大基础信息资源库数据归集范围，提升数据质量，完善数据更新机制，积极开发基础库对外服务接口。进一步完善人口库公民基本信息，实现法人库企业、事业单位及社会组织信息归集，进一步完善电子证照库，扩大证照数据归集范围。

其二，推动政务信息资源主题库建设。依托省数据资源体系和主题库建设成果，坚持按需归集，加快推动主题库数据资源汇聚，逐步形成可推广的主题库建设应用模式。初步完成首批次主题库的数据汇聚，为政务服务事项办理和部门间业务协同提供数据支撑。选取2~3个试点，启动历史数据电子化、标准化工作，形成专题库。

其三，扩大公共数据开放。实现所有政府部门接入公共数据开放平台，逐步推动将水、电、气、暖等主要公共服务数据纳入开放范围。强化数据治理服务，采取"统采分付"模式，为各部门提供"点菜"式服务。

其四，强化"互联网+监管"数据支撑。汇聚潍坊市监管事项信息、监管对象信息、执法人员信息、监管行为信息、双随机一公开信息等监管数据，通过省、市共享平台，将标准数据上传到省"互联网+监管"系统，并形成长效更新机制。

（三）提升大数据创新应用成效

主要做好以下几方面工作。

其一，开展"数聚赋能"应用示范样板建设。按照全市"一次办好""流程再造"等工作要求，完善政务服务平台，完成部门自建系统整合，立足群众和企业办事的难点、堵点，在审批及服务事项办理方面持续开辟新的数据应用场景，让老百姓真正感受到大数据时代政府服务的优质、高效与便捷。

其二，深化统一身份认证、电子证照、电子印章等服务应用，基本实现全市面向社会服务的政务应用系统"一证通行",电子证照互认互通,形成全市政务服务统一的电子印章支撑体系。

其三,强化数据辅助决策效能。优化升级民意舆情大数据平台功能,拓展数据源,开展社会风险点监测与防控,实现全面监测、系统分析、及时预警和量化评估的一体化功能。为市领导提供不少于30期定期和专题分析报,并适时向县市区和市直有关部门推送民意民情数据分析结果。

其四,拓展辅助领导决策系统功能。基于与对标城市的经济社会数据分析,辅助领导精准推进"双招双引"、营商环境优化、重点企业监控分析、城市人才招引等工作。

(四)探索政务数据市场化开发利用路径

学习借鉴贵州、福建等地政务数据流通交易及市场化运营的模式和路径,根据国家和省关于政务数据应用的有关规定,以促进政务数据与社会数据融合应用为目标,推进政务数据深度开发。

2020年,进一步探索研究政务数据市场化运作的法理支撑、政府监管、定价及安全防护等体系建设,明确运作主体和运营模式,确定实现路径,形成潍坊市政务数据市场化运作实施方案,通过公开招标选取政务数据开发授权企业,实施政务数据市场化运营。探索以政务数据授权开发企业为载体,搭建潍坊市大数据开放应用平台,通过引入、孵化数据服务公司提供数据服务或数据产品,加快培育本地化数据服务公司,促进形成潍坊市数据产业生态圈。

(五)完善提升数字化服务水平

主要做好以下几方面工作。

其一,优化"中国潍坊"政府门户网站。推进政府系统未纳入集约化平台的网站"应迁尽迁",实现全市政府网站的信息、服务、数据的归集,提升网站的支撑承载能力。以便民利企为出发点,推出一批便民公共服务和行政审批服务"网上办"事项，探索与"潍事通""城市大脑"等项目的跨平台合作，增强政府网站群的服务功能。健全预审、备案、监测、评估、整改和问责机制，加强政府网站与政务新媒体的规范化管理。

其二，提升政府数字化办公水平。针对工作需求，持续完善政府协同办公平台和移动办公系统各模块功能，进一步做好移动办公在各级各部门的推广应用。在电子公文编审、签发、处理过程中引入电子公文标准化套件，推进协同办公平台和移动办公平台系统标准化、规范化建设，确保电子公文应归档尽归档。

其三，推动政务服务平台完善提升。基于市政务服务平台已建成果，完善现有平台功能，拓宽现有平台服务范围，并推进与山东省政务服务平台互联互通。建立政务服务平台"好差评"系统，对接国家政务服务平台，实现各级各部门评价信息实时上报汇聚，打造全市标准统一的政务服务评价体系。

二、进一步加快数字社会建设

（一）全面启动潍坊特色"城市大脑"建设

研究适合潍坊市实际和未来发展需求的建设内容和运作模式，在科学论证和充分比较的基础上，形成项目建设方案，完成公共基础软件平台基本功能开发。建设具有潍坊特色的城市大数据智能融合平台，突出AI、物联网技术应用，建立高智慧、可决策的智能中枢，搭建标准化、高通用性、高可靠性的中台体系，融合相关部门现有业务信息系统，提高市直部门新建系统的集约程度，实现大数据融合、贯通、协同，统一支撑城市管理、公共服务、政府运行、经济发展各领域集约、快速的智慧化迭代升级和智能化决策应用。完善经济运行辅助决策分析专题应用，上线2~3项成熟专题应用，初步发挥整合数据资源、辅助科学决策的效益。

（二）深入落实省新型智慧城市试点建设

根据"优政、惠民、兴业、强基"的试点建设要求，建立试点建设领导推进机制，全面落实潍坊市《智慧城市建设行动方案（2019—2021年）》，统筹开展新型智慧城市试点建设工作。做好迎接省现场观摩和中期检查工作，力争形成智慧城市建设领域可复制、可推广的成熟经验。

组织好第二批省新型智慧城市试点申报工作，加强对各县市区新型智慧城市建设的检查和指导，实现全市80%以上的县市区达到2星级标准。支持寿光市创建山东省新型智慧城市5星级县级试点，打造智慧城市领域"寿光模式"，在各县市区中复制推广。支持昌邑市通过复核列入2020年试点城市。

（三）进一步拓展"爱山东"APP、"潍事通"APP应用

主要做好以下几方面工作。

一是加快拓展"爱山东"APP应用上线。接入服务事项不少于200项，推动50项以上实现"掌上办"，推行电子证照"亮证"服务。二是完善优化"潍事通"应用。力争将水、电、气、暖等便民服务，电子证照、不动产查询、违章查询等公共服务以及政务服务网的70%的行政许可服务纳入手机端办理，为市民打造政务事项办理一站式平台，提供"吃住行游娱购"全方位便捷服务。

（四）全力推进"物联潍坊"建设

进一步扩展"物联潍坊"公共服务平台能力，继续开展智慧应用项目建设，以"万物互联"创新惠民服务体系建设。一是完善物联潍坊平台升级。进一步提升平台在接入便捷性、操作人性化、接入流程规范化等方面的功能。二是做好智慧消防、智慧供热等物联网应用项目的支撑工作；持续拓展物联网应用场景，助力潍坊市企业提升物联网等方面的技术能力，打造良好的行业生态。三是实施2020年"物联潍坊"试点申报及建设工作，以试点带动潍坊市物联网应用市县一

体化建设。四是发挥 2019 年智能物联网大会效应。持续推进物联网产业的高端交流、合作对接和全产业链发展,吸引更多的全球物联网关联企业落地潍坊发展,加速潍坊市智能物联网生态建设[①]。

三、大力推动数字经济发展

主要做好以下几方面工作。

第一,进一步加强数字经济园区培育。根据《山东省数字经济园区(试点)建设行动方案》要求,积极争取潍坊市相关园区列入省级数字经济园区试点,做好政策支持、培育发展和中期考核等工作,集中打造潍坊市数字经济产业集聚区。按照省工作安排,组织好第二批省数字经济园区(试点)申报工作,并做好市级第二批数字经济园区试点的申报工作。

第二,进一步强化"双招双引"成效。继续做好对北京、青岛、长三角、珠三角等重点城市、区域开展精准招商活动,重点引进中国 500 强企业中的物联网、大数据、区块链、VR 等数字经济新型产业相关企业,促进产业链完善和产业集群规模扩大。对已落地项目做好跟进服务,推进科技创新园、AI 物联网产业园、人工智能产业园等已签约项目尽快立项,早日投产达效。

第三,组建数字经济产业联盟。以成功举办 2019 智能物联网大会、全市互联网企业座谈会为契机,组织物联网、大数据、互联网等领域相关企业、专业研究机构,以及有数字化转型需求的传统企业等参与,共同成立数字经济产业联盟,组织座谈、沙龙、培训等活动,建立本地相关企业信息交流机制,搭建数字产业化和产业数字化融合的交流合作平台,促进信息化对传统产业赋能,推动全市新旧动能接续转换[②]。

第四,催热数字经济发展氛围。通过举办 2020 智能物联网大会,邀请国家、

---

① 潍坊举行 2019 智能物联网大会新闻发布会,消费日报网,http://www.xfrb.com.
② 刘金旺,王娟.山东省数字经济与实体经济融合发展浅析[J].山东工业技术,2020.04.

省有关领导，物联网领域院士、学者、知名企业家、相关媒体等，围绕物联网、大数据、区块链、人工智能等新技术应用和数字经济发展，开展高端研讨交流，组织"物联网+智慧农业""物联网+智能制造""物联网+智慧城市""物联网+区块链"等方面分论坛活动，同期组织举办智能物联网技术、产品和应用方案等展览。通过举办潍坊市第三届大数据应用创新创业大赛，培养创新创业意识，提升创新创业能力，发掘具有较强竞争力和发展潜力的大数据、云计算、物联网、人工智能等创新创业项目，助推潍坊市数字经济蓬勃发展。举办全市智慧城市和数字经济培训班，组织市直部门和县市区大数据系统信息化业务骨干参训，不断提升各级机关工作人员及大数据队伍的信息化素养。

第五，进一步完善数字经济发展政策体系。根据省数字经济发展指数、统计办法等要求，建立全面反映潍坊市数字经济运行和发展情况的指标体系，完善对企业、园区、产业的统计分析，为数字经济发展提供决策支持。出台《潍坊市促进互联网经济发展的实施意见》，统筹市级数字经济相关专项资金，强化产业聚集、创新发展、人才引育、要素保障，引导相关产业和项目有序健康发展。

第四节 "数字潍坊"助推新旧动能转换支撑保障

一、"数字潍坊"建设存在的问题

"数字潍坊"建设主要存在以下问题。

第一，省级部分政务数据的获取难度还较大。部分政务数据资源在省级以上系统存储，市级部门无数据管理权，数据获取存在一定难度，共享渠道需进一步畅通。部分市直部门使用省及以上垂直系统办理业务，市级对这些系统无管理权，无法对其进行接口改造，因此，在该类系统中办理事项，无法直接调用已共享的数据资源。另外，部分省直部门部署的业务系统还未与市级政务服务平台完成对接，部分事项办理还需二次录入省系统办理。

第二，公共数据开放缺乏规范的法律机制保障。当前，数据开放面临着巨大挑战，数据公开可能会泄露个人隐私、泄露商业秘密，政府部门数据的开放可能会危及国家安全。由于国家层面关于数据所有权、隐私权等相关法律法规尚不健全，尚未建立起兼顾安全与发展的数据开放、管理和信息安全保障体系，数据开放度与应用需求存在信息不对称、融合度不高等问题，导致数据提取不够、分析挖掘不深，影响了大数据在各行业的深度应用[1]，制约了数据资源中所蕴含价值的开采与转化。

第三，数据产业统计指标体系需建立健全。大数据属于新兴领域，传统的国民经济统计体系无法对其覆盖和衡量，大数据统计指标的缺失，会导致大数据产业发展能力、应用水平等状况的衡量存在困难，影响大数据产业的健康发展。目前，广东、内蒙古、河南已提出构建大数据产业统计指标体系。

二、强化"数字潍坊"建设支撑保障

紧紧围绕国家大数据发展战略，构建以数据为关键要素的数字经济，推动物联网、大数据、人工智能等同实体经济深度融合，打造以"物联潍坊"和"城市大脑"为核心的数字经济发展模式，强化支撑保障，确保潍坊市数字经济持续快速增长。

其一，完善数字潍坊顶层设计。制定出台《智慧潍坊建设管理办法》和《智慧潍坊建设三年行动计划》，全面落实部门CIO（信息化主管）联席会议制度，

---

[1] 刘金旺，王娟.山东省数字经济与实体经济融合发展浅析[J].山东工业技术，2020.04.

同步推进数字经济发展领域的资源共享、业务协同与集成创新机制。加强组织协调和政策标准规范建设,健全加强大数据工作的组织领导机制,完善沟通交流、督导检查、考核评估等工作推进落实机制,以工程化的方式推动各项任务落实。根据山东省关于政务云、政务网络、政务数据共享和开放、视频监控、数字经济等规范性文件和标准要求,完善数字潍坊政策标准体系,保障全市数字经济协调推进。

其二,创新数字经济投融资渠道。推动社会资本向数字经济领域加快集中,建立数字经济项目库,及时发布并推进数字经济工程,吸引社会资本向数字经济优质项目加大投入。推动设立智慧潍坊建设基金,积极探索和实践以市场化思路解决重大建设项目融资与运营等问题的有效路径。

其三,强化人才智力支撑。加大数字经济人才引进、培育和培训力度,设立智慧潍坊建设专家委员会,完善专家决策咨询机制。持续抓好各级各部门CIO、智慧城市建设管理人员的培训,强化支撑全市创新发展的信息化人才队伍建设。加强大数据高端人才引进,充实大数据主管部门。采取线上线下相结合等方式,开展大数据专业素养大培训,对大数据系统内干部职工全部轮训一遍,提升履职能力。积极与高等院校、科研机构对接,探索成立智慧城市学院,为智慧潍坊建设和数字经济发展提供人才孵化平台。

其四,提升网络和数据信息安全保障能力。开展面向全市信息基础设施和云计算、大数据、移动互联服务以及各类智慧应用的第三方安全检测评估,加强信息资源安全监管,全方位优化升级信息安全保障体系,提高信息网络安全防护能力。完成政府信息系统等级保护和各类攻防演练等相关工作,会同网信部门建立健全网络安全预警、通报机制。强化数据安全管理工作,通过对政务数据安全现状进行评估,制定数据安全规划,建设数据安全监管平台。高效做好市级机关综合办公大楼的网络管理及运维工作,推动安全可靠技术和产品在重要领域的应用,保障自主可控。

其五,探讨数字经济发展的体制机制创新。借鉴杭州、佛山等先进城市经验，成立具有依法采集管理数据、统筹全市数据资源管理职能的行政执法部门，通过强力统筹各级政务数据、社会数据和行业数据，为数字经济的发展提供坚实保障。加强市级信息工程项目管理，修订出台《潍坊市市级信息工程项目管理办法》，进一步规范市级信息工程项目建设管理，推行项目管理系统，继续做好市级信息工程项目审核、验收、绩效评估等工作。针对规划布局、项目审评、项目建设、招标采购等重点领域，健全规章制度，规范工作流程，研究制定务实管用的防控措施，健全廉政风险防控长效机制。

第五章

山东新旧动能转换综合试验区建设概况

第一节　山东省推进新旧动能转换
重大工程政策文件

一、已出台的山东省新旧动能转换相关政策

1.完善财政、金融、保险等支持首台（套）重大技术装备研发、检测评定、示范应用的体系和政策

根据国务院《关于加快发展现代保险服务业的若干意见》（国发〔2014〕29号）和《山东省人民政府办公厅关于加快山东省装备制造业发展的意见》（鲁政办发〔2011〕79号）文件精神，对符合条件的企业在投保有关险种时，省级财政按不高于3%的费率上限及实际投保年度保费的80%比例给予扶持，单个企业的年度财政扶持额度最高不超过200万元，原则上不超过2年[①]。

2.加快划定粮食生产功能区和重要农产品生产保护区

2017年12月，省政府办公厅印发《关于成立山东省粮食生产功能区和重要农产品生产保护区工作领导小组的通知》（鲁政办字〔2017〕197号）和《关于做好粮食生产功能区和重要农产品生产保护区划定工作的意见》（鲁政办发〔2017〕83号），提出健全完善均衡性转移支付制度和粮食主产区利益补偿机制，率先在"两区"范围内建立绿色生态为导向的农业补贴制度，探索农产品价格和收入保险试点，推动"两区"农业保险全覆盖等扶持政策。

---

① 山东省人民政府办公厅关于进一步促进科技成果转移转化的实施意见[R].山东省人民政府公报，2018-01-31.

3. 支持化解过剩产能、培育壮大新动能

中央财政统筹"蓝黄两区"扶持政策给予财力补助，支持化解过剩产能、培育壮大新动能等。根据国务院批复的"两区一圈一带"规划，设立省区域战略推进专项资金，包括"切块"方式和重大事项形式两种专项资金。

4. 设立全省新旧动能转换引导基金，加大对重点产业、关键领域的投入力度

省政府制定出台《山东省新旧动能转换基金管理办法》《山东省新旧动能转换基金省级政府出资管理办法》等文件，规定基金规模不少于6000亿元。重点投资领域为：一是支持新技术、新产业、新业态、新模式项目，二是支持新兴、优势产业做大做强，三是支持基础设施建设。

5. 对优化重组"僵尸企业"的市场主体，合理确定并购贷款利率、贷款期限

中国人民银行济南分行出台《关于贯彻落实银发〔2016〕42号文件进一步做好金融支持工业稳增长调结构增效益的实施意见》（济银发〔2016〕117号）和《关于认真贯彻落实银发〔2017〕58号文件精神进一步加大金融支持制造强省建设的意见》（济银发〔2017〕118号），不断加强宏观审慎管理和信贷政策引导，落实差别化工业信贷政策，推动金融机构对兼并重组企业实行综合授信，鼓励金融机构完善并购贷款业务[①]。

6. 推行环境高风险企业投保环境污染强制责任保险

2016年4月19日，省环保厅、山东保监局印发《关于开展第二轮环境污染责任保险试点工作的通知》（鲁环函〔2016〕292号），要求产生、排放重金属污染物的企业应当投保环境污染责任保险，鼓励其他高环境风险企业投保环境污染责任保险。对按规定投保的企业，优先给予信贷支持。

---

① 山东新旧动能转换综合试验区建设总体方案，http://www.doc88.com.

7. 积极争取知识产权质押融资市场化风险补偿政策

2018年2月14日，省知识产权局下发《关于印发〈山东省专利权"政银保"融资试点工作实施办法（试行）〉的通知》（鲁知管字〔2018〕6号），设立专利保险补贴资金提供风险补偿。按照企业缴纳保费60%的标准给予补贴，每家企业年补贴总额不超过6万元，补贴期限不超过2年，总次数不超过3次[①]。

8. 推动火电、建材等行业减量减产，严控新增产能

一是在2017年8月30日，省发改委等部门联合转发了国家16部委《印发〈关于推进供给侧结构性改革　防范化解煤电产能过剩风险的意见〉的通知》（发改能电〔2017〕1404号），根据该文件要求，明确规定列入关停计划且不参与等容量替代的煤电机组，关停后可享受最多不超过5年的发电权，并可通过发电权交易转让获得一定经济补偿。二是依据环保部《京津冀及周边地区2017—2018年秋冬季大气污染综合治理攻坚行动方案》，对建材行业采暖季实施错峰生产。

9. 加大商事制度改革力度

深化"先照后证"改革，扩大"证照分离"改革试点范围，全面推进"多证合一"改革，推行企业登记全程电子化和电子营业执照[②]。

一是在2018年1月12日，省政府下发《关于在国家级功能区开展"证照分离"改革试点工作的实施意见》（鲁政发〔2018〕2号）（以下简称《意见》），在全省29个国家高新技术产业开发区、国家级新区开展"证照分离"改革试点，要求各试点区在省政府《意见》确定的103项行政许可等事项范围内，自主选择复制推广。

二是在2017年8月1日，省工商局下发《关于印发〈山东省市场主体登

---

① 山东省知识产权局关于印发《山东省专利权"政银保"融资试点工作实施办法（试行）》的通知[R].山东省人民政府公报，2018-03-10.
② 山东新旧动能转换综合试验区建设总体方案，http://www.doc88.com.

记全程电子化和电子营业执照工作实施方案〉的通知》（鲁工商个字〔2017〕175号），决定于2017年10月底前，开通登记注册全程电子化系统，并同步发放电子营业执照。

10.支持新旧动能转换的金融、财政政策

一是在2016年6月28日，省政府办公厅出台《山东省人民政府办公厅关于金融支持实体经济发展的意见》（鲁政办发〔2016〕28号），从增强信贷服务有效性、降低企业融资成本、完善企业转贷应急机制、创新抵（质）押融资方式、推动企业多渠道融资、鼓励企业并购重组等多个方面对金融支持实体经济的发展提出了意见。

二是在2017年，中国人民银行济南分行联合有关部门出台《关于认真贯彻落实银发〔2017〕58号文件精神进一步加大金融支持制造强省建设的意见》（济银发〔2017〕118号）和《关于财政金融政策协同配合支持全省新旧动能转换的指导意见》（济银发〔2017〕220号）。主要政策有：积极落实差别化信贷政策，加大对山东省十大特色制造业，以及创新能力提升工程等八大专项工程的财政和信贷支持力度；加快推动化解过剩产能，对涉及兼并重组的去产能企业给予综合授信支持；支持和引导符合条件的优质企业在境内外资本市场上市挂牌，省财政按有关规定给予一次性奖补[①]，促进重点领域做强做优等政策。

11.环境保护、节能节水专用设备投资额10%抵免企业所得税政策

2017年9月6日，国家税务总局联合相关部委下发《关于印发节能节水和环境保护专用设备企业所得税优惠目录（2017年版）的通知》（财税〔2017〕71号），规定自2017年1月1日起，对企业购置并实际使用节能节水和环境保护专用设备符合相关条件的，该专用设备的投资额的10%可从企业当年的应纳税额中抵免；当年不足抵免的，可在以后5个纳税年度结转抵免。

---

① 温跃，赵小亮，王斌．山东：强化财政金融政策配合 支持全省新旧动能转换[N]．金融时报，2017-08-30．

12. 技术先进型服务企业减按15%的税率征收企业所得税政策

2017年11月2日，财政部、国家税务总局联合下发《关于将技术先进型服务企业所得税政策推广至全国实施的通知》，规定对经认定的技术先进型服务企业，减按15%的税率征收企业所得税。经认定的技术先进型服务企业发生的职工教育经费支出，不超过工资薪金总额8%的部分，准予在计算应纳税所得额时扣除[①]；超过部分，准予在以后纳税年度结转扣除。

13. 中国居民企业境外利润分回的所得优惠政策

2017年12月28日，财政部、国家税务总局联合下发《关于完善企业境外所得税收抵免政策问题的通知》，明确对外投资企业可以选择按"分国不分项"或"不分国不分项"计算其可抵免境外所得税税额及抵免限额。

二、各类国家级省级试点示范建设政策

各类国家级省级试点示范建设政策如下。

第一，积极争创国家创新型城市。2017年11月15日，省政府印发《关于印发山东省创新型省份建设实施方案的通知》（鲁政发〔2017〕38号），目前，山东省济南市、青岛市、济宁市、烟台市、潍坊市和东营市已经成功获批创建国家创新型城市。

第二，积极争创服务贸易创新发展试点城市。商务部向国务院提出《服务贸易创新发展试点方案》，并于2016年2月获国务院批复（国函〔2016〕40号），山东省威海市列入试点，期限为2年。

第三，推进周村城区老工业区搬迁改造，积极创建老工业区搬迁改造示范工程和示范区。2014年3月，国家发改委印发《关于做好城区老工业区搬迁改造试点工作的通知》（发改东北〔2014〕551号），2015年，周村区被列为全

---

① 山东新旧动能转换综合试验区建设总体方案，http://www.doc88.com.

国城区老工业区搬迁改造试点。下一步，积极开展老工业区搬迁改造示范工程和示范区创建工作，全力争取更大资金扶持。

第四，推进省级医养结合项目库建设。2017年，省卫计委分别下发《关于组织报送全省医养结合项目的通知》（鲁卫家庭字〔2017〕8号）和《关于推荐首批医养结合示范项目的通知》（鲁卫办函〔2017〕202号），对医养结合项目给予重点扶持，同时对特别重大项目采取一事一议入库推进。

第五，以主体功能区规划为基础，加快推进"多规合一"。2018年1月14日，省政府办公厅印发《关于开展"多规合一"试点工作的通知》（鲁政办字〔2018〕10号），淄博市获批开展"多规合一"试点。要求通过探索城乡规划、土地利用规划、生态环境保护规划等"多规合一"的路径模式，提出可复制、可推广的"多规合一"试点方案[①]。到2020年，编制完成全省"多规合一"空间规划。

第六，完善"互联网+"生态体系，积极争取数字经济发展相关试点，创建国家大数据综合试验区，建设新型智慧城市。2016年6月2日，省政府出台《关于印发山东省"互联网+"行动计划（2016—2018年）的通知》（鲁政发〔2016〕14号）[②]，提出到2018年，培育一批重点领域"互联网+"示范应用龙头企业，基本实现重点领域互联网公共服务平台全覆盖。

第七，开展装备制造业标准化试点和智能工厂、数字车间示范。省质监局2018年2月1日下发《山东省质监局关于征集2018年"山东标准"建设项目的通知》（鲁质监标字〔2018〕34号），向全省征集五类项目：国际标准、国家标准项目，地方标准项目，试点示范项目，技术组织项目，基础研究项目。

第八，探索投贷联动试点。2017年3月28日，山东银监局出台《山东银监局推进科技金融工作实施方案》，支持银行机构与政府引导基金、风险投资

[①] 山东省人民政府办公厅关于开展"多规合一"试点工作的通知[R].山东省人民政府公报，2018-02-10.
[②] 山东新旧动能转换综合试验区建设总体方案，http://www.doc88.com.

基金等开展外部投贷联动，打造政府资本、社会资本与银行资本协同联动为科创企业提供资金支持的融资模式。

第九，积极开展建筑业改革发展综合试点、争取地下综合管廊试点。2017年7月22日，省政府办公厅印发《关于贯彻国办发〔2017〕19号文件促进建筑业改革发展的实施意见》（鲁政办发〔2017〕57号）。主要政策有：对排名分列前五的市、前十的县、前三十的企业，给予政策激励；减轻企业负担，工程质量保证金预留比例上限由5%降至3%，支持参建各方降低运营成本，等等。

第十，开展多式联运、国家中转集拼业务等试点。2017年6月14日，省交通运输厅和省经信委联合下发《关于组织开展第二批多式联运示范工程申报工作的通知》，对符合要求的示范工程枢纽站场纳入部货运枢纽（物流园区）建设项目库，并根据有关政策给予投资补助，省厅给予以奖代补资金补助，支持示范工程建设。

第十一，创建对外文化贸易基地和国家级文化产业示范园区。一是在2017年10月，商务部联合中宣部、文化部、新闻出版广电总局共同下发《关于组织申报国家文化出口基地的通知》（商办服贸函〔2017〕436号），淄博市博山区作为山东省唯一一家符合申报条件的基地转报商务部。二是在2017年3月13日，省文化厅出台《关于印发〈山东省文化产业示范园区创建管理办法〉的通知》（鲁文〔2017〕7号），明确规定通过创建、命名的示范园区可享受与之配套的相关优惠政策，并从中优先推荐创建国家级文化产业示范园区。

三、淄博市新旧动能转换相关政策

（一）淄博市推进新旧动能转换的重大政策

淄博市推进新旧动能转换的重大政策如下。

第一，完善财政、金融、保险等支持首台（套）重大技术装备研发、检测评定、示范应用的体系和政策。为深入贯彻《山东省人民政府关于减轻企业税费负担降低财务支出成本的意见》精神，在省补贴基础上，市级再给予保费的20%的补贴，适当提高单户企业最高财政补贴数额，实现对基本保费的全覆盖。

第二，推行环境高风险企业投保环境污染强制责任保险。2016年8月10日，淄博市环保局印发《淄博市第二轮环境污染责任保险试点工作实施方案》（淄环发〔2016〕89号），试点工作时间为2016年8月至2018年4月。文件规定产生、排放重金属污染物的企业应当投保环境污染责任保险，鼓励其他高环境风险企业投保环境污染责任保险。对按规定投保的企业，优先给予信贷支持。

第三，统筹推进钢铁产能优化升级和集中布局，依法依规加大生铁、粗钢去产能工作推进力度[1]。市政府办公厅出台《关于印发淄博市钢铁行业化解过剩产能实现脱困发展实施方案的通知》（淄政办字〔2016〕112号），明确2018年潍坊市钢铁行业化解过剩产能任务，国家将给予奖补资金专项用于化解过剩产能中的职工安置。

第四，放宽外籍高层次人才工作条件限制。按照《国家外专局、人社部、外交部、公安部关于全面实施外国人来华工作许可制度的通知（外专发〔2017〕40号）》和《山东省人社厅（山东省外国专家局）关于实施外国人才签证制度有关事项的通知》（鲁人社函〔2018〕39号）等文件要求，对于淄博市新旧动能转换重大工程涉及的重点领域急需紧缺人才，实行"绿色通道"，提供相关便利措施，并按特殊人才给予鼓励性加分政策支持。

第五，加大商事制度改革力度，深化"先照后证"改革，扩大"证照分离"改革试点范围，全面推进"多证合一"改革，推行企业登记全程电子化和电子营业执照。一是"先照后证"改革已于2014年开始推行，工商登记注册前置许可审批事项减少到32项。二是"证照分离"改革先在高新区进行试点，之后在全市全面推开。三是推行"多证合一"改革[2]。2015年5月，推行营业执照、

---

[1] 山东新旧动能转换综合试验区建设总体方案，http://www.doc88.com.
[2] 李凯.金融紧缩、杠杆与地区产业转型升级[D].学术论文联合比对库，2019.04.

组织机构代码证、税务登记证"三证合一";2016年10月,推行增加社保证、统计证两项内容的"五证合一";2017年9月1日,整合26项涉企证照事项,实现包括31项证照的"多证合一"。四是推行企业登记全程电子化和电子营业执照改革,实现市场主体申请、身份认证、电子签名、网上审核、网上发照、网上公示、全程"零见面、零收费、无纸化",2017年7月28日全面推行。

第六,支持新旧动能转换的金融政策。一是在2015年7月16日,淄博市出台《淄博市人民政府关于促进全市金融业发展的若干意见》(淄政发〔2015〕5号),从提升金融支持经济社会发展的能力和水平、深化金融体制改革、强化对重点领域的金融支持力度、强化金融业发展的监管与服务等几大方面提出意见。二是在2017年,中国人民银行淄博市中心支行出台《关于服务供给侧结构性改革 促进金融支持全市实体经济发展的意见》(淄银发〔2017〕92号)和《关于金融支持新旧动能转换 促进全市实体经济转型升级发展的意见》(淄银发〔2017〕166号),在信贷政策、金融产品和服务创新方面,对重点领域加大信贷支持力度,鼓励支持符合条件的企业发行各类债券融资工具,加大支持小微企业经营发展力度。

(二)淄博市各类国家级省级试点示范建设政策

淄博市各类国家级省级试点示范建设政策如下。

第一,推进省级医养结合项目库建设。市卫计委制定下发《关于认真组织报送全省医养结合项目的通知》(淄卫办字〔2017〕200号),研究上报"博山区源泉长寿山医养产业园、山东凯富瑞健康医养产业园和弘康医养建设项目"首批示范项目。

第二,开展装备制造业标准化试点和智能工厂、数字车间示范。一是淄博市质监局下发《关于转发〈山东省质监局关于征集2018年"山东标准"建设项目的通知〉的通知》(淄质监标字〔2018〕1号),汇总申报相关工业项目12个。二是市经信委根据《推动两化深度融合 打造产业竞争新优势单项突破实施方案》要求，在实施两化融合专项资金项目支持时，将对入选智慧工厂、智能车间项目给予重点支持。

第三，深入开展新型农村合作金融试点。2015年6月8日，市政府办公厅印发《淄博市人民政府办公厅关于印发淄博市农民专业合作社信用互助业务试点方案的通知》（淄政办字〔2015〕57号），明确在淄博市开展新型农村合作金融试点。

第四，积极开展企业投资项目承诺制试点。2017年8月16日，市委、市政府印发《关于深化投融资体制改革的实施意见》（淄发〔2017〕20号），在淄博经济开发区、文昌湖省级旅游度假区等产业功能区先行试点企业投资项目承诺制，对辖区范围内的社会事业基础设施建设和战略性新兴产业，以及"零供地"技术改造等国家鼓励类企业投资项目，在核准或备案、规划、施工许可、环评、节能等环节，政府部门制定准入条件、技术规范、建设标准和相关要求，项目建设单位依法依规进行规划建设。

（三）淄博市新旧动能转换重点攻坚事项

淄博市新旧动能转换重点攻坚事项主要有以下几个方面。

第一，推动淄博全国老工业城市和资源型城市产业转型升级示范区建设。2016年9月13日，国家发改委等五部委联合出台《关于支持老工业城市和资源型城市产业转型升级的实施意见》（发改振兴规〔2016〕1966号），提出在具备条件的老工业城市建设一批产业转型升级示范区和示范园区。2017年4月，淄博市成为全国首批12家老工业城市和资源型城市产业转型升级示范区之一，获得中央预算内投资专项、老工业基地振兴重大项目前期工作专项、国家独立工矿区和城区老工业区专项资金、产业投资基金，以及国家制造业创新中心、重大科技基础设施、科技成果转化平台、城镇低效用地再开发试点等政策支持。

第二，加快推进国家生态文明先行示范区建设。2014年7月22日，国家发改委、财政部、国土资源部、水利部、农业部、国家林业局六部委联合印发《关于开展生态文明先行示范区建设（第一批）的通知》，淄博市与临沂市作为山东省仅有的两个城市入选。

第三，加快推进博山、沂源国家重点生态功能区建设。2016年9月，国务院发布《关于同意新增部分县（市、区、旗）纳入国家重点生态功能区的批复》（国函〔2016〕161号），将淄博市博山区、沂源县纳入国家重点生态功能区。

第四，加快济淄一体化协作发展。2013年8月28日，山东省政府印发《省会城市群经济圈发展规划》（鲁政发〔2013〕20号），明确提出济淄一体化协作发展。淄博市通过积极融入省会城市群经济圈，加强与济南在基础设施、文化旅游、重大生产力布局等方面的融合对接，实现抱团发展。

第五，加快建设山东半岛国家自主创新示范区。2016年，省委、省政府出台《关于加快山东半岛国家自主创新示范区建设发展的实施意见》（鲁发〔2016〕30号），对淄博高新区提出具体发展定位。目前已获批2018年度自创区发展建设资金2520万元，重点推动淄博市高新技术企业税收减免、研发费用税前加计抵扣等优惠政策兑现。

第六，打造齐国故都文化旅游目的地品牌。2017年2月17日，省政府办公厅印发《加快推进十大文化旅游目的地品牌建设实施方案》（鲁政办字〔2017〕32号），提出将省旅游发展专项资金、乡村旅游发展资金、各项旅游基金等重点向十大品牌建设倾斜，新增建设用地计划指标重点向十大品牌建设支持等政策措施。

第七，全力打造新型工业化强市。淄博市出台《新型工业化强市建设工作方案》《新型工业化强市建设实施方案》（淄办发〔2018〕1号），明确了工作思路和三个方面的10项重点任务。出台《关于加快实施新一轮企业技术改造的意见》（淄政发〔2017〕27号），大力开展"技术改造突破年"活动，加大设备（软件）补助、技术改造项目税收增量奖补、银行贷款贴息补助等政策支持力度。

第八，培育淄博千亿级高端石化精深加工产业集群。以齐鲁化工区"一区四园"和东岳氟硅材料产业园为载体，大力发展精深加工产品和终端产品，形成聚烯烃材料、氟硅新材料、聚氨酯材料、聚酰胺材料四大500亿级的化工新材料产业集群，培植20家左右营业收入超过100亿元的企业，全力打造淄博千亿级高端石化精深加工产业集群。

（四）淄博市新旧动能转换重大项目

淄博市新旧动能转换重大项目有如下几项。

第一，淄博微机电产业园建设。产业园位于淄博市高新区，重点依托新恒汇、齐芯、山东强茂等骨干企业，打造MEMS、IGBT、智能卡3大产业链，年生产规模可达5亿只汽车用半导体分立器件、集成电路芯片，15亿个IC卡模块及MEMS传感器研发制造，20亿片IC卡芯片封装载带，10亿片IC卡模块。

第二，淄博科技工业园建设。工业园位于张店区，形成以淄博电子信息产业创新创业园、卓创资讯、科汇电气、汇能电气、美林电子、宇峰电子、计保电气等20余家企业为核心的电子信息产业集群，拥有国家级科技研发中心1家，省级科技研发中心6家，市级科技研发中心6家，院士工作站1个，博士后科研工作站1个。

第三，齐古城项目建设。项目选址在太公湖畔，规划占地1288亩，投资36亿元，规划建设宫殿区、君子仕乡、稷下学宫等六大功能区。

第四，"稷下学宫及诸子百家园"项目建设。项目占地270亩，初步概算投资20亿元人民币，约3~5年建成。

第五，淄博文昌湖省级旅游度假区建设。总投资约100亿元，项目主要建设环湖公园、范阳河湿地公园、游客服务中心、公交枢纽、骨干路网、生态修复和绿化、城边村棚户区改造、医养旅游产业、交通文化旅游等项目。

第六，淄博国际齐文化旅游节建设。自2004年以来，淄博市已成功举办16届齐文化节。2019年第16届齐文化节围绕"祭姜、蹴鞠、寻古、探宝、招商、闻韶、惠民"七大板块开展活动。

第七，齐鲁柬埔寨工业园区建设。齐鲁柬埔寨经济特区位于柬越边境的柴桢市，地理位置优越，用工成本较低，美、欧、日等28个发达国家/地区给予柬埔寨普惠制待遇（GSP）。园区以纺织服装、轻工家电、食品加工、五金机械、陶瓷建材、石油化工等为主导产业[①]，目前基础设施达到"五通一平"。柬埔寨外汇管制宽松，整体税负较低，入园企业可享受6~9年免营业所得税，免征生产设备、建筑材料、生产用原材料进口关税。

第二节　山东新旧动能转换综合试验区建设布局

一、山东新旧动能转换综合试验区建设的基础和要求

（一）山东新旧动能转换综合试验区建设的现实基础

当前，伴随新的经济结构、经济模式成为中国经济发展的新力量，经济动能正在从传统增长的旧动能转变为新的增长动力，在全民创新、万众创业的时代背景下，创新创业成为中国新的经济增长动力引擎，也进一步带动了区域新旧动能转换。在此背景下，我们必须积极调整发展方式，坚持创新驱动，培育一系列新的经济增长点，寻找新的动能，挖掘新的动能。

山东省经济发展进入新常态后，经济增速出现明显下降，产业结构有待进一步优化，经济增长动力亟须转换。山东省处于黄河下游南北交换的重要区域，其经济结构与全国相似度较高，经济发展在全国具有很强的典型性。山东省在

[①] 企业对外投资国别（地区）营商环境指南柬埔寨[D].学术论文联合比对库，2019.12.

新旧动能转换现阶段所面临的任务或着力点，除与全国相同的部分外，也有自己的特殊性，其经济较为突出的特征有：一是实体经济尤其是工农业发达；二是海洋经济的规模与质量在全国领先或处于前列；三是山东省经济是一个相对独立的经济板块；四是山东省各级政府强势、国有经济势力大、民营经济对政府和国有企业依附性强；五是山东省特殊的文化导致其"官本位"相对更突出，老乡情怀和"圈子"现象相对更突出[①]。山东省既有实施新旧动能转换的发展基础，又有提高经济发展质量和效益的迫切需求，开展新旧动能转换势在必行。

2018年1月3日，国务院正式批复《山东新旧动能转换综合试验区建设总体方案》，同意设立山东新旧动能转换综合试验区。山东新旧动能转换综合试验区是党的十九大后获批的首个区域性国家发展战略综合试验区，也是中国第一个以新旧动能转换为主题的区域发展战略综合试验区[②]。加快建设山东新旧动能转换综合试验区，有利于增强山东省经济创新力和竞争力[③]，带动北方地区协调发展；有利于探索完善科技创新、制度创新、开放创新有机统一的推进机制，为全国新旧动能转换提供经验借鉴[④]。

（二）山东新旧动能转换综合试验区建设的要求和目标

1. 总体要求

山东省开展新旧动能转换，总体是要以体制改革为动力，以技术创新为引领，以新技术、新产业、新业态、新模式为核心，以知识、技术、信息、数据等新生产要素为支撑，坚持增量崛起与存量变革并举、培育壮大新兴产业与改造提升传统产业并重，推动新动能加速成长。

综合试验区建设要始终坚持新发展理念，坚持质量第一、效益优先。其新

---

① 黄少安.新旧动能转换与山东经济发展[J].山东社会科学，2017（9）:101-108.
② 高杨，尹明波.山东将先行先试新旧动能转换[N].中国经济导报，2018-01-19.
③ 高质量发展面对面[D].学术论文联合比对库，2018.09.
④ 山东新旧动能转换综合试验区建设总体方案，http://www.doc88.com.

旧动能转换的中心任务是"发展四新、促进四化、实现四提",即发展新技术、新产业、新业态、新模式,促进产业智慧化、智慧产业化、跨界融合化、品牌高端化,实现传统产业提质效、新兴产业提规模、跨界融合提潜能、品牌高端提价值。重点做好新兴产业、优质产业和特色产业,努力转方式调结构,进一步调整产业结构、产品结构和人才结构,实现创新驱动发展。全力建设践行新发展理念、推进供给侧结构性改革、对接国家发展战略、承接南北转型发展的高地,建成全国重要的新经济发展聚集地和东北亚地区极具活力的增长极[①],全面开创新时代现代化强省建设新局面。

2. 具体目标

到2020年,综合试验区在化解过剩产能和淘汰落后产能、培育壮大新技术新产业新业态新模式、改造提升传统产业等方面初步形成科学有效的路径模式,取得一批可复制、可推广的新旧动能转换经验。化解过剩产能、淘汰落后产能阶段性任务基本完成,去产能走在全国前列。

到2022年,基本形成新动能主导经济发展的新格局,经济质量优势显著增强,现代化经济体系建设取得积极进展。新兴产业逐步成长为新的增长引擎,成为引领经济发展的主要动能;现有传统产业基本完成改造升级,成为推动经济发展的重要动能;创新创业活力显著增强,创新型经济初步具备核心竞争力;新旧动能转换的体制机制进一步完善,动能转换制度体系基本建立;开放型经济新优势日益显现,动能转换潜力加速释放[②]。山东省新旧动能转换的主要指标,如表5-1所示。

---

① 山东省人民政府关于印发山东省新旧动能转换重大工程实施规划的通知[R].山东省人民政府公报,2018-02-28.
② 高杨,尹明波.山东将先行先试新旧动能转换[N].中国经济导报,2018-01-19.

表 5-1　山东省新旧动能转换的主要指标

指标	单位	2017 年	2022 年
（一）质量效益类			
1. 新经济占比	%	22.6	30
2. 全员劳动生产力	万元	10.7 左右	14
3. 一般公共预算收入占 GDP 比重	%	8.4	10 左右
4. 战略性新兴产业增加值占 GDP 比重	%	10.2 左右	16
5. 现代服务业增加值占 GDP 比重	%	23 左右	27 左右
6. 工业化信息化融合指数	-	97.4	108.7
7. 进入中国最具价值品牌 100 强企业数量	个	9	12
（二）创新发展类			
8. 研发投入占生产总值比重	%	2.35 左右	2.7 左右
9. 科技进步贡献率	%	57.8	62
10. 高新技术企业数量	家	6300 以上	1 万以上
11. 每万人拥有研发人员	人	50 左右	65
12. PCT 国际专利年申请量	件	1353	1700
13. "互联网+"指数	-	10.49	20
14. 人均信息消费	元	2100	4800
（三）对外开放类			
15. 经济外向度	%	23	25
16. 高新技术产业出口占比	%	10.8	20
17. 对"一带一路"沿线国家和地区出口占全国比度	%	6.6	10
（四）环境及民生类			
18. 万元地区生产总值能消耗低	%	-	12.5
19. 可吸入颗粒物（$PM_{2.5}$）浓度降低	%	-	26

二、山东新旧动能转换综合试验区建设的发展布局

综合试验区面积近 4 万平方千米，涉及全省 182 个园区，其发展布局可概括为"三核引领、多点突破、融合互动"。

（一）三核引领

济南市致力于建设新旧动能转换先行区，实施北跨东延、携河发展，集聚集约创新要素资源，助力济南从大明湖时代迈进黄河时代，建设大强美富通的新省会[①]。以新旧动能转换先行区为引领，以东部高端产业集聚区、省级开发区转换提升区、泉城优化升级区为支撑，以济南中央商务区、济南国际医学科学中心为重点，构建"一先三区两高地"的核心布局。重点发展大数据与新一代信息技术、智能制造与高端装备、量子科技、生物医药、先进材料、产业金融、现代物流、医养健康、文化旅游、科技服务等产业，提高省会城市首位度，构建京沪之间创新创业新高地和总部经济新高地，打造全国重要的区域性经济中心、物流中心和科技创新中心。

青岛市着力打造东部沿海重要的创新中心、海洋经济发展示范区，以青岛西海岸新区、蓝谷核心区、高新区、胶东临空经济示范区为引领，以胶州湾青岛老城区有机更新示范带和胶州、平度、莱西等县域经济转型升级示范园区为支撑，构筑"四区一带多园"的核心布局。重点打造新一代信息技术、轨道交通、智能家电、海洋经济、高端软件、生物医药、航空航天、航运物流、财富金融、影视文化、时尚消费等国内外领先的产业集群，积极创造条件探索建设自由贸易港，打造国际先进的海洋发展中心、国家东部沿海重要的创新中心、国家重要的区域服务中心和具有国际竞争力的先进制造业基地，提升全省经济发展的

[①] 吕娅珊，邵鹏璐. 企业债券助力济南高标准做好新旧动能转换[N]. 中国经济导报，2021-02-10.

龙头地位，争创国家中心城市，打造国际海洋名城，形成东部地区转型发展的增长极①。

烟台市着力打造先进制造业名城，发挥环渤海地区重要港口城市、先进制造业名城、国家创新型试点城市优势，强化中心城区引领作用，以烟台经济技术开发区、烟台高新技术产业开发区、蓬长协作联动发展区为重点，以烟台东部产城融合发展示范区、招远经济技术开发区、中心城区功能与产业更新带、国家现代农业产业园为支撑，形成"五区一带一园"的核心布局。重点发展海洋经济、高端装备、信息技术、生物医药、高端石化、先进材料、航空航天、金融商务、医养健康、文化旅游、高效农业等产业，打造先进制造业名城、国家海洋经济发展示范区、国家科技创新及成果转化示范区和面向东北亚对外开放合作的新高地。

（二）多点突破

以淄博等14市国家和省级经济技术开发区、高新技术产业开发区以及海关特殊监管区等为重点，创新园区管理运营机制，明确各市产业发展方向，培育特色经济和优势产业，打造若干具有核心竞争力的区域经济增长点②。

淄博。布局新能源电池及新能源汽车、智能卡及微机电等未来产业，壮大新材料、生物医药、信息技术、文化旅游、现代金融等新兴产业，改造化工、陶瓷、纺织等传统产业，淘汰建材、钢铁等行业落后产能，打造全国老工业城市和资源型城市产业转型升级示范区、新型工业化强市、齐文化传承创新示范区。

枣庄。布局人工智能等未来产业，壮大信息技术、新能源、新材料、医养健康等新兴产业，改造化工、机械机床、煤电、建材等传统产业，淘汰平板玻璃、水泥等行业落后产能，打造智慧枣庄和资源型城市创新转型持续发展示范区、国家可持续发展议程创新示范区。

---

① 山东新旧动能转换综合试验区建设总体方案，http://www.doc88.com。
② 山东省新旧动能转换重大工程实施规划发布（全文），山东新闻，http://news.shm.com。

东营。布局航空航天服务等未来产业，壮大石化装备、新能源、文化旅游等新兴产业，改造化工、冶金、造纸、纺织等传统产业，淘汰炼油、轮胎等行业落后产能，打造绿色循环高端石化产业示范基地和石油资源型城市转型发展试验区。

潍坊。布局虚拟现实、人工智能、新能源电池等未来产业，壮大高端装备制造、生物基材料、信息技术、现代种业等新兴产业，改造装备制造、汽车、化工等传统产业，淘汰钢铁、造纸等行业落后产能，打造国家农业开放发展综合试验区、虚拟现实产业基地和国际动力城。

济宁。布局第三代半导体、生命健康等未来产业，壮大信息技术、文化旅游、生物医药等新兴产业，改造工程机械、能源、纺织服装等传统产业，打造优秀传统文化传承发展示范区和资源型城市新旧动能转换示范区。

泰安。布局人工智能、生命健康、信息技术等未来产业，壮大高端装备制造、文化旅游体育、新能源等新兴产业，改造建材、化工、纺织等传统产业，打造彰显泰山魅力的国际著名旅游目的地城市和智能绿色低碳发展示范区。

威海。布局生命健康、前沿新材料等未来产业，壮大医疗器械、海洋生物、时尚创意等新兴产业，改造机械装备、纺织、海洋食品等传统产业，打造国家区域创新中心、医疗健康产业示范城市和中韩地方经济合作示范区。

日照。布局生命健康、通用航空等未来产业，壮大文化旅游、海洋生物医药、现代物流、高端装备制造等新兴产业，改造钢铁、汽车零部件等传统产业，打造全国一流精品钢铁制造基地、临港涉海产业转型升级示范区。

莱芜。布局航天航空服务等未来产业，壮大清洁能源、冶金新材料、全域旅游等新兴产业，改造钢铁、汽车及零部件等传统产业，打造高端钢铁精深加工产业聚集区、清洁能源研发制造基地，打造全国产业衰退地区转型发展示范区。

临沂。布局生命健康、航空航天、机器人等未来产业，壮大信息技术、磁性材料、文化旅游、新能源、生物医药、节能环保等新兴产业，改造商贸物流、工程机械、木业、化工等传统产业，淘汰钢铁、陶瓷等行业落后产能，打造国家内外贸融合发展示范区、人才管理改革试验区。

德州。布局生命健康、航空航天材料等未来产业，壮大新能源、生物医药、体育、高端装备制造等新兴产业，改造化工、纺织等传统产业，打造全国重要的新能源产业基地、京津冀鲁科技成果转化基地，建设京津冀协同发展示范区。

聊城。布局医养健康、新能源汽车等未来产业，壮大新材料、生物医药等新兴产业，改造纺织、造纸等传统产业，淘汰冶金等行业落后产能，打造全国领先的铜铝精深加工产业基地、新能源汽车产业基地，建设京津冀协同发展试验区。

滨州。布局航空航天材料、新能源电池等未来产业，壮大高端装备制造、高端化工、新能源等新兴产业，改造有色金属、纺织等传统产业，淘汰火电、电解铝等行业落后产能，打造国家级轻质高强合金新材料产业基地和粮食产业融合循环经济示范基地。

菏泽。布局生命健康、高端装备、前沿新材料等未来产业，壮大高端化工、生物医药、信息技术、节能环保等新兴产业，改造机电设备、农副产品加工和商贸物流等传统产业，淘汰水泥、纺织、印染等行业落后产能，打造医养健康示范基地、现代农业发展综合试验区、中国牡丹城[①]。

（三）区域融合互动

突出三核引领作用，强化济南、青岛和烟台对周边地区的辐射带动能力，推进资源要素统筹配置、优势产业统筹培育、基础设施统筹建设、生态环境统筹治理。促进全省协调联动发展，健全产业合作利益分享机制，提高园区、企业、项目配套协作水平，实现产业有序转移和优化布局，提升经济发展一体化水平。

推进优势产业统筹培育，优化全省产业布局，引导区域间产业有序转移、整体升级，培育新兴产业特色经济集群。加快产业链条向上下游延伸，提高产

---

① 王贝贝.山东省资源型城市绿色转型发展评价研究[D].北京：中国地质大学，2019.

业区域配套水平,提升经济发展一体化水平。推进要素资源统筹配置,健全区域合作利益分享机制,促进园区、企业、项目协作,增强资产、资本、资源配置的精准性和系统性,形成更加开放完善的市场体系。推进基础设施统筹建设,坚持全域规划全域共享,健全完善智能化、现代化、一体化综合交通网,围绕能源、水利等领域实施一批跨区域的重大工程,提高基础设施互联互通水平。推进生态环境统筹治理,强化环境同治,完善主要污染物治理区域联防联控长效机制,加强生态建设,提高区域生态安全保障能力,提高生态文明建设水平[①]。

着力建设山东省新旧动能转换重点园区。建设青岛西海岸新区、济南新旧动能转换先行区,建设明水、胶州、东营、烟台、招远、潍坊滨海、威海等国家级经济技术开发区14个,建设济南、青岛、淄博、枣庄、烟台、潍坊、济宁高新区及黄河三角洲农业高新技术产业示范区等国家级高新区13个,建设济南综合保税区、青岛前湾保税港区、山东青岛出口加工区、烟台保税港区、潍坊综合保税区、威海综合保税区等海关特殊监管区9个,建设济南、济南临港、青岛环海、青岛临港、潍坊、淄博、枣庄、济宁新材料、泰安、威海南海、荣成、菏泽、沂水等省级经济技术开发区136个。

三、济南市新旧动能转换先行区建设布局

(一)济南市新旧动能转换先行区新蓝图

2018年1月,济南市新旧动能转换先行区纳入国家战略。肩负着动能转换的时代使命和"携河北跨"的百年梦想,一座现代绿色智慧之城的美好蓝图正徐徐展开。党的十九大之后,先行区启动总规编制,争当新征程上先行者,打

---

① 山东省人民政府关于印发山东省新旧动能转换重大工程实施规划的通知[R].山东省人民政府公报,2018-02-28.

造全国新旧动能转换的先行区，带动全省均衡发展增长极[①]。

南起小清河，北至徒骇河，东至章丘，西至齐河，建设济南新旧动能转换先行区，总面积1030平方千米，辐射带动齐河等周边区域，形成携黄河两岸功能协同、区位互补、产业多元的发展新格局。

先行区坚持生态优先、携河发展、产城融合，加快发展高端新兴产业，率先形成审批事项最少、办事效率最高、发展服务最优、行政收费最少的发展环境和高效开放管理体制。产、城、河"三位一体"融合发展，以世界眼光建设城河共荣、绿色低碳的生态新区，注重资源循环利用、清洁能源体系、低碳生活方式。以国际标准建设动能转换、创新智慧的产业新区，注重高新产业、创新政策、创业人才的支撑。以山东省优势建设开放引领、协调共享的现代新区，实施开放管理体制，利用中欧合作平台，实施乡村振兴。以泉城特色建设传承文脉、以人为本的宜居新区，注重职住平衡布局、智慧友好交通、"五小"空间尺度、均好公共服务。

（二）济南市新旧动能转换先行区建设目标

先行区近期建设目标为，到2022年，"三桥一隧"和引爆区基础设施建设完成，黄河示范段建设成型，新兴产业取得明显突破，基本形成新动能主导的经济发展格局，先行区雏形基本显现。

先行区中期建设目标为，到2028年，对外骨干交通网基本建成，黄河沿岸生态修复和景观提升取得明显进展，新兴产业发展塑成优势，引领济南市完成新旧动能转换，并在全国形成示范。

先行区远期建设目标为，到2035年，主要功能组团基本形成，初步建成绿色低碳、智慧宜居、创新驱动、文化传承，具有较强竞争力和辐射带动力，

---

① 李冬阳.产城相融诠释生态美丽画卷[N].济南日报，2018-03-30.

人与自然和谐共处的现代化城市[①]。

先行区远景建设目标为，到2050年，城市和产业功能完善，体制机制先进，建成区域协调、城乡一体、产城融合、人地和谐，极具活力与魅力[②]，令人向往、国际一流的现代化新区。

（三）济南市新旧动能转换先行区建设重点

济南市新旧动能转换先行区建设重点如下。

其一，动能转换的新内涵、新路径、新模式。济南市新旧动能转换先行区动能转换的新内涵体现在以"四新"促"四化"，聚焦十大千亿级产业集群，聚焦四大生产型服务领域，以新技术促成智慧产业化，以新产业促成产业智慧化，以新业态促成品牌高端化，以新模式促成跨界融合化；动能转换的新路径体现在创新先行、智慧先行、绿色先行与改革开放先行；新模式体现在以产兴城，以城促产，职住平衡与产城融合。

其二，未来先行的新空间、新结构、新格局。济南市新旧动能转换先行区建设的新空间为：规划控制区733平方千米，先行区1030平方千米，研究区1794平方千米；新结构为，从现有的大桥、崔寨、孙耿、太平、桑梓、回河、济北、济阳、泺水，演变成"一轴两廊、一体两翼"的空间结构；新格局为，通过先行区规划建设，完善两岸"一主两副五次十二中心四卫"的中心体系。

其三，蓝绿引领新纽带、新生态、新风貌。济南市新旧动能转换先行区建设的新纽带表现为以"湿地+森林"为特色的黄河国家湿地公园两百里景观长卷，其核心区的河滩地利用以运动健身为主；新生态表现为"废水"不流外人田的一水多用，虽由人作宛自天开的新明湖调蓄雨洪，先行区里不要烟囱的低排放生产生活；新风貌表现在将未来先行区建设为亲近自然的生态城区、农林怀抱

[①] 房静. 基于土地资源承载力的新旧动能转换路径研究：以山东省为例［D］. 学术论文联合比对库，2019.03.

[②] 李冬阳. 高标准建设现代绿色智慧新城［N］. 济南日报，2018-04-09.

中的宜居乐土及风景如画的美丽乡村，实现城在园中、镇在林中、村在田中。

其四，智慧宜居新交通、新尺度、新生活。济南市新旧动能转换先行区建设的新交通为建设跨黄桥隧群，助力携河大发展，形成绿色智慧的交通组织；新尺度体现为紧凑宜人、平缓大气的泉城特色，小地块、小广场、小绿地、小马路、小转角的五小尺度，水平城市地下空间的开发利用；新生活体现在建设公园城市，形成城园一体的绿地系统，以中疏支撑北跨，导入优质公共资源，打造15分钟生活圈。

第三节　山东新旧动能转换综合试验区建设重点

一、化解过剩产能

坚持分类施策、多措并举、标本兼治，综合运用市场机制、经济手段和法治办法，积极稳妥化解过剩产能，坚决淘汰落后产能，建立市场化调节产能的长效机制，促进各类要素资源优化配置[①]。

明确去产能重点，重点化解钢铁、煤炭、电解铝、火电、建材等行业过剩产能，推进产能优化升级，实现绿色发展和延伸发展。优化去产能路径，遏制过剩产能扩张，加快淘汰落后产能，推进产能合作共赢。完善去产能政策，分类处置"僵尸"企业，有效化解债权债务。严格执行能耗、环保、质量、安全、技术等法律法规和产业政策，对达不到强制标准要求的产能，要依法有序关停退出。对于位于产业链末端，技术工艺落后，经济附加值低，甚至是环保审查不过关的淘汰落实产能，要坚决"去"，从而为新兴产业的引进和壮大腾出发展空间。

---

① 山东新旧动能转换综合试验区建设总体方案，http://www.doc88.com.

二、推动十强产业发展

（一）发展新兴产业，培育壮大新动能

集中培育信息技术产业、高端装备制造业、新能源新技术产业、智慧海洋产业和医养健康产业等优势产业，打造先进制造业集群和战略性新兴产业发展策源地，培育形成新动能主体力量[1]。大力引进高新科技项目，做好高端产品、高端技术的加法和乘法，扩大有效投资，以增量优化带动存量提升。

其一，大力发展新一代信息技术产业。重点突破高性能计算、人工智能、传感器、虚拟现实、基础软件等关键核心技术，强化示范应用；积极培育前沿信息产业，进一步做强核心基础产业，大力发展工业互联网，拓展融合创新应用。进一步完善"互联网+"生态体系，开展数字经济发展相关试点；支持创建国家大数据综合试验区，鼓励建设新型智慧城市；完善云计算和大数据产业链，加强工业、政务、商贸、文化、旅游、健康、海洋等领域的大数据应用，做强信息安全、地理信息产业[2]。

重点建设济南量子谷量子通信产业，推进济南国家信息通信国际创新园、青岛芯谷等集成电路产业建设，推进海尔国际信息谷、海信激光、中国（潍坊）激光雷达产业园等新型显示产业建设，推进济南创新谷虚拟现实产业等虚拟现实产业发展，推动济南齐鲁软件园等高端软件产业发展[3]，推动国家超级计算济南中心、国家健康医疗大数据中心、山东智能制造云公共服务中心等大数据与云计算产业发展。

其二，大力发展高端装备产业。着力推动创新发展，进一步完善智能制造

---

[1] 李凯.金融紧缩、杠杆与地区产业转型升级[D].学术论文联合比对库，2019.04.
[2] 山东新旧动能转换综合试验区建设总体方案，https://wenku.baidu.com.
[3] 山东省人民政府关于印发山东省新旧动能转换重大工程实施规划的通知[R].山东省人民政府公报，2018-02-28.

产业体系，加快新能源及配套体系发展，推动通用航空装备突破发展，促进石油工程装备转型升级。坚持智能制造为主攻方向，推动生产制造向下上游延伸，大幅提高本地产业配套率。着力补齐先进制造业发展短板，重点突破轨道交通、工程机械、农机装备、动力机械等领域关键技术与核心部件，打造制造业创新中心；加快通用飞机发展，建设国家通用航空产业综合示范区；壮大数控机床产业，建设国内领先的高端数控机床产业基地[①]；支持有条件的城市创建"中国制造2025"国家级示范区，建设国际领先的高端装备制造基地[②]。

重点推进机器人产业聚集区、济南大型高效数控机床产业基地等机器人产业发展，推动青岛国家高速列车技术创新中心及千亿级世界动车小镇等轨道交通产业发展，推动中国航天科技园（济南）和飞机维修检测产业基地、烟台中科卫星遥感产业园等通用航空产业发展，推动济南重汽氢燃料电池等新能源汽车及装备产业发展，推动东营及烟台国家级石油石化装备制造基地等石油工程装备产业发展。

其三，大力发展新能源新材料产业。推进新能源电池和汽车电控技术发展，推动新材料融入高端制造供应链，大力发展清洁能源，做优做强新能源装备，超前布局前沿新材料，加快发展基础优势材料。支持青岛等有条件的市建设新能源汽车基地，加快淘汰低速电动车产能，严格治理低速电动车违规生产和违法使用，防范新能源汽车产业低水平盲目发展。加快发展石墨烯、碳纤维、超材料、特种金属、高分子材料、半导体材料等新材料，促进其在能源科技、信息通信、航空航天、轨道交通等领域应用。

重点推进东营黄河三角洲光伏领跑者项目、国家新能源示范城市（东营、泰安、德州）等清洁能源产业发展，推动青岛特锐德多能生态网及青岛国轩年产15亿安时动力锂电池产业化项目等智能电网及储能产业发展，推动济南核电材料及核压力容器基地等核电装备产业发展，推动济南中德新材料产业园等先

---

① 发展新兴产业培育壮大新动能，http://blog.sina.com。
② 山东新旧动能转换综合试验区建设总体方案，https://wenku.baidu。

进高分子材料产业建设，推动济南碳化硅半导体产业和光电子产业基地等无机非金属材料产业发展，推动烟台贵金属新材料等高端金属材料产业发展，推动济南新材料产业园等高性能复合材料产业发展[①]，支持山东东岳集团自主研发的含氟燃料电池膜核心技术、威海拓展纤维公司高强高模碳纤维制备技术等先进技术的广泛应用。

其四，大力发展现代海洋产业。加快建设世界一流的海洋港口，将北部东营、滨州、潍坊三个环渤海港口组建成渤海湾港，同时以青岛港为平台整合威海港，形成青岛港、渤海湾港、烟台港和日照港四大集团的格局，从而做到合理布局，避免低端重复建设。加快建设完善的现代海洋产业体系，坚持陆海统筹，打造海洋经济示范区，高水平建设"海上粮仓"、国家级海洋牧场示范区，加快发展深远海、远洋和极地渔业，实施"透明海洋"工程，加快大洋海底矿产资源勘探及试开采进程。壮大海洋生物、海洋高端装备等产业，支持青岛、烟台等打造海洋生物医药产业集群，建设海洋经济创新发展示范城市。推进海水淡化规模化应用，支持青岛建设海上试验场，建设全国重要的海水利用基地。进一步巩固提升海洋优势产业，加快发展海洋高技术产业，发展新一代深海远海极地技术装备及系统[②]。强化对海洋生态的保护，建设绿色可持续的海洋生态环境[③]。

重点推进水产养殖绿色示范工程等海洋示范工程建设，推动青岛海洋科学与技术国家实验室、国际深海基地、国家海洋设备质检中心等重大科研平台建设，推动中国（青岛）国际海洋科技博览会、海洋国际高峰论坛、东亚海洋合作平台等国际交流平台建设，推动中国北方（青岛）国际水产品交易中心等海洋交易平台建设。充分发挥其海洋资源丰富的先天优势，努力在发展海洋经济

---

① 山东省人民政府关于印发山东省新旧动能转换重大工程实施规划的通知[R].山东省人民政府公报，2018-02-28.
② 山东新旧动能转换综合试验区建设总体方案，https://wenku.baidu.
③ 孔涵.以海洋强省战略助推山东现代化强省建设[J].山东干部函授大学学报：理论学习，2019（9）：29-32.

上走在前列，争取建成与海洋强国战略相适应，海洋经济发达、海洋科技领先、海洋生态优良、海洋文化先进、海洋治理高效的海洋强省。

其五，大力发展医养健康产业。深入实施健康中国战略和"健康山东"战略，促进医疗、养老、养生、体育等多业态融合发展，打造全方位、全周期健康服务产业链，创建国家医养结合示范省。聚焦生物医药、海洋药物、中药、生物医学工程等领域，推进国家综合性新药研发技术大平台、国家创新药物孵化基地建设，加快开发满足重大临床需求的创新药物和医疗器械。进一步提升医药工业发展水平，持续创新医养健康服务模式和医养健康发展环境。

重点推进济南生命科学城等医药工业发展，推动济南国际医学科学中心、青岛国家体育产业园、烟台乐康金岳健康产业园等医养结合产业发展，推动青岛国际健康养老试验区和健康产业先行先试区、烟台国家生命科学创新示范区、潍坊国家级生命科学创新示范区等试点示范单位建设。支持医养威海国家医疗器械技术创新中心、国家制造业（高性能医疗器械）创新中心建设，支持青岛、烟台、威海建设海洋生物医药国家创新型产业集群[1]，支持威海创建国家医疗健康产业示范城市。

（二）提升传统产业，改造形成新动能

改造提升绿色化工产业、现代高效农业、文化创意产业、精品旅游产业和现代金融业等传统优势产业[2]，从深层次推动产业转型升级，实现传统产业脱胎换骨，用新技术、新模式、新业态让"老树发新芽"，转换形成支撑经济发展的新动能。

其一，大力发展绿色化工产业。加大化工产业技术创新、优化整合力度，加强园区的环保基础设施建设，开展循环化改造，提高上下游全产业链协同创新能力。以基地化、链条化、智能化为方向，加快优化产业布局和产品结构，

---

[1] 山东省人民政府关于印发山东省新旧动能转换重大工程实施规划的通知[R].山东省人民政府公报，2018-02-28.
[2] 江寒秋.新旧动能转换的山东布局[N].齐鲁周刊，2018-01-22.

建设高端化工产业强省①。进一步提升集约集聚发展水平，加快炼化一体化步伐，进一步延伸拓宽产业链条。整合入园、升级补短，依托东营、烟台、潍坊、滨州等环渤海南岸地区临海近港、地广人稀、产业集中等优势，打造高端石化产业带；依托淄博齐鲁化工园区、菏泽东明石化产业基地，打造两大千亿级精细化工产业集群。

重点推进万华集团、南山集团、滨化集团、中化弘润等高端石化产业基地建设，推动鲁南高科技化工园区、淄博齐鲁化工区、临沂阳煤恒通化工园区、济宁新材料产业园等新型煤化工产业基地建设，推动潍坊化工园区等新型盐化工产业基地建设，积极推进重点项目建设。

其二，大力发展现代高效农业。深入推进农业供给侧结构性改革，大力发展特色高效农业，加快发展智慧农业、定制农业、体验农业等新业态，建设农村电商、云农场、冷链物流等支撑体系，加快推进特色农产品优势区建设。创新农业经营方式，延长农业产业链条，提升农业经营服务水平。大力提升农业产业化经营，培育发展农业龙头企业，继续创建农业产业化示范基地，支持农业产业化示范基地开展技术研发、质量检测、物流信息等公共服务平台建设。进一步培育优势产业，突出规模化经营，整合农业资源，集中优势产业，实现优势互补和效益提升。加快构建现代农业生产经营体系，积极发展多种形式的农业适度规模经营，加快培育农业经营性服务组织，积极稳妥开展农户承包地有偿退出试点。积极推广农产品拍卖交易方式，加快培育新型流通业态，大力推动农村流通现代化，健全各类经营性服务组织②。

重点推动济南农业高新科技产业开发区等特色产业基地建设，推动济南现代种业基地等现代种业基地建设，推动济南全省粮食现代物流交易中心等交易平台建设，加快建设黄河三角洲农业高新技术产业示范区。进一步创新农业新业态，大力推进农业"新六产"，提高农业发展效益。大力发展生态安全农业，

---

① 山东新旧动能转换综合试验区建设总体方案, http://www.doc88.com.
② 国务院办公厅关于加快转变农业发展方式的意见, http://www.yjbys.com.

增加绿色优质农产品供给，建设农产品质量安全示范省。进一步创新农业营销服务，加强农产品产地市场建设，促进农业国际化发展。

其三，大力发展文化创意产业。建立文化走向世界新平台新机制，健全现代文化产业体系和市场体系，培育新型文化业态。进一步推动传统文化传承创新发展，优化文化产业结构布局，打造具有山东特色的现代文化产业体系[1]。加快发展动漫游戏、创意设计、影视文化等时尚产业，适应信息化和消费升级趋势，支持创建建筑设计创新平台、时尚服装设计创新创业平台等。

重点推进文化产业"五十百千工程"等重点工程[2]，推动中华历史文化产业园、国家级广告创意产业园（济南、青岛、淄博、烟台、潍坊、菏泽）、济南万达文化体育旅游城等重点项目建设，推动曲阜优秀传统文化传承发展示范区、运河文化带成为当地经济增长的新引擎。

其四，大力发展精品旅游产业。创新旅游发展机制，推动旅游业与上下游产业融合发展。构建全域旅游发展体系，丰富旅游新产品新业态，进一步提高旅游产品和服务供给质量，加强旅游基础设施建设，深入挖掘特色旅游，大力发展旅游新业态，打造国家全域旅游示范省和国际旅游休闲度假目的地[3]。

重点推进青岛石老人等国家级旅游度假区建设，推动青岛灵山湾、烟台龙口南山、莱州滨海、淄博文昌湖、枣庄台儿庄古城区、潍坊青州云门山、泰安泰山等省级旅游度假区建设，推动济南章丘明水古城国际泉水旅游度假区、青岛国际邮轮港城、烟台艾山温泉旅游开发、淄博齐长城旅游开发等重点项目建设，推动济南泉水节、青岛国际啤酒节、烟台国际葡萄酒节、淄博国际齐文化旅游节、潍坊国际风筝节等重大节事开展。

其五，大力发展现代金融服务。强化金融服务实体经济的功能，推动地方金融机构改革，建立普惠金融体系，规范互联网金融，加快发展天使投资、创业投资和产业投资。进一步拓宽直接融资渠道，做优金融支柱产业，推动金融

---

[1] 山东新旧动能转换综合试验区建设总体方案，http://www.doc88.com.
[2] 祝利民.新旧动能转换工程的山东思路[D].学术论文联合比对库，2019.12.
[3] 杨光.三核引领在全国新旧动能转换中先行先试[N].青岛日报，2018-01-17.

业务创新，防范化解金融风险。全面提升服务效率和水平，构建现代化、普惠化、便利化的金融服务体系[①]。

重点推进银行、证券、保险业发展，支持北京银行等在山东省设立分行，支持中泰证券股份有限公司等创新发展，推动青岛财富产品交易中心、临沂国际商品交易中心等大宗商品交易市场发展。深入开展新型农村合作金融试点，鼓励符合条件的国内外金融机构在试验区设立分支机构，支持青岛加快建设财富管理金融综合改革试验区，培育发展财富产品专业市场，支持济南开展金融服务实体经济改革创新、烟台开展基金管理服务专项改革创新[②]。

[①] 山东省普惠金融发展报告[R].学术论文联合比对库，2019-07-24.
[②] 山东新旧动能转换综合试验区建设总体方案，https://wenku.baidu.

第六章

山东新旧动能转换综合试验区发展评价

第一节　山东新旧动能转换综合试验区评价的原则与思路

一、山东新旧动能转换综合试验区评价的目的

提高新旧动能转换的发展水平是实施创新驱动发展战略的关键环节。山东省新旧动能发展水平的高低关系到全省经济社会发展格局，关系到山东省创新驱动发展战略和高质量发展战略的深入实施，因此，对山东新旧动能转换综合试验区的发展水平进行评价具有重要的现实意义。

通过科学评价，力求全面、客观、准确地反映山东新旧动能转换综合试验区发展不同层面的特点，以及山东省17地市新旧动能转换情况。因2019年1月国务院批复同意撤销地级市莱芜市，而本书指标数据来源于这之前，因此仍将莱芜作为山东省的单独地级市来研究。通过评价可以发现全省新旧动能转换存在的问题，挖掘短板和薄弱环节，为全面提升新旧动能转换能力提出有效的对策建议。

二、山东新旧动能转换综合试验区评价的原则

山东新旧动能转换综合试验区评价有以下原则。

其一，数据来源具有权威性。基本数据来源于《山东省统计年鉴》《山东省科技统计年鉴》《中国科技统计年鉴》以及"山东省知识产权统计"等

公开数据,确保数据的权威性、准确性、持续性和及时性[①]。

其二,指标具有可比性。选取含义明确、口径一致的评价指标。考虑到山东省17个市的差距较大,尽量选取相对指标;针对采用的绝对指标,配套增加了增长率指标,降低指标对各市规模的敏感程度,以此增强指标的可比性。

其三,指标具有可扩展性。每一指标都有独特的宏观表征意义,定义相对宽泛,非对于唯一狭义数据,便于指标体系的扩展和调整[②]。

其四,目标导向原则。评价的目的不是单纯评出名次及优劣,更重要的是引导和鼓励各市向提高新旧动能转换绩效的方向和目标发展,推动山东省创新驱动发展战略和高质量发展战略的深入实施,提升全省新旧动能转换绩效。

其五,系统性原则。也称为整体性原则,即把评价对象视为一个系统,以系统整体目标的优化为准绳,协调系统中各分系统和分指标的相互关系,使系统完整、平衡[③]。

三、山东新旧动能转换综合试验区评价的思路

新旧动能转换的核心是创新。创新是从创新概念提出到研发、知识产出再到商业化应用的完整过程,而区域新旧动能转换也应体现在资源投入层面的转换资源集聚和知识资源创造,活动层面的创新驱动和开放合作,结果层面的网络与新经济发展和经济转型升级,以及外部环境支持层面的转换保障等。评价山东省区域新旧动能转换绩效应该从整个经济活动的七个主要层面构建指标体系:资源投入使用层面的资源集聚绩效、知识创造绩效,中间转化层面的开放合作绩效、创新驱动绩效,产业结果层面的网络与新经济绩效、转型升级绩效

---

① 李庆军,王霞,潘云文,等.基于因子分析的山东区域创新能力评价研究[J].科学与管理,2017(6):32-37.
② 张亚.瓦斯防治安全投入综合评价模型研究与应用[D].廊坊:华北科技学院,2016.
③ 郝渊晓,王茜,闫玉娟,等.基于创意产业的城市竞争力评价体系研究[J].陕西行政学院学报,2012(3):114-119.

和环境支持层面的转换保障绩效。

基于这七大方面,本书参考山东省新旧动能转换评价指标体系、中国新经济发展监测指标体系、中国区域创新能力评价报告、国家创新指数报告创新绩效评价的方法,采用综合指数评价方法,从新旧动能转换的不同层面选择一级指标,最终选择了资源集聚绩效、知识创造绩效、开放合作绩效、创新驱动绩效、网络与新经济绩效、转型升级绩效及转换保障绩效7个一级指标。通过选择二级指标构建指标体系,再利用综合指标体系对山东省新旧动能发展水平进行分析、比较与判断。

第二节 山东新旧动能转换综合试验区评价指标体系构建

一、山东新旧动能转换综合试验区评价的指标体系

按照上述原则和思路,山东新旧动能转换综合试验区发展评价指标体系由资源集聚绩效、知识创造绩效、开放合作绩效、创新驱动绩效、网络与新经济绩效、转型升级绩效及转换保障绩效7个一级指标和30个二级指标组成。

资源集聚绩效。新旧动能转换资源是区域持续开展新旧动能转换活动的基本条件,反映了社会对新动能的投入力度、新动能人才资源的储备状况以及新动能资源配置的结构绩效等。本章采用5个二级指标对山东省17地市资源集聚绩效进行评价,其中3项为新动能经济投入度量,2项为新动能人力投入度量。

知识创造绩效。知识创造绩效是区域新动能孕育的核心,反映了各市的新

动能中间产出能力和新旧动能转换内在绩效。本章采用 4 个二级指标对山东省区域知识创造绩效进行评价。

开放合作绩效。开放合作绩效主要描述区域对于外部资源的利用程度，主要通过 4 个二级指标来衡量，分别是 R&D 经费外部支出与 GDP 的比值、规模以上工业企业 R&D 经费外部支出占规模以上工业企业销售产值的比重、实际使用外资金额和对外直接投资额[①]。

创新驱动绩效。提升创新能力和绩效是区域新旧动能转换的中心，由于企业是创新活动的主体，所以企业创新的规模和质量在很大程度上代表了区域创新驱动绩效和水平。本章采用 3 个二级指标对山东省创新驱动绩效进行评价。

网络与新经济绩效。网络与新经济是新动能的重要表现形式，发展网络和新经济是推动新旧动能转换的关键。以网络与新经济绩效描述新动能培育成效，下设电子商务采购额 /GDP、电子商务销售额 /GDP、信息服务和科学技术服务的产业比重 3 个二级指标。

转型升级绩效。转型升级绩效是区域开展新动能培养和旧动能替代活动所产生的最终成果和影响的集中表现，本章采用 7 个二级指标对转型升级绩效进行评价。

转换保障绩效。新旧动能转换的保障环境包括新旧动能转换过程中的外部硬件环境和软件环境，是提升区域新旧动能转换能力与绩效的重要基础和保障。本章描述了这种软硬件环境保障程度与绩效。选取 4 个二级指标对山东省 17 地市新旧动能转换保障绩效进行评价。

本书所构建的山东新旧动能转换综合试验区发展评价指标体系，如表 6-1 所示。

---

① 李庆军，王霞，潘云文，等.基于因子分析的山东区域创新能力评价研究[J].科学与管理，2017（6）：32-37.

表 6–1 山东新旧动能转换综合试验区发展评价指标体系

	一级指标	二级指标	指标变量
山东新旧动能转换综合试验区发展评价指标	资源集聚绩效	R&D 经费内部支出合计	A1
		R&D 经费增长率	A2
		R&D 经费内部支出与 GDP 的比值	A3
		R&D 人员中较高层次人才指数所占比例	A4
		每万人 R&D 全时人数	A5
	知识创造绩效	每十万人发明专利申请数	B1
		每十万人发明专利授权数	B2
		每名 R&D 人员产出的有效发明专利	B3
		每名 R&D 人员产出的科技论文和著作指数	B4
	开放合作绩效	R&D 经费外部支出与 GDP 的比值	C1
		规模以上工业企业 R&D 经费外部支出占规模以上工业企业销售产值的比重	C2
		实际使用外资金额	C3
		对外直接投资额	C4
	创新驱动绩效	规模以上工业企业新产品销售收入占规模以上工业企业销售产值的比重	D1
		规模以上工业企业 R&D 经费内部支出占规模以上工业企业销售产值的比重	D2
		规模以上工业企业全时 R&D 人员占职工总人数的比例	D3

续表

	一级指标	二级指标	指标变量
山东新旧动能转换综合试验区发展评价指标	网络与新经济绩效	电子商务采购额/GDP	E1
		电子商务销售额/GDP	E2
		信息服务和科学技术服务的产业比重	E3
	转型升级绩效	高新技术产业产值	F1
		高新技术产业产值增长率	F2
		高新技术产业产值占规模以上工业总产值的比重	F3
		每吨标准煤产出GDP	F4
		年度山东名牌产品	F5
		年度山东省服务名牌	F6
		形成国家或行业标准数	F7
	转换保障绩效	人均GDP	G1
		一般公共预算收入占GDP比重	G2
		政府科技支出占政府财政总支出的比例	G3
		规模以上工业企业减免税总额占规模以上工业企业销售产值的比重	G4

二、山东新旧动能转换综合试验区评价的计算方法

（一）一级指标计算

$$F_{ik} = \frac{1}{m_k} \sum_{n=m_{k0}}^{m_k-1} y_{i,n}$$

式中，$i=1\sim17$，$k=1\sim7$，m_k 为一级指标包含的二级指标个数，m_{k0} 为一级指标对应的二级指标首项序列数字。

（二）二级指标数据处理

无量纲化是为了消除多指标综合评价中，计量单位上的差异和指标数值的数量级、相对数形式的差别，解决指标的可综合性问题[1]。

对二级指标采用直线型无量纲处理，即

$$y_{ij}=(x_{ij}-\min x_{ij})/(\max x_{ij}-\min x_{ij})\times100$$

式中，$i=1\sim17$，$j=1\sim30$。

这样处理的二级指标，其效用值的区域是[0，100]，即该指标的效用值最优值是100，最差值是0。

（三）综合得分

通过二级指标的效用值直接计算得出各市的综合得分，并给出17地市排序。

$$s_i=\frac{1}{30}\sum_{j=1}^{30}y_{ij}$$

式中，$i=1\sim17$，$j=1\sim30$。

本章评价方法采用的是等权重综合评价法，二级指标经无量纲标准化处理后，用二级指标直接计算得出每个市新旧动能发展的综合效用值，即综合得分，给出排序结果。

---

[1] 王利政，李俊彪，王浩.中国发电集团建设世界一流企业评价及建议[J].中国科技论坛，2013（10）：7.

第三节 山东新旧动能转换综合试验区评价指标排名与分析

一、山东新旧动能转换综合试验区评价综合指标排名

（一）2017年综合指标排名

2017年山东省17地市新旧动能发展水平排名如图6-1和表6-2所示，从图表上看，全省新旧动能发展水平排名靠前的是青岛和济南，作为山东省两大经济发展和创新中心，综合得分60分以上，远高于其他市。排在第二阵营的是烟台、潍坊、威海，综合得分在40分以上。紧随其后的是东营、济宁和临沂，其综合得分也在30分以上。

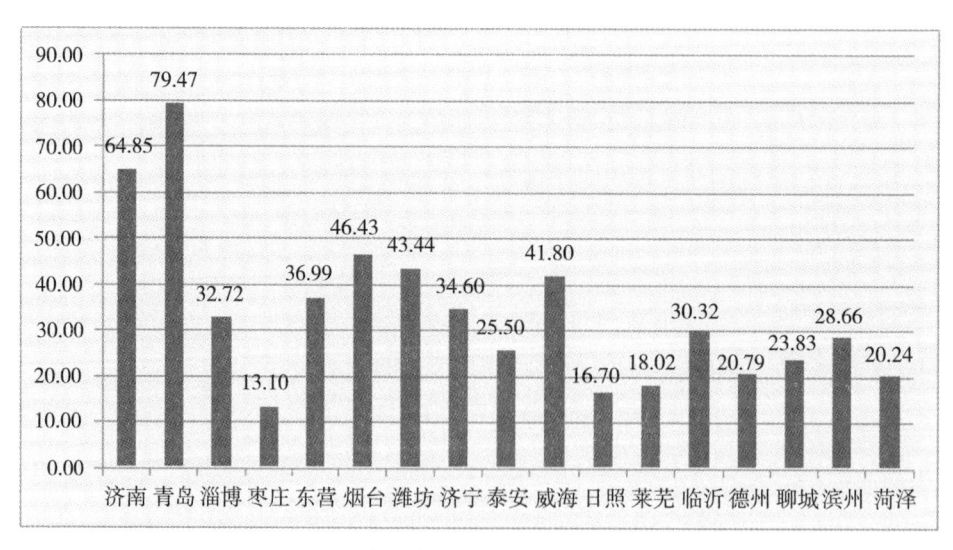

城市	得分
济南	64.85
青岛	79.47
淄博	32.72
枣庄	13.10
东营	36.99
烟台	46.43
潍坊	43.44
济宁	34.60
泰安	25.50
威海	41.80
日照	16.70
莱芜	18.02
临沂	30.32
德州	20.79
聊城	23.83
滨州	28.66
菏泽	20.24

图6-1　2017年山东省新旧动能发展水平评价结果

新旧动能发展水平排名比较靠后的有德州、菏泽、莱芜、日照、枣庄等，得分在 20 分左右。山东省新旧动能发展水平呈现的总体特点是：分布不均，各市差距较大，排名第一的市和排名最后的市之间指标分差超过 60。

得分排名说明。新旧动能转换发展水平较好的城市，其优势是多元性的，发展水平的各个一级指标排名均比较靠前；新旧动能转换发展水平不强的城市，其各个一级指标得分都很靠后。从地理位置上看，新旧动能发展水平较强的是东部沿海，也是山东省的"蓝区"、自主创新示范区，西部经济隆起带新旧动能发展水平相对较低。

在各具特色、多样发展的同时，新旧动能发展水平领先的城市普遍具有相对落后城市所不具备的优势要素，主要表现在以下几个方面：一是经济和科技的前期基础较好，教育资源丰富且高等教育发达，资源集聚效率高；二是知识学习、生产和转化的能力较强；三是对外开放程度较高，经济协同性强；四是企业创新动力足，研发投入较高；五是网络和新经济发展迅猛，新型业态不断涌现；六是高质量发展能力强，高新技术产业比重高。这些要素借由适合当地特点的产业创新发展机制和相对成熟的市场经济机制，相互促进和加强[1]，共同造就了这些城市较强的新旧动能发展水平。

在新旧动能发展水平评价结果中，青岛、济南全面领先，烟台、潍坊、威海各具特点。青岛凭借卓越的商业氛围、开放的地理环境和政策支持、发达的高等教育水平和丰富的资源等，在资源集聚、知识创造、开放合作、转型升级和转换保障五个绩效方面稳居第 1 位。济南占据省会城市的先天优势，凭借得天独厚的政策支持、丰富的教育资源和高层次人才资源、高新技术企业集聚、宽松的创新创业环境等优势，不仅资源集聚、知识创造等绩效方面排第 2 位，创新驱动绩效和网络与新经济绩效两项指标也位列第一。烟台的转型升级绩效和转换保障绩效指标排名靠前，得益于 R&D 经费支出占 GDP 的比重以及占规

---

[1] 张建伟，石江江，王艳华，等.长江经济带创新产出的空间特征和时空演化[J].地理科学进展，2016.09.

模以上工业企业销售产值的比重较高。东营的创新绩效指标在全省排名第2，得益于东营市的产业结构和规模以上工业企业的创新绩效，其中每十万人人均有效发明专利数量和人均GDP值均居全省首位，反映了东营技术创新带来的知识经济优势和富民效果是非常显著的。威海的创新优势得益于其全省第2名的人均GDP，决定了其优越的创新环境，在资金投入上占据优势，并且威海优质高等教育资源集中，地理位置优越，对外开放程度比较高。

德州、菏泽、莱芜、日照、枣庄的新旧动能发展水平指标在山东省17地市中排名靠后。其中枣庄在创新驱动绩效和开放合作绩效方面远远落后于其他城市，除网络与新经济绩效，其他指标也大大落后于前列城市。菏泽除开放合作绩效外，其他指标都不强，说明菏泽意识到区域内资源与能力的全方面不足，但能够利用外部科技资源为其服务，这种开放性意识将有利于菏泽市逐步提高其新旧动能发展水平。莱芜各项绩效指标则不够均衡，创新驱动绩效、知识创造绩效和转换保障绩效在全省处于中上的位置，创新驱动绩效甚至能达到全省第4位，但是资源集聚、开放合作、网络与新经济及转型升级等绩效指标则排名在后2位。日照除网络与新经济绩效外，而其他指标全面落后，说明日照认识到自身创新能力不足，传统经济发展竞争力不足，将大力推动网络和新经济发展作为带动新旧动能转换绩效提升的重要突破口。聊城同日照具有一定相似性。枣庄则在新旧动能转换的各个层面上受到阻碍，各项指标全面落后，除知识创造绩效外，其他指标都居于后3位，枣庄新旧动能转换中面临着严峻的形势和问题，需要总体和系统规划，着力提升基础绩效，并选准突破口和着力点。

2017年山东省17地市新旧动能转换的综合绩效排名情况，如表6-2所示。

表6-2 2017年山东省17地市新旧动能转换的综合绩效排名

地市	总得分	资源集聚	知识创造	开放合作	创新驱动	网络与新经济	转型升级	转换保障
青岛	1	1	1	1	3	2	1	1

续表

地市	总得分	资源集聚	知识创造	开放合作	创新驱动	网络与新经济	转型升级	转换保障
济南	2	2	2	3	1	1	5	3
烟台	3	5	9	6	6	8	2	4
潍坊	4	3	5	2	7	5	4	5
威海	5	10	4	7	9	9	3	2
东营	6	7	8	10	12	3	6	10
济宁	7	6	11	5	5	4	13	12
淄博	8	8	3	13	10	14	9	7
临沂	9	9	7	9	13	11	7	9
滨州	10	12	15	4	2	12	14	6
泰安	11	4	10	14	8	15	12	15
聊城	12	11	14	12	14	6	11	16
德州	13	14	13	17	17	10	8	14
菏泽	14	13	16	8	16	13	10	11
莱芜	15	17	6	16	4	16	16	8
日照	16	15	17	11	11	7	17	13
枣庄	17	16	12	15	15	17	15	17

（二）2018年综合指标排名

2018年山东省17地市新旧动能转换绩效情况如图6-2和表6-3所示，其基本态势同2017年类似。青岛与济南优势明显，一枝独秀，遥遥领先。烟台进一步向50分的界线突进，威海、潍坊、济宁、东营、淄博则逐步靠向40分界线。其他大部分地市间差距有缩小趋势，综合绩效转换水平较为均衡。

最为滞后的枣庄市相对 2017 年的分数有一定增加，但同其他地市的差距依旧较大。

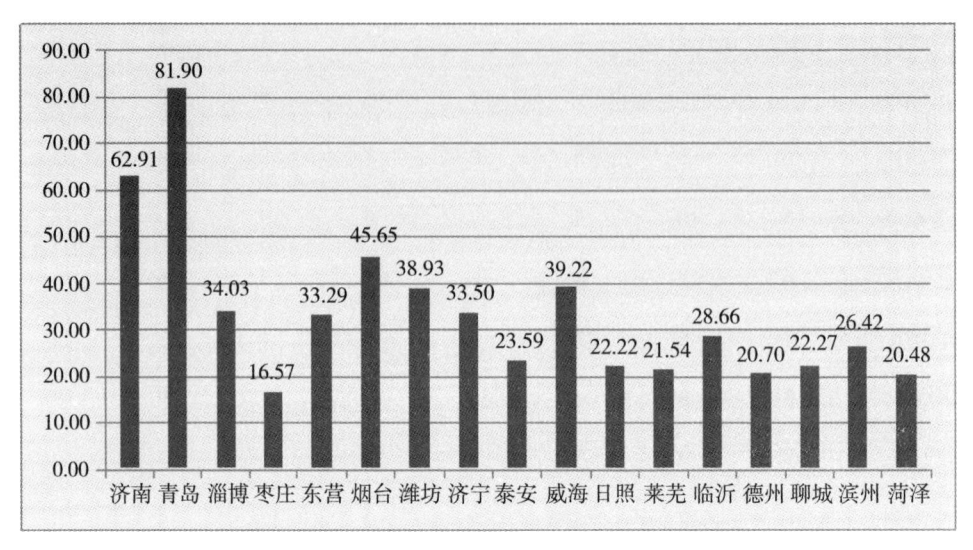

图 6-2 2018 年山东省新旧动能发展水平评价结果

表 6-3 2018 年山东省 17 地市新旧动能发展水平指标排名

地市	总得分	资源集聚	知识创造	开放合作	创新驱动	网络与新经济	转型升级	转换保障
青岛	1	1	1	1	2	1	1	1
济南	2	2	2	2	1	2	3	3
烟台	3	3	8	6	6	4	2	4
威海	4	6	5	5	10	8	5	2
潍坊	5	4	7	4	8	6	4	5
淄博	6	10	4	13	11	3	9	7
济宁	7	7	11	3	4	5	10	12
东营	8	9	3	7	12	9	6	10
临沂	9	5	9	14	14	10	7	9

续表

地市	总得分	资源集聚	知识创造	开放合作	创新驱动	网络与新经济	转型升级	转换保障
滨州	10	14	16	9	3	7	15	6
泰安	11	8	12	15	7	15	12	15
聊城	12	11	10	10	15	11	13	16
日照	13	13	13	11	9	14	14	13
莱芜	14	17	6	16	5	17	17	8
德州	15	16	15	17	17	12	8	14
菏泽	16	12	17	8	16	13	11	11
枣庄	17	15	14	12	13	16	16	17

二、山东新旧动能转换综合试验区评价一级指标排名

本节采用资源集聚绩效、知识创造绩效、开放合作绩效、创新驱动绩效、网络与新经济绩效、转型升级绩效和转换保障绩效7个一级指标以及30个二级指标来对山东省17地市的新旧动能发展水平进行综合分析。

（一）资源集聚绩效指标（A）

新旧动能转换资源是区域持续开展新旧动能转换活动的基本条件，反映了社会对新动能经济资源的投入力度、新动能人才资源的储备状况以及新动能资源的配置结构。本节采用5个二级指标对山东省17地市资源集聚进行评价，其中3项为新动能经济投入度量，2项为新动能人力投入度量。

1.2017年资源集聚绩效指标排名

综合图6-3和表6-4、表6-5，资源集聚绩效指标排在前两位的是青岛和济南，得分都高于70分，明显高于其他市，体现了青岛和济南在新动能资源方

面具有领先优势，无论是资金还是人力投入方面都具有其他市不具备的条件。排在第 3~7 位的是潍坊、泰安、烟台、济宁和东营，五者差距不太明显，但与前两者之间差距比较大，也较高于其他市。淄博、临沂、威海排在 8、9、10 位。聊城和滨州分数刚刚超过 30 分，分居 11 位和 12 位。

枣庄、莱芜、菏泽、德州在新动能资源指标方面位属后列。其中，日照虽然 R&D 经费增长率在全省仅次于济宁，居于第 2 位，但其内部支出总数在全省排名靠后，R&D 经费内部支出与 GDP 的比值全省排名和 R&D 人员折合全时当量也居于末位，说明日照体现新动能集聚的 R&D 经费投入情况和人力资本投入情况总体不乐观，其规模和强度都远远落后于其他市。莱芜 R&D 经费内部支出与 GDP 的比值虽然较高，居全省第 6 位，但是 R&D 经费内部支出合计以及 R&D 人员中较高层次人才指数占比在全省都居于末位，资源数量和人力投入质量水平都较低。德州类似于日照，R&D 经费增长率较高，但 R&D 经费内部支出合计、R&D 经费内部支出与 GDP 的比值和 R&D 人员折合全时当量都较低。菏泽的短板主要在 R&D 人员折合全时当量和 R&D 经费内部支出与 GDP 的比值，反映了其新动能人力投入与资金投入强度的不足。

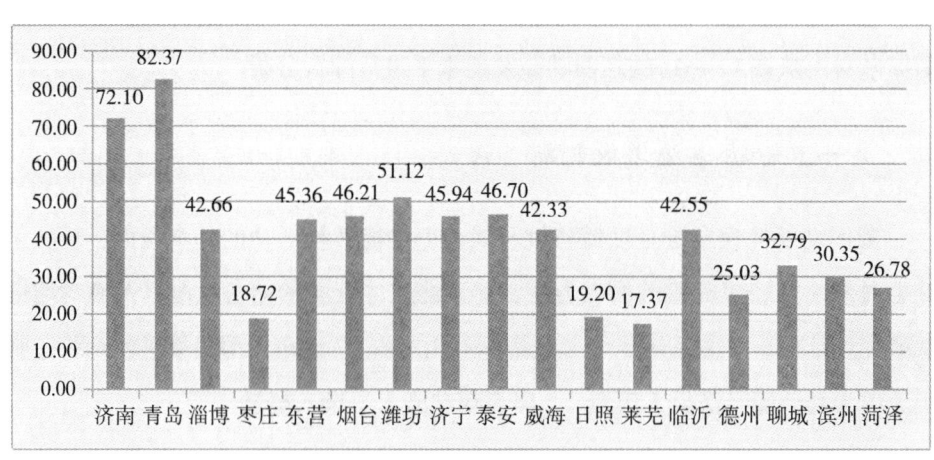

图 6-3　2017 年山东省 17 地市资源集聚绩效（A）指标评价结果

表 6-4 2017 年山东省 17 地市资源集聚绩效指标排名

地市	得分	排名	地市	得分	排名
济南	72.10	2	威海	42.33	10
青岛	82.37	1	日照	19.20	15
淄博	42.66	8	莱芜	17.37	17
枣庄	18.72	16	临沂	42.55	9
东营	45.36	7	德州	25.03	14
烟台	46.21	5	聊城	32.79	11
潍坊	51.12	3	滨州	30.35	12
济宁	45.94	6	菏泽	26.78	13
泰安	46.70	4			

表 6-5 2017 年山东省 17 地市资源集聚二级指标得分

地市	A1 R&D 经费内部支出合计	A2 R&D 经费增长率	A3 R&D 经费内部支出与 GDP 的比值	A4 R&D 人员中较高层次人才指数占比	A5 R&D 人员折合全时当量
济南	47.08	54.08	59.32	100.00	100.00
青岛	100.00	44.34	100.00	74.42	93.09
淄博	28.92	69.16	56.48	21.67	37.08
枣庄	5.56	52.42	17.14	14.91	3.59
东营	29.80	28.61	86.53	65.75	16.12
烟台	59.54	0.00	81.71	38.01	51.77
潍坊	47.37	59.57	84.56	21.80	42.29

续表

地市	A1 R&D 经费内部支出合计	A2 R&D 经费增长率	A3 R&D 经费内部支出与 GDP 的比值	A4 R&D 人员中较高层次人才指数占比	A5 R&D 人员折合全时当量
济宁	22.10	100.00	34.26	46.25	27.08
泰安	24.08	68.08	73.83	42.64	24.84
威海	20.80	95.72	64.87	11.04	19.23
日照	1.50	81.75	0.00	12.77	0.00
莱芜	0.00	5.32	80.60	0.00	0.93
临沂	24.06	89.37	49.62	24.19	25.49
德州	9.09	67.34	12.44	28.81	7.44
聊城	16.00	58.65	55.16	27.78	6.37
滨州	17.90	29.94	84.75	1.70	17.45
菏泽	5.18	74.43	0.34	51.11	2.81

2.2018 年资源集聚绩效指标排名

从 2018 年情况来看（见图 6-4、表 6-6、表 6-7），济南和青岛都取得了较大的增长，但是两市的差距明显缩小，主要原因是济南 R&D 经费增长率获得了较大的提升，表明济南已将创新资金投入作为推动新动能资源增长的主要突破口。烟台成为第 3 位，新动能转换绩效较为突出。新动能资源较弱的枣庄、莱芜、菏泽、德州不同程度上对短板进行了弥补，绩效获得一定提升。从二级指标上看，日照、莱芜和菏泽占据了 4 项指标的末位，值得注意的是东营的 R&D 经费增长率在 2018 年居于全省的末位。

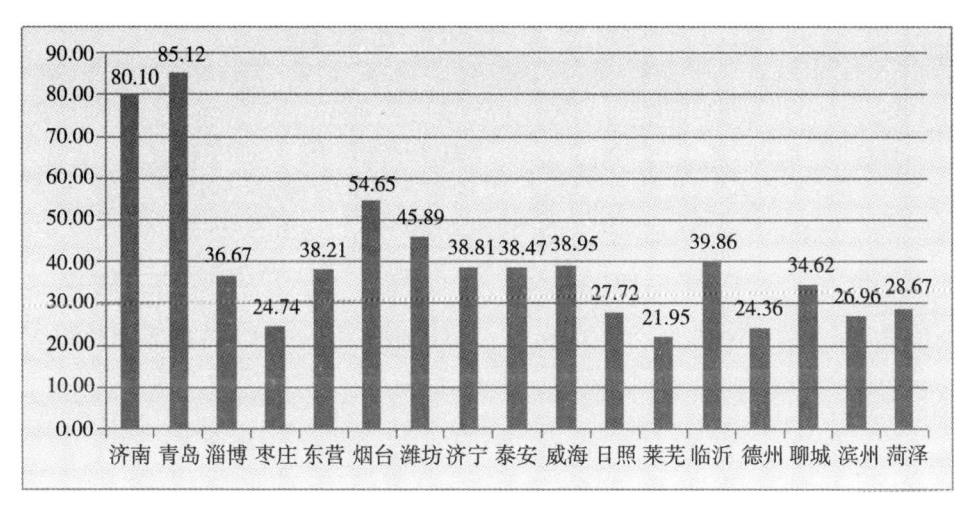

图 6-4　2018 年山东省 17 地市资源集聚绩效（A）指标评价结果

表 6-6　2018 年山东省 17 地市资源集聚绩效指标排名

地市	得分	排名	地市	得分	排名
济南	80.10	2	威海	38.95	6
青岛	85.12	1	日照	27.72	13
淄博	36.67	10	莱芜	21.95	17
枣庄	24.74	15	临沂	39.86	5
东营	38.21	9	德州	24.36	16
烟台	54.65	3	聊城	34.62	11
潍坊	45.89	4	滨州	26.96	14
济宁	38.81	7	菏泽	28.67	12
泰安	38.47	8			

表 6-7 2018 年山东省 17 地市资源集聚二级指标得分

地市	A1 R&D 经费内部支出合计	A2 R&D 经费增长率	A3 R&D 经费内部支出与 GDP 的比值	A4 R&D 人员中较高层次人才指数占比	A5 R&D 人员折合全时当量
济南	51.69	88.93	69.59	100.00	90.30
青岛	100.00	39.09	100.00	86.53	100.00
淄博	29.38	37.10	56.25	22.14	38.47
枣庄	6.37	76.90	19.62	16.21	4.58
东营	27.46	0.00	85.23	68.05	10.31
烟台	59.94	37.92	81.73	44.64	49.01
潍坊	47.00	31.26	83.52	24.13	43.55
济宁	23.60	61.10	36.23	44.58	28.53
泰安	24.26	37.31	76.70	32.86	21.21
威海	22.43	70.88	72.00	8.51	20.96
日照	2.57	100.00	2.76	33.25	0.00
莱芜	0.00	28.92	80.45	0.00	0.37
临沂	25.34	45.12	52.36	54.76	21.75
德州	9.78	54.38	11.13	36.59	9.94
聊城	16.14	37.49	52.96	61.24	5.27
滨州	17.46	12.47	84.58	2.79	17.48
菏泽	6.07	79.77	0.00	52.19	5.30

（二）知识创造绩效指标（B）

知识创造绩效是区域新动能孕育的核心，反映了各地市新动能中间产出能力和新旧动能转换内在绩效。本节采用4个二级指标对山东省区域知识创造绩效进行评价。

1.2017年知识创造绩效指标排名

综合图6-5和表6-8、表6-9,从知识创造指标的评价来看,除青岛和济南得分很高以外,其他市得分均较低,这主要是因为青岛和济南的高校和省属以上科研机构较多,二者的得分是位列第3的淄博得分的1.5倍以上。该指标的各二级指标评价中,青岛和济南依然远远领先于其他市。

其中,每十万人发明专利申请数指标仅青岛就占全省的1/3以上,反映了青岛创新活动的活跃程度和自主知识创造能力在全省的领先地位。在每名R&D人员产出的有效发明专利上,威海和淄博也表现不俗,成为其知识创造绩效指标排名靠前的主要原因。

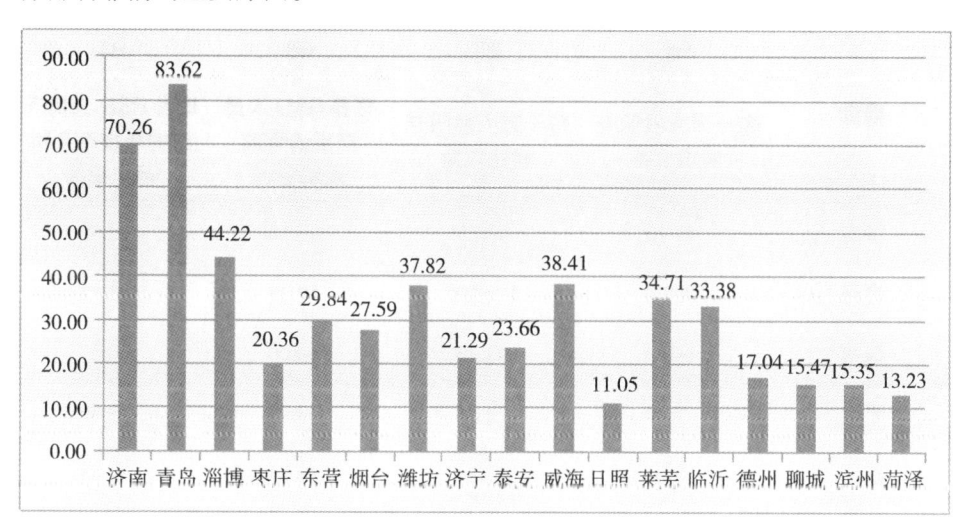

图6-5 2017年山东省17地市知识创造绩效(B)指标评价结果

表6-8 2017年山东省17地市知识创造绩效指标排名

地市	得分	排名	地市	得分	排名
济南	70.26	2	威海	38.41	4

续表

地市	得分	排名	地市	得分	排名
青岛	83.62	1	日照	11.05	17
淄博	44.22	3	莱芜	34.71	6
枣庄	20.36	12	临沂	33.38	7
东营	29.84	8	德州	17.04	13
烟台	27.59	9	聊城	15.47	14
潍坊	37.82	5	滨州	15.35	15
济宁	21.29	11	菏泽	13.23	16
泰安	23.66	10			

表 6-9　2017 年山东省 17 地市知识创造绩效二级指标得分

地市	B1 每十万人发明专利申请数	B2 每十万人发明专利授权数	B3 每名 R&D 人员产出的有效发明专利	B4 每名 R&D 人员产出的科技论文和著作指数
济南	41.10	96.39	43.56	100.00
青岛	100.00	100.00	58.38	76.10
淄博	14.63	41.73	100.00	20.52
枣庄	3.29	4.26	44.95	28.93
东营	10.01	22.64	11.82	74.88
烟台	9.04	25.62	41.15	34.57
潍坊	10.68	22.44	84.22	33.96
济宁	2.03	7.44	30.89	44.79
泰安	4.27	6.50	24.34	59.53
威海	21.35	33.25	99.02	0.00

续表

地市	B1 每十万人发明专利申请数	B2 每十万人发明专利授权数	B3 每名R&D人员产出的有效发明专利	B4 每名R&D人员产出的科技论文和著作指数
日照	4.26	6.43	0.00	33.54
莱芜	3.91	26.05	98.27	10.61
临沂	3.46	6.62	94.61	28.81
德州	0.00	6.01	40.44	21.70
聊城	1.66	4.98	35.63	19.61
滨州	5.25	15.65	31.36	9.12
菏泽	0.11	0.00	27.18	25.64

2.2018年知识创造绩效指标排名

综合图6-6和表6-10、表6-11，2018年，青岛专利指标的优势更加稳固，济南的各二级指标都略有下降，值得注意的是，东营的每名R&D人员产出的科技论文和著作指数跃居全省第1位。

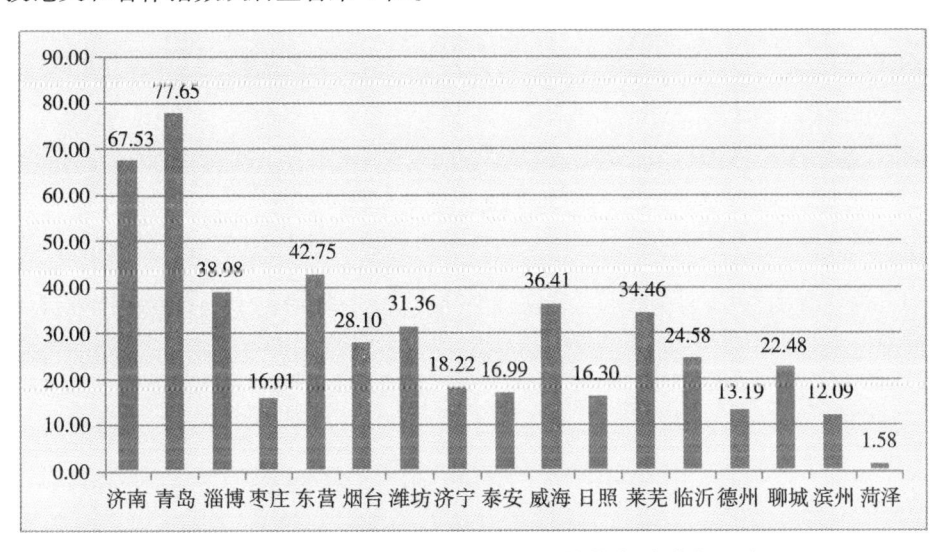

图6-6　2018年山东省17地市知识创造绩效（B）指标评价结果

表 6-10　2018 年山东省 17 地市知识创造绩效指标排名

地市	得分	排名	地市	得分	排名
济南	67.53	2	威海	36.41	5
青岛	77.65	1	日照	16.30	13
淄博	38.98	4	莱芜	34.46	6
枣庄	16.01	14	临沂	24.58	9
东营	42.75	3	德州	13.19	15
烟台	28.10	8	聊城	22.48	10
潍坊	31.36	7	滨州	12.09	16
济宁	18.22	11	菏泽	1.58	17
泰安	16.99	12			

表 6-11　2018 年山东省 17 地市知识创造绩效二级指标得分

地市	B1 每十万人发明专利申请数	B2 每十万人发明专利授权数	B3 每名 R&D 人员产出的有效发明专利	B4 每名 R&D 人员产出的科技论文和著作指数
济南	51.40	86.75	35.63	96.34
青岛	100.00	100.00	50.42	60.20
淄博	22.29	28.02	100.00	5.63
枣庄	3.48	6.21	35.33	19.02
东营	11.67	20.13	39.20	100.00
烟台	18.32	21.70	35.93	36.44
潍坊	17.50	15.10	69.69	23.14
济宁	3.56	5.39	27.45	36.48

续表

地市	B1 每十万人发明专利申请数	B2 每十万人发明专利授权数	B3 每名R&D人员产出的有效发明专利	B4 每名R&D人员产出的科技论文和著作指数
泰安	5.64	5.94	8.57	47.81
威海	44.78	26.49	74.36	0.00
日照	9.91	5.81	17.53	31.96
莱芜	6.77	27.04	94.04	9.97
临沂	2.29	4.90	65.55	25.58
德州	0.89	3.68	30.97	17.24
聊城	2.38	4.58	39.95	43.01
滨州	4.41	9.64	23.59	10.71
菏泽	0.00	0.00	0.00	6.32

（三）开放合作绩效指标（C）

开放合作绩效指标主要描述围绕新旧动能转换目标而对于外部资源的利用程度。主要通过4个二级指标来衡量，分别是R&D经费外部支出与GDP的比值、规模以上工业企业R&D经费外部支出占规模以上工业企业销售产值的比重、实际使用外资金额和对外直接投资额。

1.2017年开放合作绩效指标排名

综合图6-7和表6-12、表6-13，2017年，除青岛作为对外开放交流合作的重要窗口而具有绝对领先优势，枣庄、泰安、莱芜和德州落后差距较大外，其他地市分数在10~40分之间，相互之间的差距并不明显。

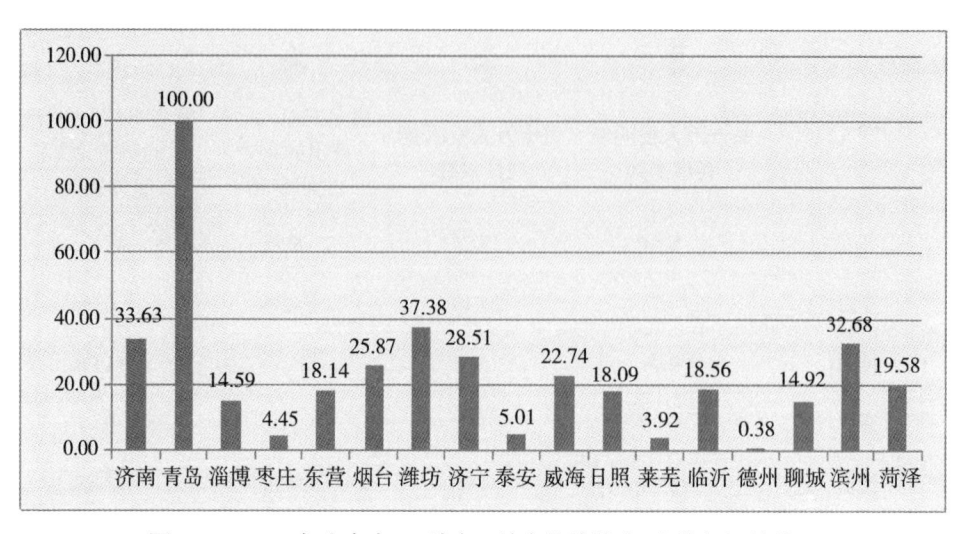

图 6-7　2017 年山东省 17 地市开放合作绩效（C）指标评价结果

表 6-12　2017 年山东省 17 地市开放合作绩效指标排名

地市	得分	排名	地市	得分	排名
济南	33.63	3	威海	22.74	7
青岛	100.00	1	日照	18.09	11
淄博	14.59	13	莱芜	3.92	16
枣庄	4.45	15	临沂	18.56	9
东营	18.14	10	德州	0.38	17
烟台	25.87	6	聊城	14.92	12
潍坊	37.38	2	滨州	32.68	4
济宁	28.51	5	菏泽	19.58	8
泰安	5.01	14			

表 6-13　2017 年山东省 17 地市开放合作绩效二级指标得分

地市	C1 R&D 经费外部支出与 GDP 的比值	C2 规模以上工业企业 R&D 经费外部支出占规模以上工业企业销售产值的比重	C3 实际使用外资金额	C4 对外直接投资额
济南	20.14	48.14	22.94	43.29
青岛	100.00	100.00	100.00	100.00
淄博	14.06	12.95	8.01	23.36
枣庄	2.87	12.82	0.65	1.46
东营	35.12	18.55	2.49	16.42
烟台	7.07	10.83	28.03	57.56
潍坊	53.29	47.79	14.24	34.19
济宁	13.06	36.52	12.97	51.48
泰安	2.10	9.25	6.62	2.10
威海	24.58	26.97	16.03	23.37
日照	11.62	31.30	7.86	21.57
莱芜	4.64	9.87	1.17	0.00
临沂	38.83	31.42	1.29	2.72
德州	0.00	0.00	0.93	0.59
聊城	29.35	17.99	0.00	12.33
滨州	56.17	38.34	5.33	30.88
菏泽	33.66	23.95	2.62	18.10

菏泽和日照开放合作绩效指标排名靠后，其中日照 R&D 经费外部支出与 GDP 的比值和实际使用外资金额在全省排名较差，菏泽实际使用外资金额指标得分较低。德州和日照两市在对外开放合作方面与其他城市比较有很大差距，需要在提高内力的基础上，加强对外交流合作，加大外部研发经费的投入，引进、消化、吸收外来科技成果，带动、激发本市开放合作活力。

2.2018 年开放合作绩效指标排名

综合图 6-8 和表 6-14、表 6-15，2018 年，较为显著的特点是济南超过潍坊升为第 2 位。泰安、莱芜和德州排名后 3 位，特别是德州下降到第 17 位。德州 R&D 经费外部支出与 GDP 的比值和规模以上工业企业 R&D 经费外部支出占规模以上工业企业销售产值的比重两个指标都在全省排最后 1 位。莱芜的对外直接投资在全省最低，其实际使用外资数量也不高。聊城的实际使用外资金额虽然也不高，但其他指标在全省尚具有一定竞争力。

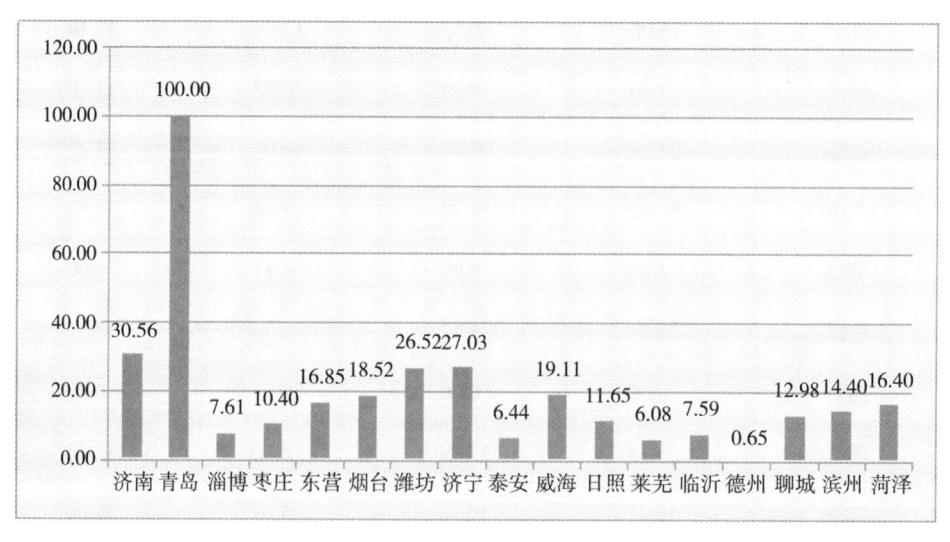

图 6-8　2018 年山东省 17 地市开放合作绩效（C）指标评价结果

表 6-14　2018 年山东省 17 地市开放合作绩效指标排名

地市	得分	排名	地市	得分	排名
济南	30.56	2	威海	19.11	5
青岛	100.00	1	日照	11.65	11
淄博	7.61	13	莱芜	6.08	16
枣庄	10.40	12	临沂	7.59	14
东营	16.85	7	德州	0.65	17
烟台	18.52	6	聊城	12.98	10
潍坊	26.62	4	滨州	14.40	9
济宁	27.03	3	菏泽	16.40	8
泰安	6.44	15			

表 6-15　2018 年山东省 17 地市开放合作绩效二级指标得分

地市	C1 R&D 经费外部支出与 GDP 的比值	C2 规模以上工业企业 R&D 经费外部支出占规模以上工业企业销售产值的比重	C3 实际使用外资金额	C4 对外直接投资额
济南	31.96	53.41	23.78	13.09
青岛	100.00	100.00	100.00	100.00
淄博	8.72	6.88	8.19	6.64
枣庄	17.45	23.56	0.55	0.03
东营	44.95	17.17	2.25	3.05
烟台	8.92	8.78	28.76	27.61
潍坊	50.57	34.91	14.38	6.62

续表

地市	C1 R&D 经费外部支出与 GDP 的比值	C2 规模以上工业企业 R&D 经费外部支出占规模以上工业企业销售产值的比重	C3 实际使用外资金额	C4 对外直接投资额
济宁	11.40	24.70	6.34	65.67
泰安	6.33	12.62	6.47	0.33
威海	31.68	25.22	16.50	3.06
日照	11.65	23.23	7.37	4.34
莱芜	12.89	10.18	1.24	0.00
临沂	16.10	10.92	2.31	1.03
德州	0.00	0.00	0.78	1.83
聊城	30.58	15.40	0.00	5.94
滨州	30.04	15.53	4.59	7.43
菏泽	40.58	20.60	2.64	1.80

（四）创新驱动绩效指标（D）

企业是创新活动的主体，企业创新的规模和质量在很大程度上代表了区域创新驱动能力和绩效水平。

1. 2017年创新驱动绩效指标排名

综合图6-9和表6-16、表6-17，创新驱动绩效指标排名与前3个一级指标相比有较大变动，第1至第4名分别是济南、滨州、青岛和莱芜。其中，济南在3个二级指标中有2个名列第1，仅规模以上工业企业新产品销售收入占规模以上工业企业销售产值的比重一项低于滨州，居第2名。

滨州排名靠前也主要是因为该项二级指标的得分全省为最高，新产品的销售收入占比体现了科技创新产出的直接收益，是企业创新成果的体现。滨州在衡量企业创新能力的这个二级指标表现上佳，是其创新驱动绩效综合指标排名的主要贡献项。

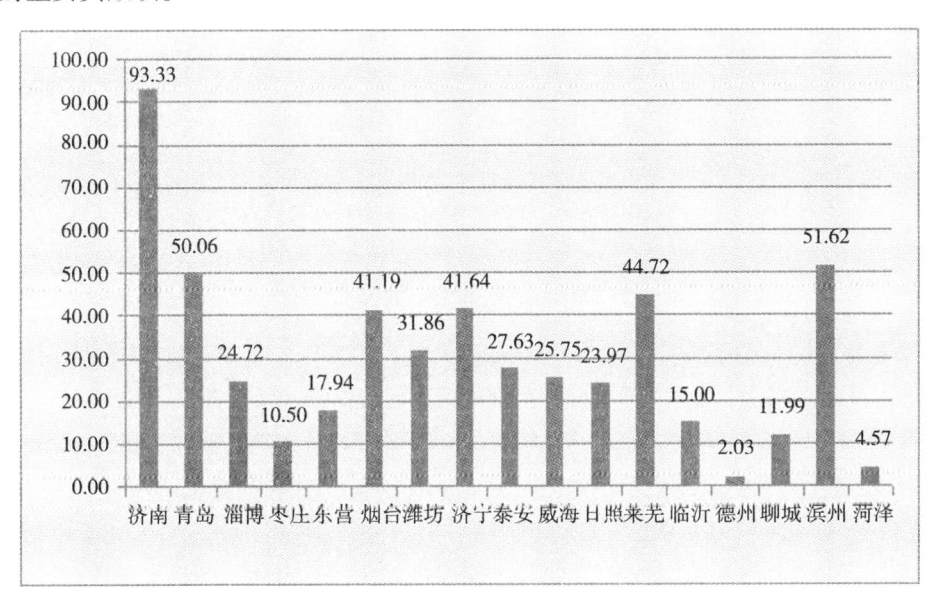

图 6-9　2017 年山东省 17 地市创新驱动绩效（D）指标评价结果

表 6-16　2017 年山东省 17 地市创新驱动绩效指标排名

地市	得分	排名	地市	得分	排名
济南	93.33	1	威海	25.75	9
青岛	50.06	3	日照	23.97	11
淄博	24.72	10	莱芜	44.72	4
枣庄	10.50	15	临沂	15.00	13
东营	17.94	12	德州	2.03	17
烟台	41.19	6	聊城	11.99	14
潍坊	31.86	7	滨州	51.62	2

续表

地市	得分	排名	地市	得分	排名
济宁	41.64	5	菏泽	4.57	16
泰安	27.63	8			

表6-17 2017年山东省17地市创新驱动绩效二级指标得分

地市	D1 规模以上工业企业新产品销售收入占规模以上工业企业销售产值的比重	D2 规模以上工业企业R&D经费内部支出占规模以上工业企业销售产值的比重	D3 规模以上工业企业全时R&D人员占职工总人数的比例
济南	79.98	100.00	100.00
青岛	49.85	64.15	36.18
淄博	20.18	24.94	29.05
枣庄	0.00	30.75	0.75
东营	19.43	16.66	17.72
烟台	51.55	45.20	26.82
潍坊	28.79	45.53	21.26
济宁	47.69	60.95	16.27
泰安	11.73	52.23	18.92
威海	20.45	41.05	15.74
日照	24.03	29.83	18.05
莱芜	63.14	42.10	28.93
临沂	9.92	23.25	11.82

续表

地市	D1 规模以上工业企业新产品销售收入占规模以上工业企业销售产值的比重	D2 规模以上工业企业R&D经费内部支出占规模以上工业企业销售产值的比重	D3 规模以上工业企业全时R&D人员占职工总人数的比例
德州	2.78	0.00	3.31
聊城	16.83	15.16	3.98
滨州	100.00	28.81	26.03
菏泽	12.59	1.13	0.00

菏泽、枣庄、德州企业创新指标在全省排名靠后。其中枣庄规模以上工业企业新产品销售收入占规模以上工业企业销售产值的比重两项指标得分为全省最低，德州规模以上工业企业R&D经费内部支出占规模以上工业企业销售产值的比重指标排名最后，而菏泽规模以上工业企业全时R&D人员占职工总人数的比例全省最低。三个地市均有明显瓶颈，制约着企业自身创新驱动发展能力。

2.2018年创新驱动绩效指标排名

综合图6-10和表6-18、表6-19，2018年，青岛超过滨州跃居为全省第2，主要得益于规模以上工业企业R&D经费内部支出占规模以上工业企业销售产值的比重的大幅上升。除德州外，其他薄弱地市都有不同程度的提高，快速提升其企业创新驱动能力。规模以上工业企业新产品销售收入占规模以上工业企业销售产值的比重和规模以上工业企业R&D经费内部支出占规模以上工业企业销售产值的比重两个指标的薄弱，制约着德州企业创新驱动能力的提升。

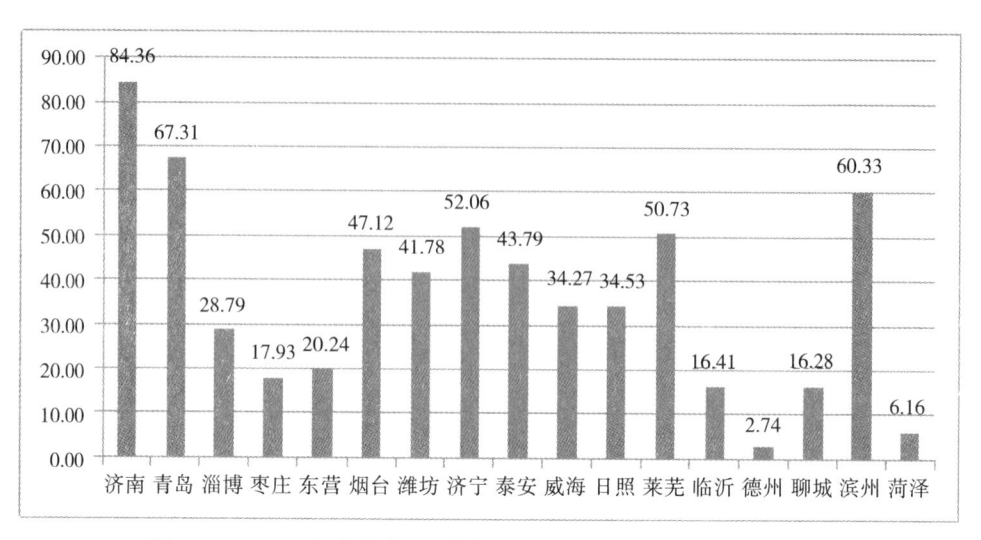

图 6-10 2018 年山东省 17 地市创新驱动绩效（D）指标评价结果

表 6-18 2018 年山东省 17 地市创新驱动绩效指标排名

地市	得分	排名	地市	得分	排名
济南	84.36	1	威海	34.27	10
青岛	67.31	2	日照	34.53	9
淄博	28.79	11	莱芜	50.73	5
枣庄	17.93	13	临沂	16.41	14
东营	20.24	12	德州	2.74	17
烟台	47.12	6	聊城	16.28	15
潍坊	41.78	8	滨州	60.33	3
济宁	52.06	4	菏泽	6.16	16
泰安	43.79	7			

表 6-19 2018 年山东省 17 地市创新驱动绩效二级指标得分

地市	D1 规模以上工业企业新产品销售收入占规模以上工业企业销售产值的比重	D2 规模以上工业企业R&D经费内部支出占规模以上工业企业销售产值的比重	D3 规模以上工业企业全时R&D人员占职工总人数的比例
济南	64.28	88.79	100.00
青岛	52.51	100.00	49.42
淄博	18.96	34.20	33.21
枣庄	0.66	53.14	0.00
东营	22.75	23.47	14.49
烟台	50.78	61.80	28.78
潍坊	31.08	63.14	31.12
济宁	46.39	92.73	17.07
泰安	11.99	90.92	28.46
威海	16.56	65.18	21.07
日照	28.08	55.29	20.21
莱芜	57.87	55.42	38.89
临沂	7.86	32.58	8.79
德州	0.00	0.00	8.22
聊城	17.92	23.90	7.01
滨州	100.00	39.26	41.72
菏泽	13.99	1.99	2.51

（五）网络与新经济绩效指标（E）

网络与新经济是新动能的重要表现形式，发展网络和新经济是推动新旧动能转换的关键。以网络与新经济绩效描述新动能培育成效，下设电子商务采购额/GDP、电子商务销售额/GDP、信息与科学研究和技术服务业合计占总额的比例3个二级指标。

1. 2017年网络与新经济绩效指标排名

综合图6-11和表6-20、表6-21，济南、青岛和东营居于前3位。济南信息与科学研究和技术服务业合计占总额的比例居于全省第1位，而青岛的电子商务采购额/GDP和东营的电子商务销售额/GDP居于第1位。三个地市新经济发展活跃，新产业、新业态和新兴服务业是新动能的重要表现形式，是新旧动能转换绩效的重要决定因素。

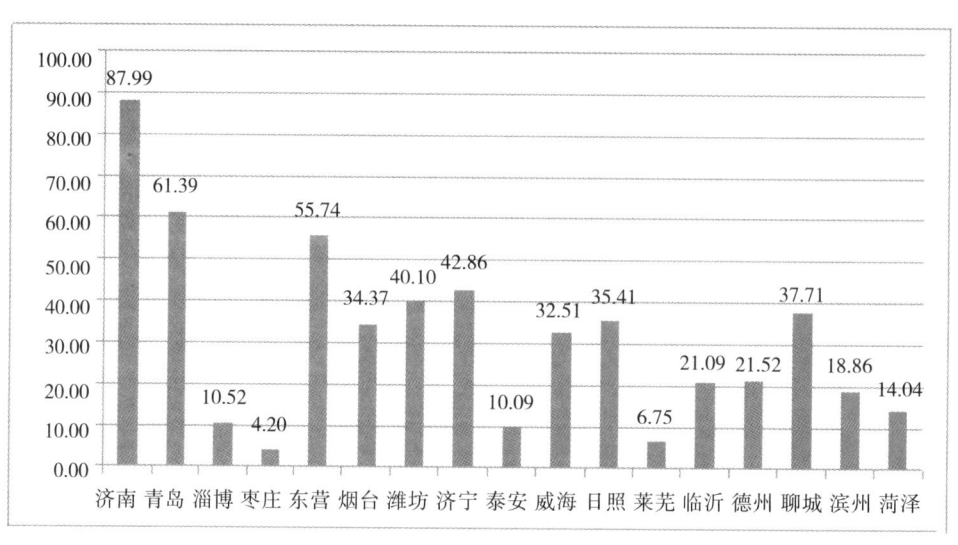

图6-11 2017年山东省17地市网络与新经济绩效（E）指标评价结果

枣庄、莱芜和泰安在网络与新经济绩效方面居于后列。枣庄和泰安在3个二级指标上都较为薄弱，两个地方新经济发展的制约因素具有相似性。莱芜则在信息与科学研究和技术服务业合计占总额的比例上居于全省最后一位，新兴服务业和知识服务业的薄弱制约着莱芜资源型城市的经济转型绩效。

表 6-20 2017 年山东省 17 地市网络与新经济绩效指标排名

地市	得分	排名	地市	得分	排名
济南	87.99	1	威海	32.51	9
青岛	61.39	2	日照	35.41	7
淄博	10.52	14	莱芜	6.75	16
枣庄	4.20	17	临沂	21.09	11
东营	55.74	3	德州	21.52	10
烟台	34.37	8	聊城	37.71	6
潍坊	40.10	5	滨州	18.86	12
济宁	42.86	4	菏泽	14.04	13
泰安	10.09	15			

表 6-21 2017 年山东省 17 地市网络与新经济绩效二级指标得分

地市	E1 电子商务采购额/GDP	E2 电子商务销售额/GDP	E3 信息传输、软件和信息技术服务业，科学研究和技术服务业合计占总额的比例
济南	86.85	77.14	100.00
青岛	100.00	56.68	27.47
淄博	26.06	2.48	3.03
枣庄	7.33	1.75	3.51
东营	46.39	100.00	20.82

续表

地市	E1 电子商务采购额/GDP	E2 电子商务销售额/GDP	E3 信息传输、软件和信息技术服务业，科学研究和技术服务业合计占总额的比例
烟台	30.42	46.86	25.82
潍坊	51.38	55.95	12.96
济宁	52.24	70.55	5.81
泰安	12.89	2.22	15.15
威海	44.52	28.94	24.07
日照	76.72	26.97	2.54
莱芜	5.96	14.30	0.00
临沂	0.00	44.76	18.51
德州	26.28	22.60	15.68
聊城	45.98	60.65	6.50
滨州	50.49	0.00	6.10
菏泽	22.08	8.96	11.07

2.2018年网络与新经济绩效指标排名

综合图6-12和表6-22、表6-23，从2018年的指标情况来看，青岛市电子商务销售额/GDP也成为全省第1，这是青岛总体网络与新经济绩效超过济南的重要原因。东营三个指标都有不同程度下滑，总体的网络与新经济绩效排名出现较大下滑。这方面比较薄弱的枣庄和莱芜同先进地市的差距进一步扩大，其现代服务业发展明显滞后。

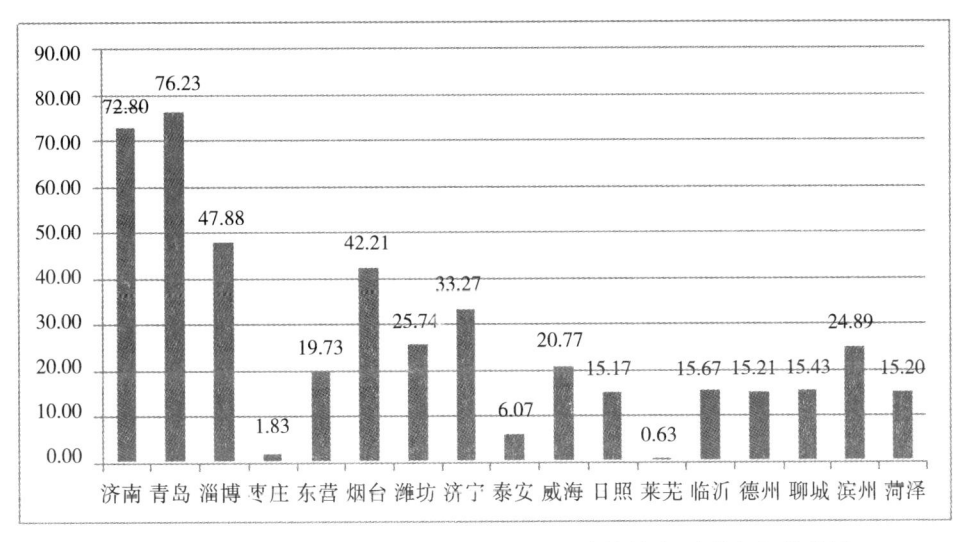

图 6-12　2018 年山东省 17 地市网络与新经济绩效（E）指标评价结果

表 6-22　2018 年山东省 17 地市网络与新经济绩效指标排名

地市	得分	排名	地市	得分	排名
济南	72.80	2	威海	20.77	8
青岛	76.23	1	日照	15.17	14
淄博	47.88	3	莱芜	0.63	17
枣庄	1.83	16	临沂	15.67	10
东营	19.73	9	德州	15.21	12
烟台	42.21	4	聊城	15.43	11
潍坊	25.74	6	滨州	24.89	7
济宁	33.27	5	菏泽	15.20	13
泰安	6.07	15			

表 6-23　2018 年山东省 17 地市网络与新经济绩效二级指标得分

地市	E1 电子商务采购额/GDP	E2 电子商务销售额/GDP	E3 信息传输、软件和信息技术服务业，科学研究和技术服务业合计占总额的比例
济南	52.49	65.90	100.00
青岛	100.00	100.00	28.68
淄博	58.10	72.24	13.31
枣庄	0.38	2.08	3.02
东营	13.92	22.90	22.38
烟台	47.96	54.84	23.83
潍坊	22.94	41.68	12.60
济宁	48.84	45.51	5.45
泰安	0.00	4.75	13.45
威海	14.01	21.79	26.52
日照	17.58	24.13	3.81
莱芜	0.26	1.62	0.00
临沂	26.38	0.00	20.62
德州	19.19	13.31	13.12
聊城	22.52	19.19	4.58
滨州	37.26	32.84	4.59
菏泽	24.45	10.93	10.22

（六）转型升级绩效指标（F）

转型升级绩效是区域开展新动能培育和旧动能替代活动所产生的成果和影响的集中表现，本节采用6个二级指标对转型升级绩效进行评价。

1.2017年转型升级绩效指标排名

综合图6-13和表6-24、表6-25，就全省17地市的排名而言，青岛、烟台、威海和东营依次排名前四，日照、枣庄、莱芜排名则比较靠后。其中，烟台和青岛2项二级指标均排名首位，即烟台的每吨标准煤产出GDP、年度山东名牌产品和青岛的年度山东省服务名牌、形成国家或行业标准数。

值得注意的是，济南的高新技术产业产值占规模以上工业总产值的比重排名全省第一，菏泽在高新技术产业产值增长率上排名全省第一，反映了两市在高新技术应用上取得极大进步，高新技术在提高劳动生产率、经济结构调整和制造业结构升级方面发挥了重要作用。

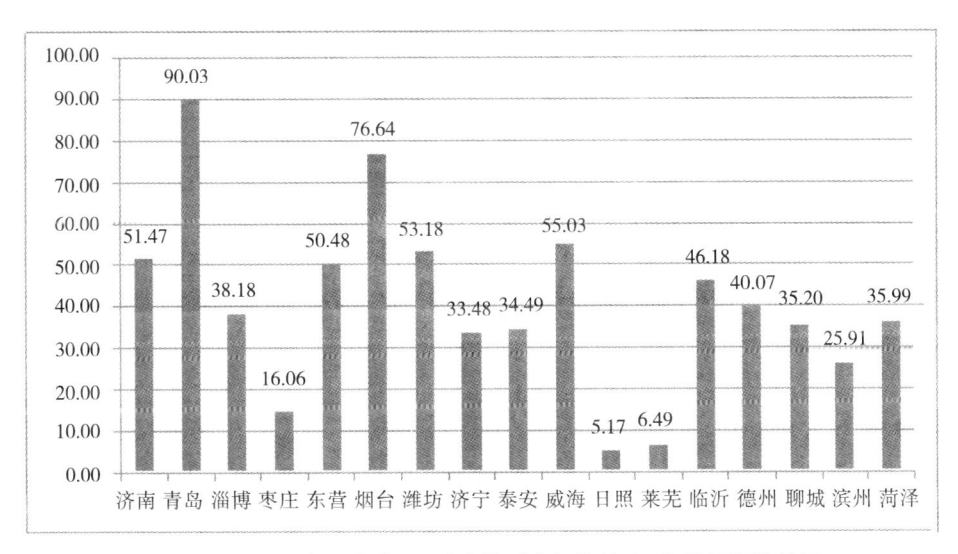

图6-13 2017年山东省17地市转型升级绩效（F）指标评价结果

莱芜在7个二级指标中有5项表现较差，高新技术产业产值占规模以上工业总产值的比重指标也排名全省倒数第二。临沂有2项二级指标排名全省最后。

日照和枣庄 4 项指标得分都比较低，均为 10 分以下。其中，枣庄 30 分以下的二级指标有 5 项，高新技术产业产值和年度山东省服务名牌仅比莱芜高 5.41 和 2.91 分。日照 10 分以下指标 5 项，转型升级绩效一级指标得分是全省唯一低于 6 分的城市，反映了日照创新活动所产生的成果影响不强，在科技转化为生产力、转变经济发展方式和实现可持续发展方面仍需提高。

表 6-24　2017 年山东省 17 地市转型升级绩效指标排名

地市	得分	排名	地市	得分	排名
济南	51.47	5	威海	55.03	3
青岛	90.03	1	日照	5.17	17
淄博	38.18	9	莱芜	6.49	16
枣庄	16.06	15	临沂	46.18	7
东营	50.48	6	德州	40.07	8
烟台	76.64	2	聊城	35.20	11
潍坊	53.18	4	滨州	25.91	14
济宁	33.48	13	菏泽	35.99	10
泰安	34.49	12			

表 6-25　2017 年山东省 17 地市转型升级绩效二级指标得分

地市	F1 高新技术产业产值	F2 高新技术产业产值增长率	F3 高新技术产业产值占规模以上工业总产值的比重	F4 每吨标准煤产出 GDP	F5 年度山东名牌产品	F6 年度山东省服务名牌	F7 形成国家或行业标准数
济南	28.24	30.85	100.00	68.95	42.42	29.41	60.43
青岛	100.00	55.82	92.85	90.65	90.91	100.00	100.00
淄博	49.99	45.35	52.63	30.17	30.30	14.71	44.08

续表

地市	F1 高新技术产业产值	F2 高新技术产业产值增长率	F3 高新技术产业产值占规模以上工业总产值的比重	F4 每吨标准煤产出GDP	F5 年度山东名牌产品	F6 年度山东省服务名牌	F7 形成国家或行业标准数
枣庄	5.41	52.45	0.00	32.88	12.12	2.94	6.64
东营	63.57	11.56	66.62	96.11	27.27	2.94	85.31
烟台	89.95	46.19	93.33	100.00	100.00	61.76	45.26
潍坊	56.84	62.89	52.72	59.41	69.70	38.24	32.46
济宁	18.10	38.81	39.65	45.72	42.42	11.76	37.91
泰安	22.04	43.08	30.79	55.93	45.45	23.53	20.62
威海	35.68	67.36	83.33	85.58	54.55	41.18	17.54
日照	2.70	0.00	1.27	10.47	18.18	0.00	3.55
莱芜	0.00	45.35	0.09	0.00	0.00	0.00	0.00
临沂	30.62	76.61	32.37	67.15	33.33	29.41	53.79
德州	35.23	93.63	36.05	50.93	33.33	14.71	16.59
聊城	30.47	78.63	28.20	39.39	45.45	8.82	15.40
滨州	22.82	70.87	28.20	20.92	33.33	0.00	5.21
菏泽	28.12	100.00	51.67	43.66	18.18	2.94	7.35

2.2018年转型升级绩效指标排名

综合图6-14和表6-26、表6-27，从2018年来看，济南市在新旧动能转换先行区建设的带动下，转型升级成果显著，已成为全省第3位，仅低于青岛和烟台。日照、枣庄和莱芜的转型升级步伐开始加快，三市转型升级绩效指标分数都超过了10分。特别是日照摆脱了垫底的位置，一跃超过枣庄和莱芜两市，达到全省第14位。

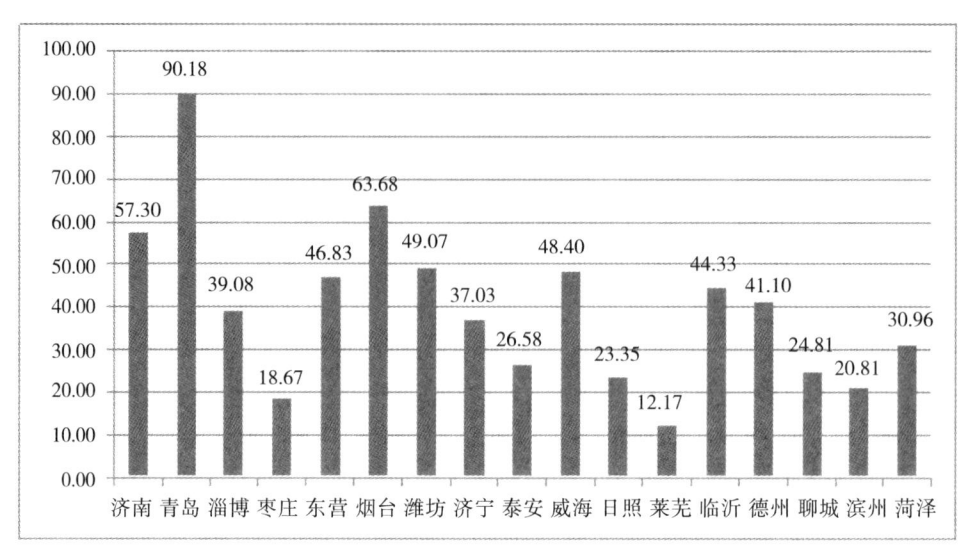

图 6-14 2018 年山东省 17 地市转型升级绩效（F）指标评价结果

表 6-26 2018 年山东省 17 地市转型升级绩效指标排名

地市	得分	排名	地市	得分	排名
济南	57.30	3	威海	48.40	5
青岛	90.18	1	日照	23.35	14
淄博	39.08	9	莱芜	12.17	17
枣庄	18.67	16	临沂	44.33	7
东营	46.83	6	德州	41.10	8
烟台	63.68	2	聊城	24.81	13
潍坊	49.07	4	滨州	20.81	15
济宁	37.03	10	菏泽	30.96	11
泰安	26.58	12			

表 6-27 2018 年山东省 17 地市转型升级绩效二级指标得分

地市	F1 高新技术产业产值	F2 高新技术产业产值增长率	F3 高新技术产业产值占规模以上工业总产值的比重	F4 每吨标准煤产出GDP	F5 年度山东名牌产品	F6 年度山东省服务名牌	F7 形成国家或行业标准数
济南	27.68	44.73	100.00	68.22	40.00	25.81	94.65
青岛	100.00	48.01	91.34	91.93	100.00	100.00	100.00
淄博	50.10	49.89	52.85	34.17	14.00	12.90	59.63
枣庄	5.44	60.11	5.65	32.51	16.00	6.45	4.55
东营	60.22	30.56	63.30	88.91	0.00	9.68	75.13
烟台	91.51	53.87	92.01	100.00	28.00	29.03	51.34
潍坊	55.62	41.82	52.80	61.09	64.00	38.71	29.41
济宁	17.24	38.99	38.18	48.51	42.00	38.71	35.56
泰安	18.53	0.00	31.14	52.51	48.00	16.13	19.79
威海	33.71	32.24	83.40	93.97	30.00	41.94	23.53
日照	3.67	100.00	8.57	11.85	26.00	3.23	10.16
莱芜	0.00	71.52	0.00	0.00	8.00	3.23	2.41
临沂	35.21	90.23	31.81	57.61	26.00	38.71	30.75
德州	37.94	72.08	36.25	54.91	24.00	38.71	23.80
聊城	30.47	50.47	30.37	31.63	12.00	0.00	18.72
滨州	21.88	39.35	24.54	20.84	20.00	12.90	6.15
菏泽	30.04	69.75	50.83	46.42	10.00	9.68	0.00

（七）转换保障绩效指标（G）

新旧动能转换的保障环境包括新旧动能转换过程中的外部硬件环境和软件环境，是提升区域新旧动能转换能力与绩效的重要基础和保障。本节选取4个二级指标对山东省17地市创新环境进行评价。

1.2017年转换保障绩效指标排名

综合图6-15和表6-28、表6-29，从总体排名上看，排名前4的城市分别是青岛、济南、威海、烟台，都在40分以上。聊城、枣庄、德州、日照、菏泽、泰安排名靠后，并且与排名前列的城市差距明显。

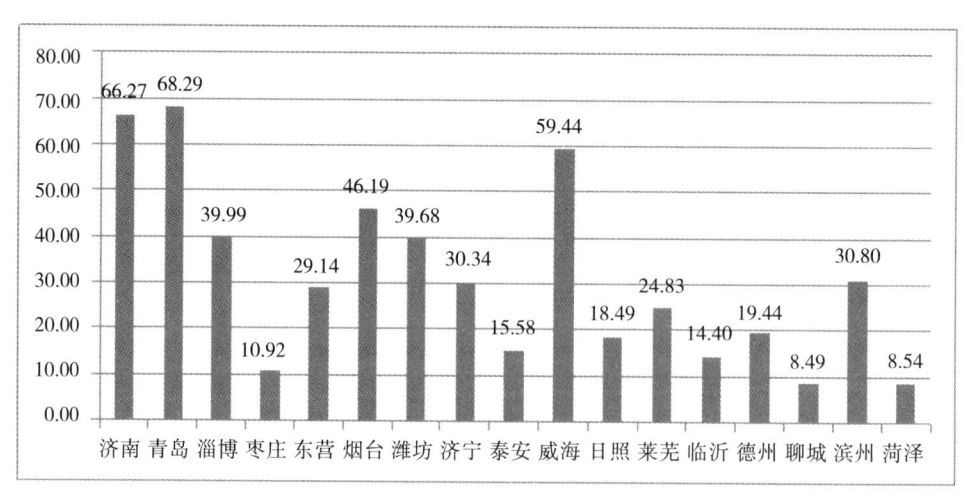

图6-15 2017年山东省17地市转换保障绩效（G）指标评价结果

济南和青岛在4个二级指标中分别有1项排在首位，分别是规模以上工业企业减免税总额占规模以上工业企业销售产值的比重和一般公共预算收入占GDP比重，体现了济南新旧动能转换活动在政府支持力度上的领先优势，在降低企业经营负担以及营造有利于企业发展与创新的营商环境方面取得的良好成果；青岛则在努力提供高质量和高水平的公共服务。威海在政府科技支出占政府财政总支出的比例指标项中排名全省第1，反映了威海政府在创新投入上的力度。东营人均GDP值居全省首位，规模以上工业企业减免税总额占规模以上工业企业销售产值的比重和一般公共预算收入占 GDP 比重在全省排名却在最后，反映了东营市对新动能发展与企业创新活动支持的资金环境还需改善，政府的政策支持力度还有待提升。

表 6-28　2017 年山东省 17 地市转换保障绩效指标排名

地市	得分	排名	地市	得分	排名
济南	66.27	2	威海	59.44	3
青岛	68.29	1	日照	18.49	12
淄博	39.99	5	莱芜	24.83	10
枣庄	10.92	15	临沂	14.40	14
东营	29.14	9	德州	19.44	11
烟台	46.19	4	聊城	8.49	17
潍坊	39.68	6	滨州	30.80	7
济宁	30.34	8	菏泽	8.54	16
泰安	15.58	13			

表 6-29　2017 年山东省 17 地市转换保障绩效二级指标得分

地市	G1 人均 GDP	G2 一般公共预算收入占 GDP 比重	G3 政府科技支出占政府财政总支出的比例	G4 规模以上工业企业减免税总额占规模以上工业企业销售产值的比重
济南	42.46	83.11	39.49	100.00
青岛	54.70	100.00	58.76	59.70
淄博	44.90	29.70	67.63	17.72
枣庄	17.95	21.92	0.00	3.81

续表

地市	G1 人均GDP	G2 一般公共预算收入占GDP比重	G3 政府科技支出占政府财政总支出的比例	G4 规模以上工业企业减免税总额占规模以上工业企业销售产值的比重
东营	100.00	0.00	16.56	0.00
烟台	46.93	45.93	76.94	14.96
潍坊	20.26	67.36	56.11	14.97
济宁	14.88	63.19	33.51	9.79
泰安	20.75	2.76	23.80	14.99
威海	57.95	43.73	100.00	36.10
日照	21.95	20.33	22.79	8.91
莱芜	15.51	26.05	55.92	1.86
临沂	6.13	26.24	12.27	12.94
德州	14.54	5.99	55.03	2.19
聊城	12.09	5.11	1.42	15.34
滨州	24.22	51.53	38.15	9.29
菏泽	0.00	22.99	2.31	8.87

2.2018年转换保障绩效指标排名

综合图6-16和表6-30、表6-31，从2018年来看，威海新旧动能转换的保障环境进一步改善，转换保障绩效排名升至第2位。聊城、菏泽和枣庄等转换保障环境绩效较低的城市保障环境大幅改善。值得注意的是，菏泽的一般公共预算收入占GDP比重大幅提升，一跃成为全省第1位，体现了菏泽对新旧动能转换环境改善重要性的认识。

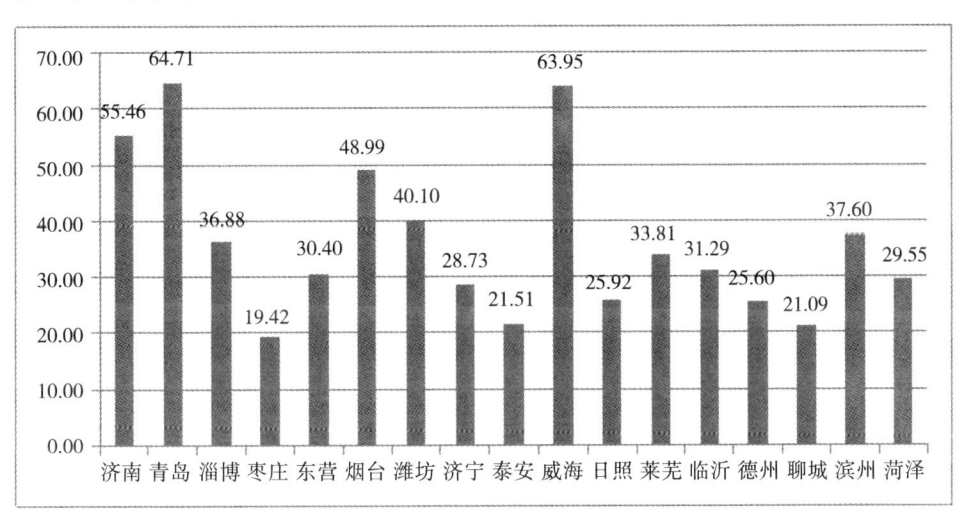

图 6-16　2018 年山东省 17 地市转换保障绩效（G）指标评价结果

表 6-30　2018 年山东省 17 地市转换保障绩效指标排名

地市	得分	排名	地市	得分	排名
济南	55.46	3	威海	63.95	2
青岛	64.71	1	日照	25.92	13
淄博	36.88	7	莱芜	33.81	8
枣庄	19.42	17	临沂	31.29	9
东营	30.40	10	德州	25.60	14
烟台	48.99	4	聊城	21.09	16
潍坊	40.10	5	滨州	37.60	6
济宁	28.73	12	菏泽	29.55	11
泰安	21.51	15			

表 6-31 2018 年山东省 17 地市转换保障绩效二级指标得分

地市	G1 人均GDP	G2 一般公共预算收入占GDP比重	G3 政府科技支出占政府财政总支出的比例	G4 规模以上工业企业减免税总额占规模以上工业企业销售产值的比重
济南	45.44	40.27	36.11	100.00
青岛	59.23	64.33	41.51	93.77
淄博	48.27	19.69	62.98	16.57
枣庄	18.75	42.33	9.04	7.58
东营	100.00	0.00	21.61	0.00
烟台	51.19	23.28	89.80	31.69
潍坊	21.97	42.53	65.56	30.33
济宁	16.33	57.72	29.68	11.21
泰安	21.83	25.05	19.83	19.33
威海	63.10	31.41	100.00	61.28
日照	24.30	40.67	25.29	13.42
莱芜	16.02	51.11	59.49	8.63
临沂	6.64	72.64	26.22	19.67
德州	15.69	39.62	41.96	5.12
聊城	13.24	53.27	0.00	17.85
滨州	25.31	58.39	46.44	20.26
菏泽	0.00	100.00	9.53	8.66

三、山东新旧动能转换综合试验区评价二级指标排名

本节通过 30 个二级指标对山东省 17 地市新旧动能转换绩效的 7 个一级指标进行分别评价,下面将对重要的基础指标进行单独分析。

1.R&D 经费内部支出

该指标用来衡量各市研发投入的规模。从统计数据来看(见图 6-17、图 6-18),2018 年山东省 R&D 经费内部支出合计青岛市位列第 1,占全省 R&D 经费内部支出的 18.29%;随后是烟台市,占 11.41%;济南和潍坊 R&D 经费内部支出大致相当,分别为全省的 10.01% 和 9.20%;淄博和东营该项指标全省位列第 5 与第 6。这 6 个市 R&D 经费内部支出合计超过全省总量的一半,约占全省总量的 51.75%。

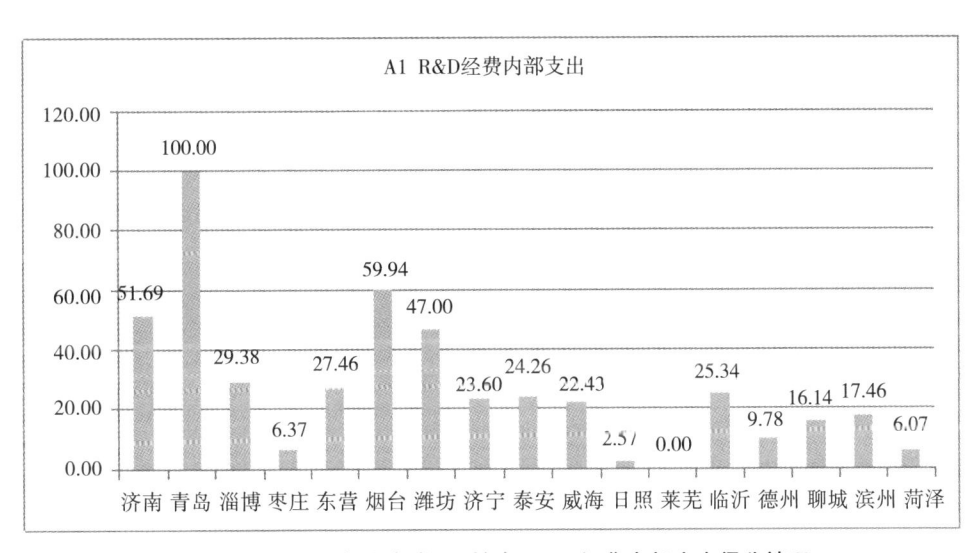

图 6-17 2018 年山东省 17 地市 R&D 经费内部支出得分情况

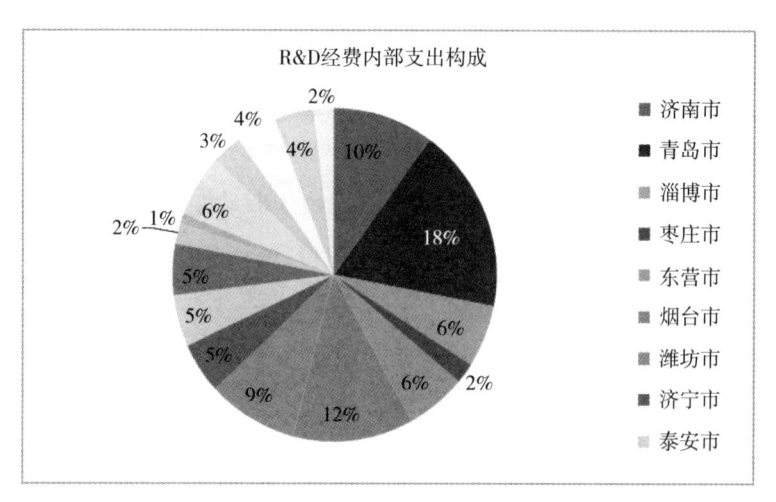

图 6-18　2018 年山东省 17 地市 R&D 经费内部支出构成

2.R&D 经费增长率（%）

该指标用来反映 R&D 经费与去年相比的增长情况，是与 R&D 经费内部支出合计配套的评价指标，以降低指标对各市规模的敏感程度。如图 6-19 所示，2018 年山东省 17 地市中日照市 R&D 经费增长率最高，达到 20.72%，是全省唯一超过 20% 的城市。全省 R&D 经费增长率超过 10% 的城市有 8 个，东营该项指标最低，反映了该市 2018 年 R&D 经费投入增长动力不足。

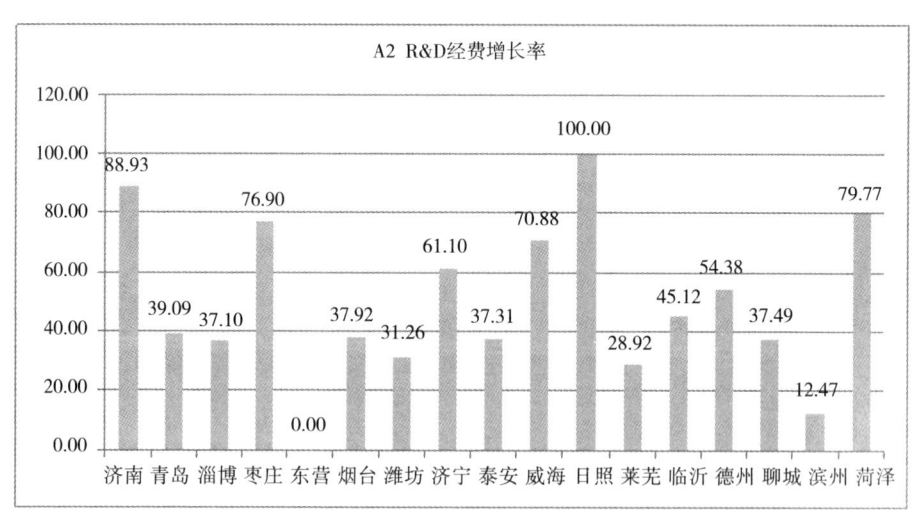

图 6-19　2018 年山东省 17 地市 R&D 经费增长率得分情况

3.R&D 经费内部支出与 GDP 的比值

该二级指标用来衡量各市研发投入的强度。2018 年各市 R&D 经费内部支出与 GDP 的比值如图 6-20 所示，排名前五位的城市依次为青岛、东营、滨州、潍坊和烟台，R&D 经费内部支出与 GDP 的比值均超过 2.5%，反映了这几个城市 2018 年研发投入强度在全省比较靠前。全省该比值超过 2% 的市有 12 个，其中烟台、临沂、潍坊和泰安之间均只相差不足 0.1 个百分点。

整体来说，山东省 17 地市 R&D 经费投入的规模和强度排序基本一致，而研发经费增长率排序则有较大不同，反映了各市对研发投入采取不同的政策倾向。

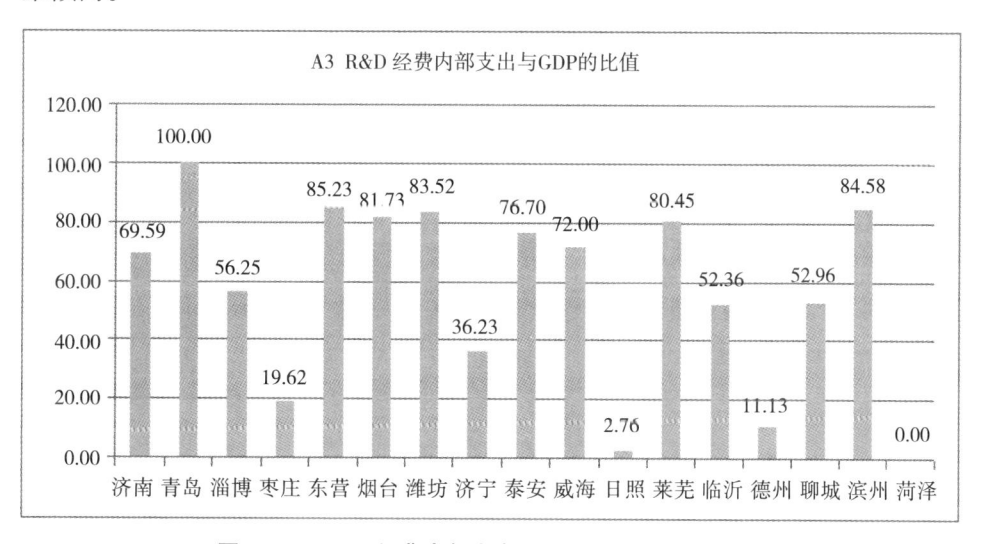

A3 R&D 经费内部支出与GDP的比值

城市	得分
济南	69.59
青岛	100.00
淄博	56.25
枣庄	19.62
东营	85.23
烟台	81.73
潍坊	83.52
济宁	36.23
泰安	76.70
威海	72.00
日照	2.76
莱芜	80.45
临沂	52.36
德州	11.13
聊城	52.96
滨州	84.58
菏泽	0.00

图 6-20 R&D 经费内部支出与 GDP 的比值得分情况

4.R&D 人员中较高层次人才指数所占比例

该指标用来衡量研发人员的结构层次。从统计数据来看，如图 6-21 所示，济南市研发人员中高层次人才占比在全省遥遥领先，凸显了济南的省会优势。首先济南具有得天独厚的政策优势，其次高校以及科研院所比较集中，多种因素促使其在该项指标中位列首位。进入前五位的城市还有青岛、东营、聊城和菏泽。

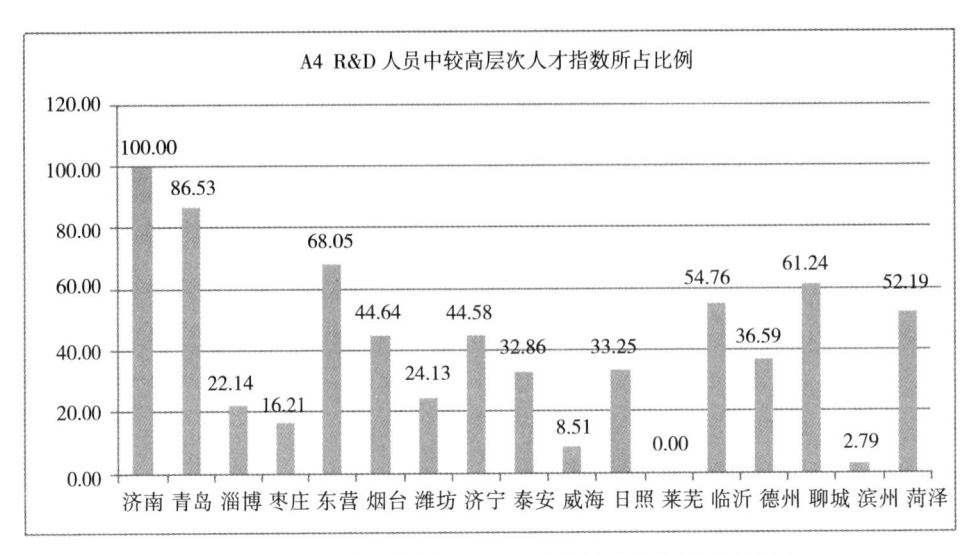

图 6-21 R&D 人员中较高层次人才指数所占比例得分情况

5.R&D 人员折合全时当量

该指标反映的是各市每万人所占的研究与试验发展全时人数。如图 6-22 所示，2018 年山东省该项指标排名靠前的城市为青岛、济南、烟台、潍坊、淄博，反映这几个城市科技创新的人力资源比较丰富，研发人员比较集中。

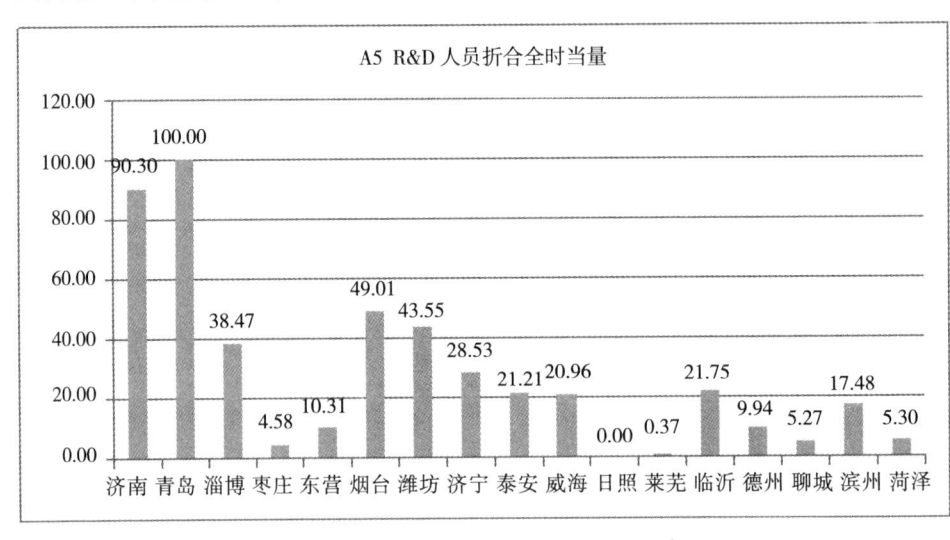

图 6-22 R&D 人员折合全时当量得分情况

与之相反，全省每万人R&D全时人数分数不足20的城市有8个，其中日照和莱芜水平极低，反映了全省研发人员的地域分布极其不均衡。落后城市应针对自身特点制定人才规划，采取相应措施培养、引进各个层次的创新创业人才。

6. 每十万人发明专利申请数

发明专利代表了一个地区的发明与创新能力，该项指标用来衡量各市创新核心成果的产出过程及数量。

从数据上看（见图6-23），2018年山东省每十万人发明专利申请数各市差距较大，其中青岛市379.91件，遥遥领先于其他市；济南市202.53件，位列第2位；超过100件的还有威海市；三市每十万人发明专利申请数总数约占全省的55.63%。这三个城市发明专利申请数高的主要原因在于其高校优势，集中了山东省优秀的高校科研资源，开展发明活动的土壤肥沃，发明活动的空间和氛围自由宽松。

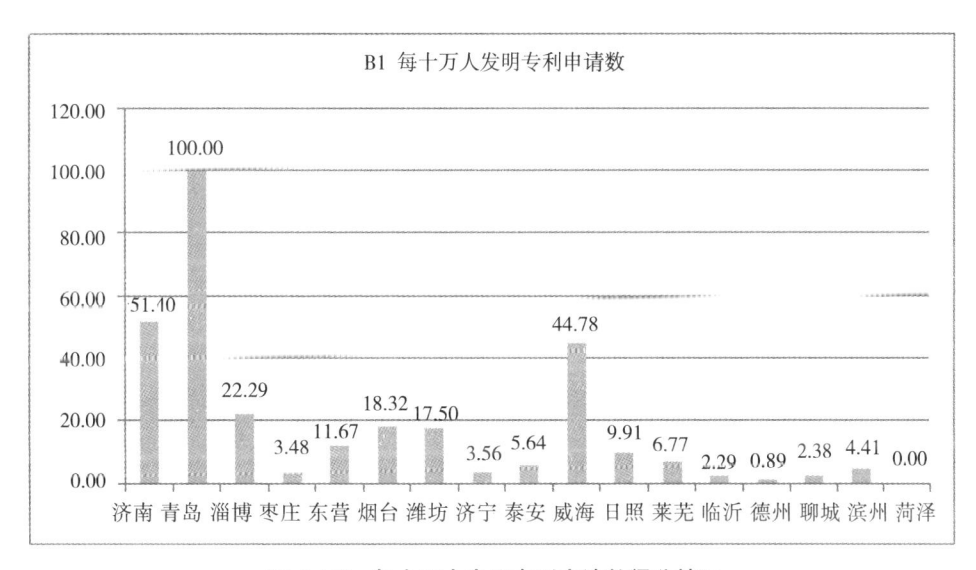

图6-23 每十万人发明专利申请数得分情况

7. 每十万人发明专利授权数

该指标用来衡量各市创新核心成果的产出结果。2018年各市每十万人发明专利授权数得分如图6-24所示，排名前五位的依次为青岛、济南、威海、淄博、莱芜，反映出这几个城市创新核心成果的产出在全省名列前茅。

2018年全省17地市在每十万人发明专利的申请数和授权数方面差距都比较大，说明山东省发明活动的活跃程度和创新核心成果的产出过于集中，存在较大的区域差异，落后城市进一步提高的空间很大。

B2 每十万人发明专利授权数

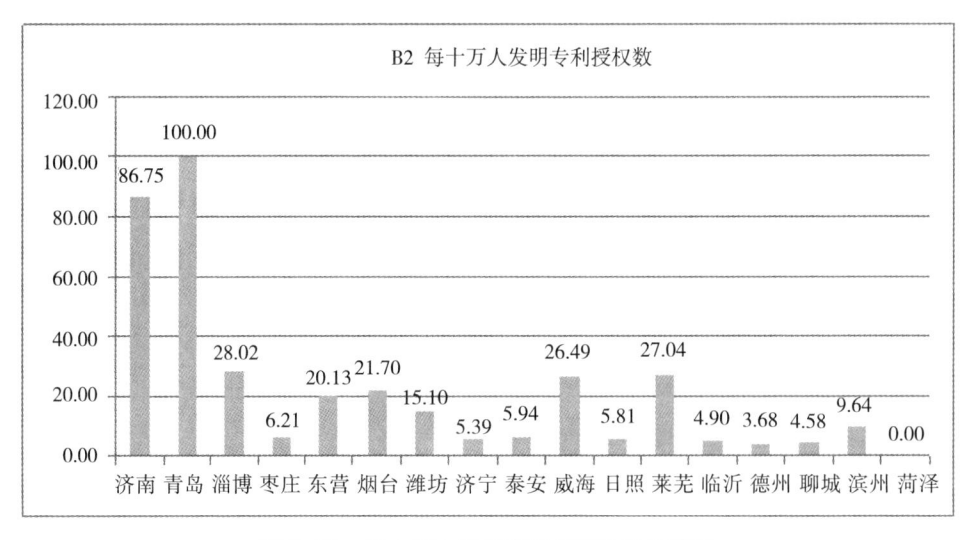

城市	得分
济南	86.75
青岛	100.00
淄博	28.02
枣庄	6.21
东营	20.13
烟台	21.70
潍坊	15.10
济宁	5.39
泰安	5.94
威海	26.49
日照	5.81
莱芜	27.04
临沂	4.90
德州	3.68
聊城	4.58
滨州	9.64
菏泽	0.00

图 6-24　每十万人发明专利授权数得分情况

8. 每名R&D人员产出的有效发明专利

有效发明专利是指仍处于有效期内的发明专利，该指标反映每名研发人员平均的有效发明专利量，用于衡量各市R&D人员的创新产出效率，按人均产出计算。

从数据上看，如图6-25所示，2018年山东省17地市该指标与每十万人发明专利的申请数和授权数排名有较大变化，排在首位的是淄博市，随后是莱芜、威海、潍坊、临沂。菏泽该项指标在全省排名最后，是其知识创造一级指标排名在全省比较靠后的主要原因。总体而言，该指标在全省各市的分布相对而言比较均匀，大多数城市之间的差距较小。

B3 每名R&D人员产出的有效发明专利

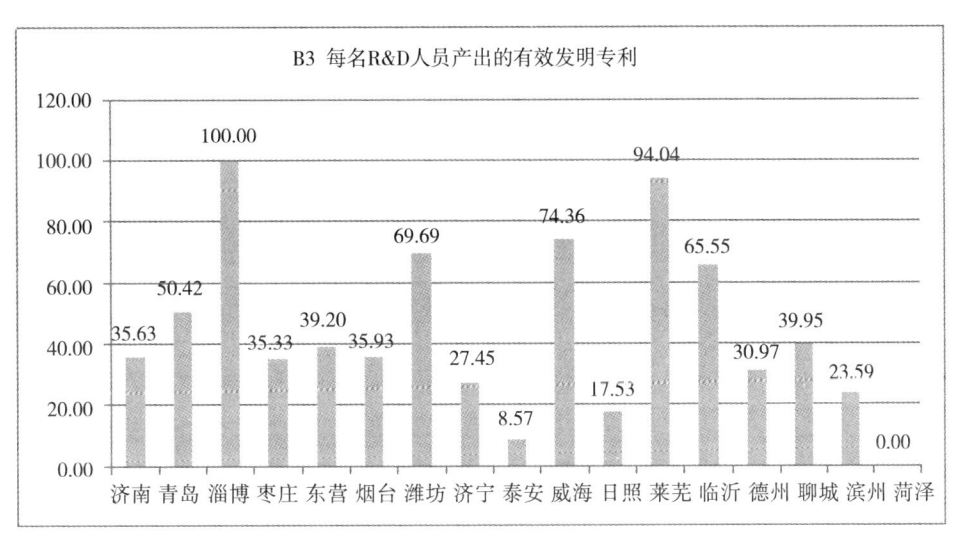

城市	得分
济南	35.63
青岛	50.42
淄博	100.00
枣庄	35.33
东营	39.20
烟台	35.93
潍坊	69.69
济宁	27.45
泰安	8.57
威海	74.36
日照	17.53
莱芜	94.04
临沂	65.55
德州	30.97
聊城	39.95
滨州	23.59
菏泽	0.00

图 6-25　每名 R&D 人员产出的有效发明专利得分情况

9. 每名 R&D 人员产出的科技论文和著作指数

该指标是指平均每位研发人员发表的科技论文和著作数，用来衡量研发人员科技论文和著作产出的效率。

如图 6-26 所示，2018 年山东省该项指标排名中，东营、济南、青岛、泰安、聊城五市排在前列。从统计数据上看，济南、东营、青岛表现比较突出，与其他城市差距相对较大；除此之外的其他市之间差距并不太大，反映了全省研发人员在科技论文和著作方面产出效率较为均衡。总体来说，全省各市该项指标的提升空间仍很大。

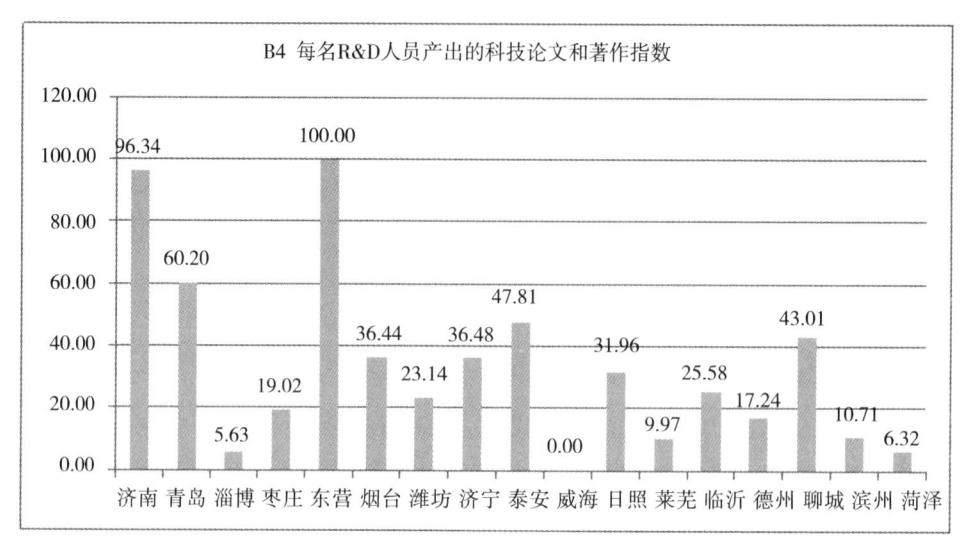

图 6-26 每名 R&D 人员产出的科技论文和著作指数得分情况

10. R&D 经费外部支出与 GDP 的比值

该指标衡量各市研发经费对外部投入的强度，用来反映各市科技创新活动时的对外合作情况。

如图 6-27 所示，2018 年山东省 17 地市该项指标位列前三的城市分别是青岛、潍坊、东营。值得注意的是，菏泽市尽管在其他指标中表现不佳，但对外科技合作很主动，体现了其对外来科技创新成果的紧迫性需求和其创新活动的特点，即重视对外合作和引进外来技术、成果，这同其内部创新活动活力不足密切相关。

11. 规模以上工业企业 R&D 经费外部支出占其销售产值的比重

该项指标用来衡量各市规模以上工业企业研发经费对外部单位投入的强度，用来反映各市企业科技创新活动时的对外合作情况。

如图 6-28 所示，2018 年该项指标排名中青岛、济南、潍坊名列前三。菏泽和枣庄在科技合作的该项二级指标中表现良好，体现了两市企业对开展对外科技合作、引入外来技术和科研成果的重视。

总体来看，各个城市规模以上工业企业 R&D 经费外部支出占规模以上工业企业销售产值的比重均不算高，只有青岛市超过了 1‰。

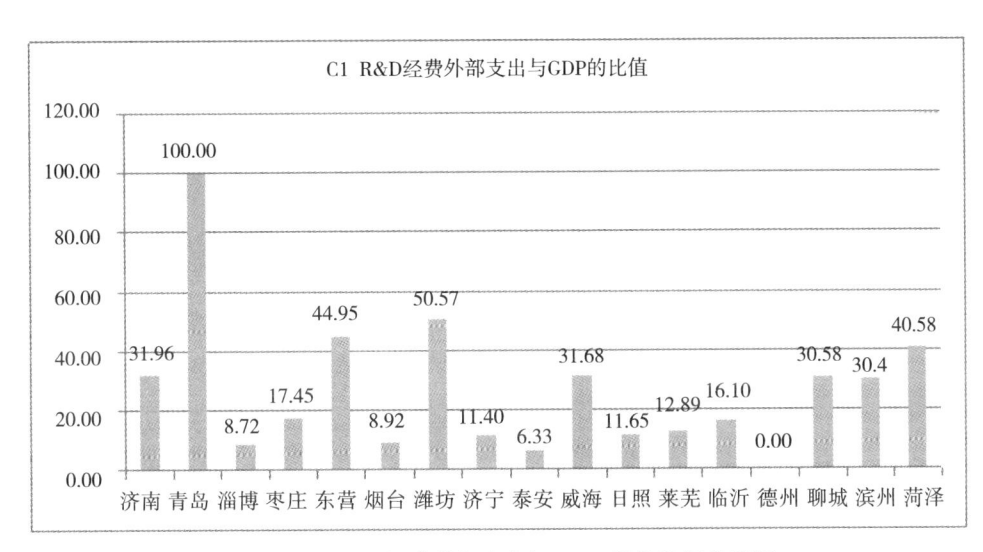

图 6-27 R&D 经费外部支出与 GDP 的比值得分情况

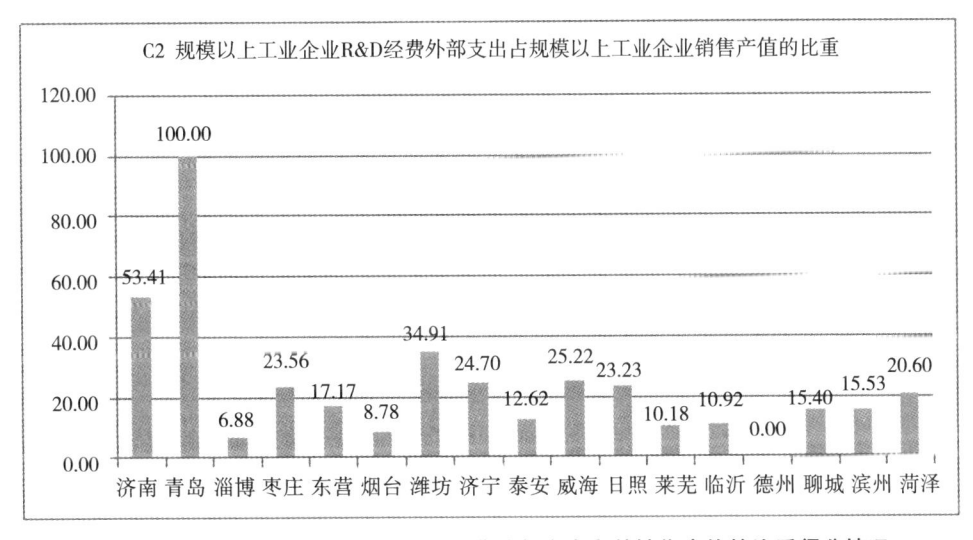

图 6-28 规模以上工业企业 R&D 经费外部支出占其销售产值的比重得分情况

12. 实际使用外资金额

外商直接投资是外国企业和经济组织或个人（包括华侨、港澳台同胞以及中国在境外注册的企业）按中国有关政策、法规，用现汇、实物、技术等在中国直接投资的行为[①]，反映了对技术、资本、设备和人才引进来的开放合作状况。

如图6-29、图6-30所示，2018年该项指标排名中青岛、烟台、济南名列前三。青岛利用外资占到全省的44.22%，充分利用了外资和技术交易带来的知识溢出效应，有力发挥出山东半岛蓝色经济区核心城市的带动作用。

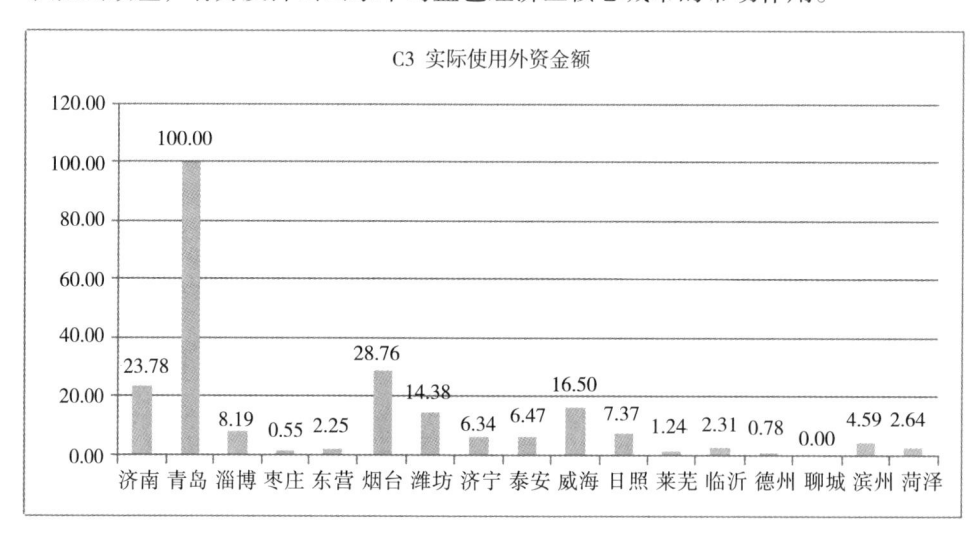

图6-29 实际使用外资金额得分情况

---

① 耿菁. 人民币汇率变动影响因素的实证分析[J]. 今日财富：中国知识产权，2020.07.

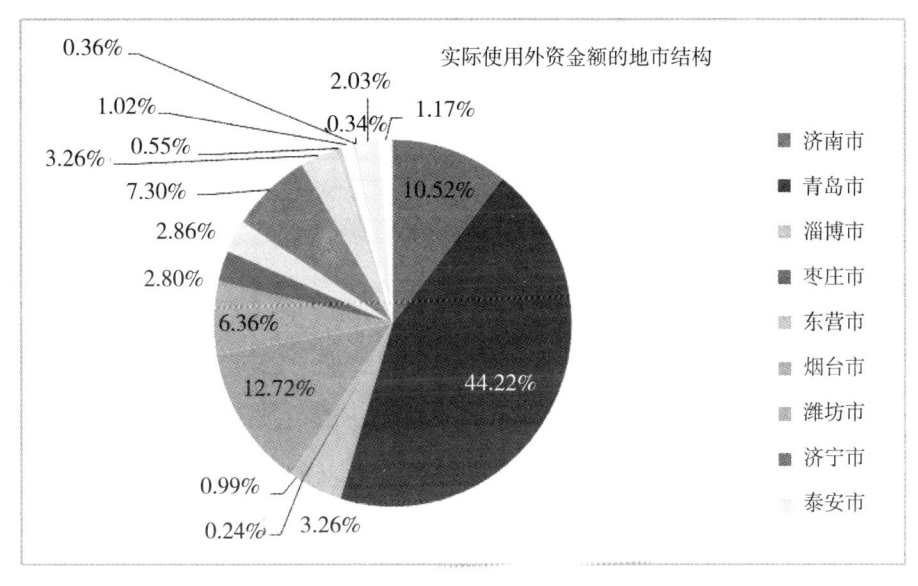

第六章 山东新旧动能转换综合试验区发展评价

图 6-30 实际使用外资金额的地市结构

13. 对外直接投资额

对外直接投资是一国投资者为取得国外企业经营管理上的有效控制权而输出资本、设备、技术和管理技能等无形资产的经济行为，体现了"走出去"的开放合作状况。

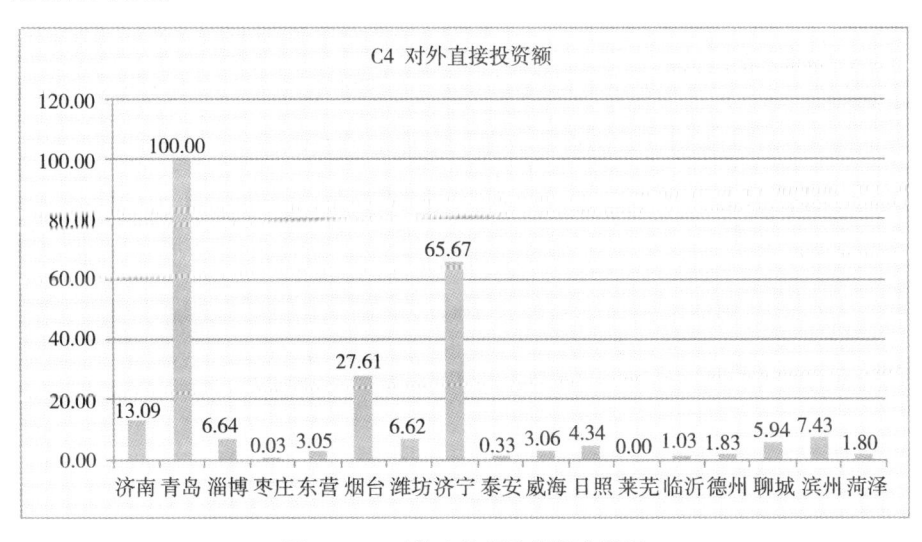

图 6-31 对外直接投资额得分情况

如图6-31、图6-32所示，青岛、济宁和烟台占据前3位，并遥遥领先于其他地市。莱芜、泰安和枣庄的对外直接投资水平不高，这同这些城市自身产业竞争力不强、资本和人才缺乏等因素相关。

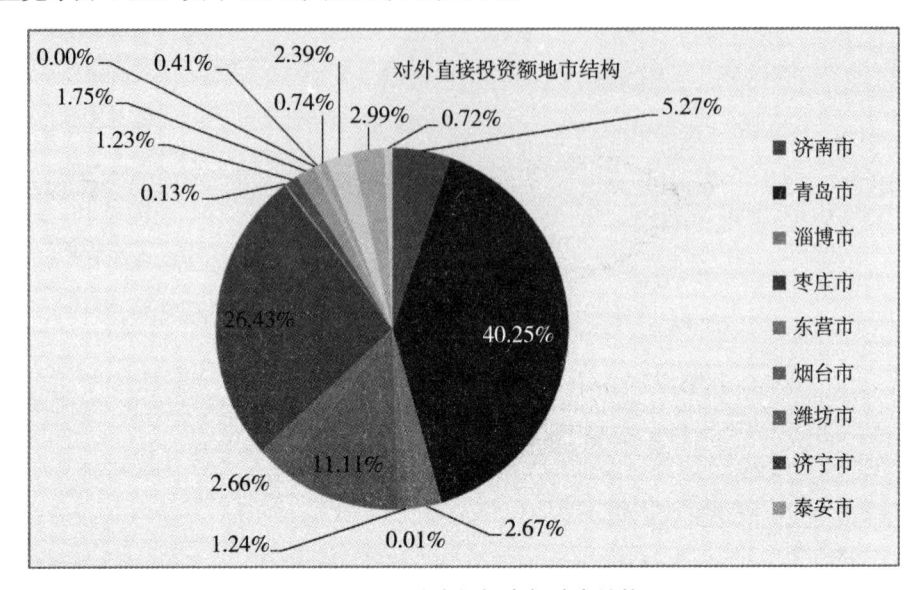

图6-32 对外直接投资额地市结构

14. 规模以上工业企业新产品销售收入占规模工业企业销售产值的比重

该指标反映了各个城市规模以上工业企业新产品销售收入占本市销售产值总量的比例，用来衡量企业新产品在国际市场上的竞争力。

从统计数据上看（见图6-33），全省17地市分为三个梯队。济南、青岛、烟台、滨州、莱芜、济宁、潍坊和日照得分较高，规模以上工业企业新产品销售收入占各市销售产值的比例均超过10%；占比在5%以下的城市只有3个，分别是临沂、枣庄、德州；其他地市则介于5%~10%之间。

D1 规模以上工业企业新产品销售收入占规模以上工业企业销售产值的比重

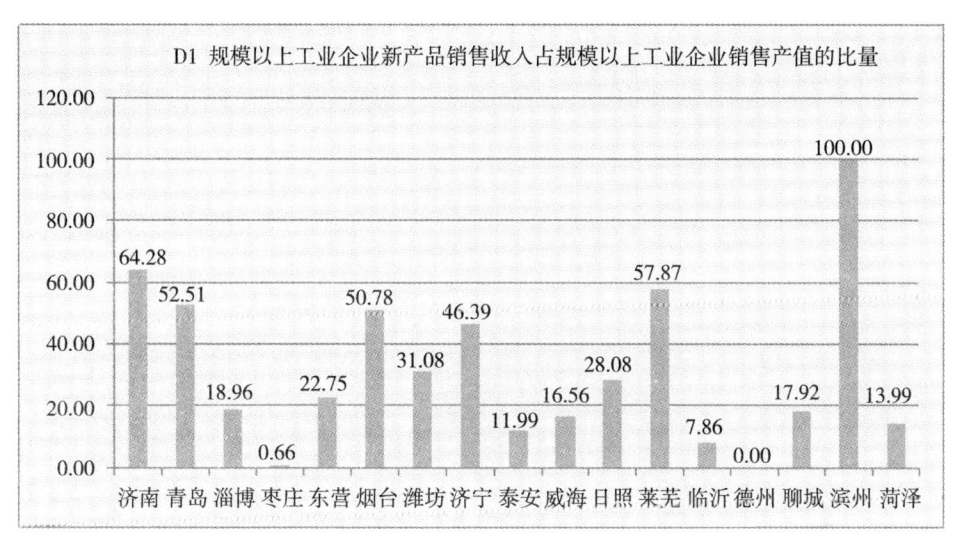

图6-33 规模以上工业企业新产品销售收入占销售产值的比重得分情况

15. 规模以上工业企业R&D经费内部支出占规模以上工业企业销售产值的比重

该指标用来衡量各市规模以上工业企业新产品研发的投入强度。

如图6-34所示，2018年山东省17地市在该项指标排名中靠前的为济南、青岛、济宁、泰安。从统计数据上看，各市规模以上工业企业R&D经费内部支出占规模以上工业企业销售产值的比重均低于2%，反映了全省各市规模以上工业企业在新产品研发方面的投入强度均不高，仍旧有很大的提高空间。

16. 规模以上工业企业全时R&D人员占职工总人数的比例

该指标是指规模以上工业企业中研发人员数量占企业职工总数的比例，体现了企业职工的结构以及企业从事研发活动的人力资源情况。

如图6-35所示，2018年山东省17地市中，济南、青岛、滨州、莱芜和淄博排在前5位，规模以上工业企业中研发人员数量占比较高。从全省的总体情况来看，济南市该项指标远远高于其他市，为排名第二的青岛市的近2倍；其他城市之间差距略小。反映了山东省企业研发人员地域分布不均,多集中于省会城市,其他城市对人才的吸引力有待提升,应重视各种人才政策的出台、实施,提高企业自身对人才的聚集能力。

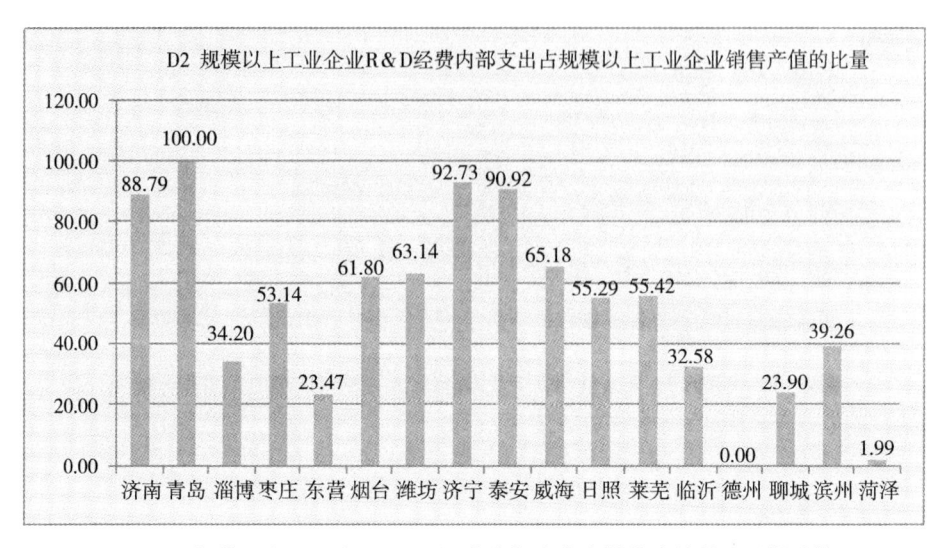

图 6-34 规模以上工业企业 R&D 经费内部支出占销售产值的比重得分情况

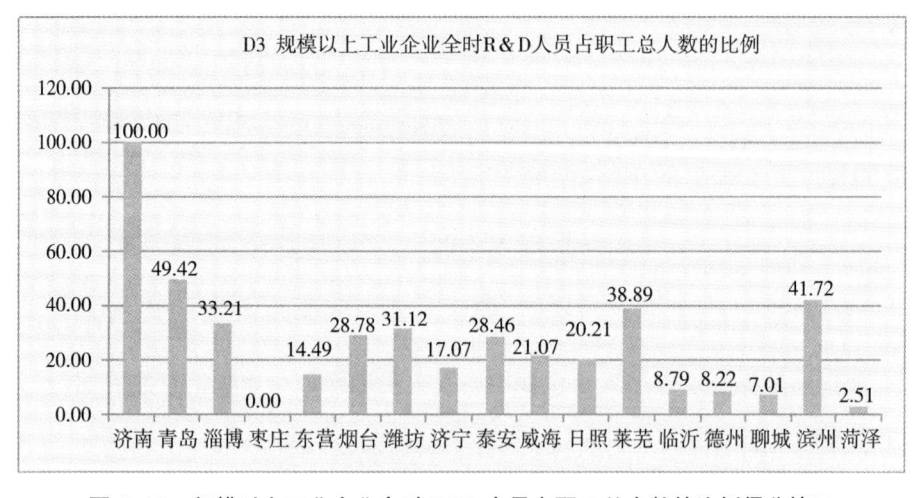

图 6-35 规模以上工业企业全时 R&D 人员占职工总人数的比例得分情况

17. 电子商务采购额 /GDP

电子商务采购是在电子商务环境下的采购模式,也就是网上采购。通过建立电子商务交易平台，发布采购信息，或主动在网上寻找供应商、寻找产品，然后通过网上洽谈、比价、网上竞价实现网上订货，甚至网上支付货款，最后通过网下的物流过程进行货物配送，完成整个交易过程，体现了企业在产业链上对上游企业的垂直性电子商务水平。

如图 6-36 所示，2018 年，济南、青岛、淄博、烟台和济宁分列前 5 位，枣庄、莱芜和泰安则处于低水平上。

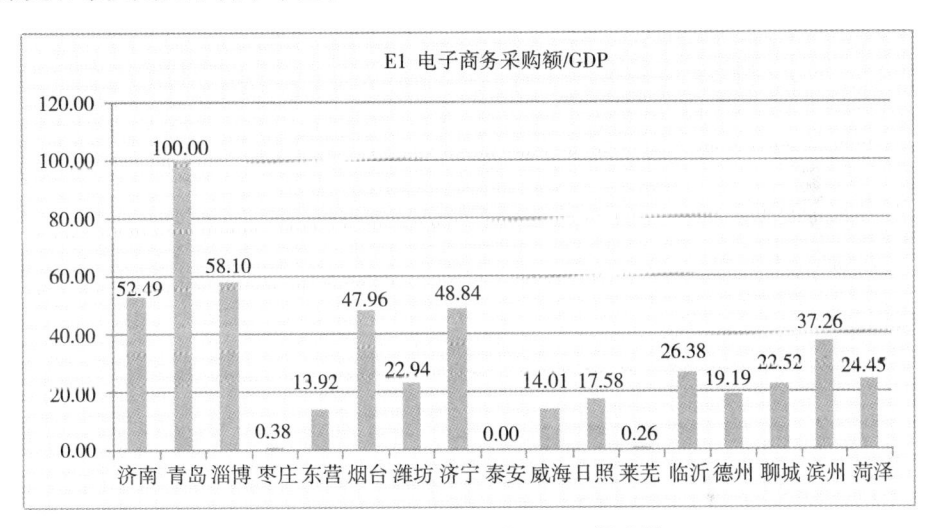

图 6-36 电子商务采购额/GDP 得分情况

18. 电子商务销售额/GDP

电子商务销售是在电子商务环境下的销售模式，也就是网上销售，包括 B2B、B2C 等销售模式。

如图 6-37 所示，2018 年同电子商务采购额一样，青岛、济南、淄博、烟台和济宁居于前 5 位，这些城市的企业在产业链上对下游企业的垂直电子商务化水平较高。除枣庄、莱芜和泰安外，临沂的电子商务销售强度也较低，这些城市产业层面的网络经济发展水平较为滞后，对新旧动能转换带来不利影响。

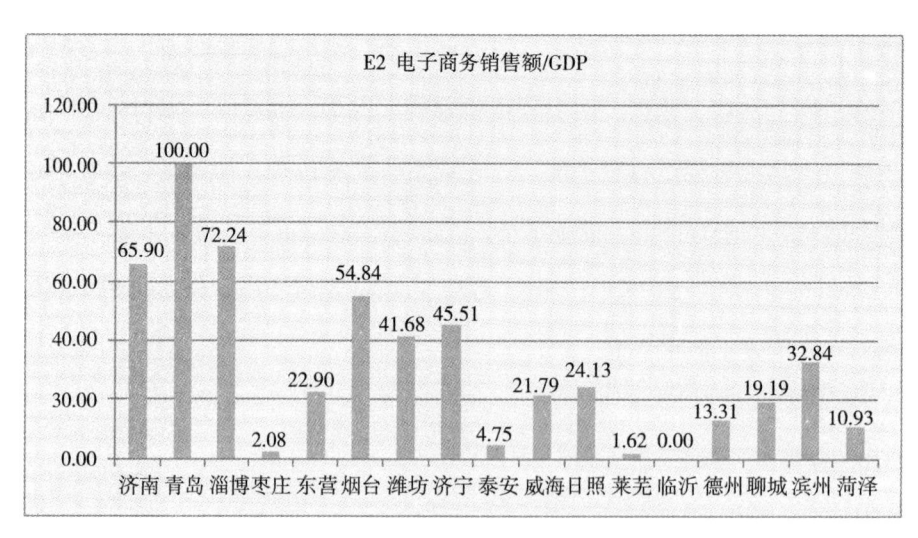

图 6-37　电子商务销售额/GDP 得分情况

19. 信息传输、软件和信息技术服务业，科学研究和技术服务业合计占总额的比例

该指标是用信息传输、软件和信息技术服务业以及科学研究和技术服务业代表与信息和科技创新相关的服务行业[①]，用这些行业的工资额合计占全部行业工资总额的比重反映其收入水平，以及在全行业工资收入中所在的层阶，用来衡量各市信息和科技方面的代表性新兴服务行业发展情况。

如图 6-38 所示，2018 年山东省各市该指标得分分布差距非常大，只有济南市一枝独秀，其他市信息和科技服务业工资收入普遍不高，反映了山东省与科技创新和信息技术相关的第三产业发展不足，服务业层面的新经济发展水平需要进一步提升。

---

① "十三五"期间吸收外资有望达 6900 亿美元[N]. 中国经济周刊, 2020-11-15.

E3 信息传输、软件和信息技术服务业，科学研究和技术服务业合计占总额的比例

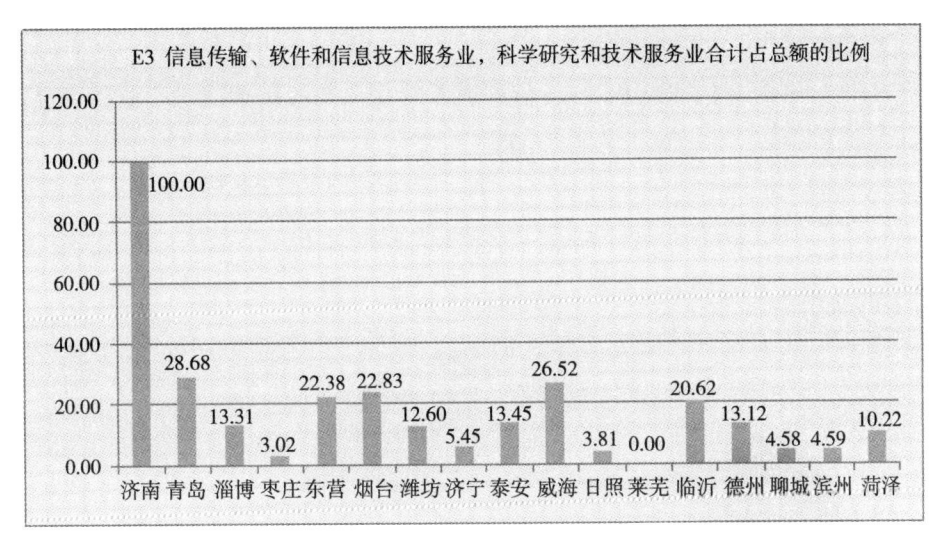

济南 100.00　青岛 28.68　淄博 13.31　枣庄 3.02　东营 22.38　烟台 22.83　潍坊 12.60　济宁 5.45　泰安 13.45　威海 26.52　日照 3.81　莱芜 0.00　临沂 20.62　德州 13.12　聊城 4.58　滨州 4.59　菏泽 10.22

图6-38 信息传输、软件和信息技术服务业，科学研究和技术服务业合计占总额的比例得分情况

20. 高新技术产业产值

该指标用来衡量各市高新技术产业发展状况。

F1 高新技术产业产值

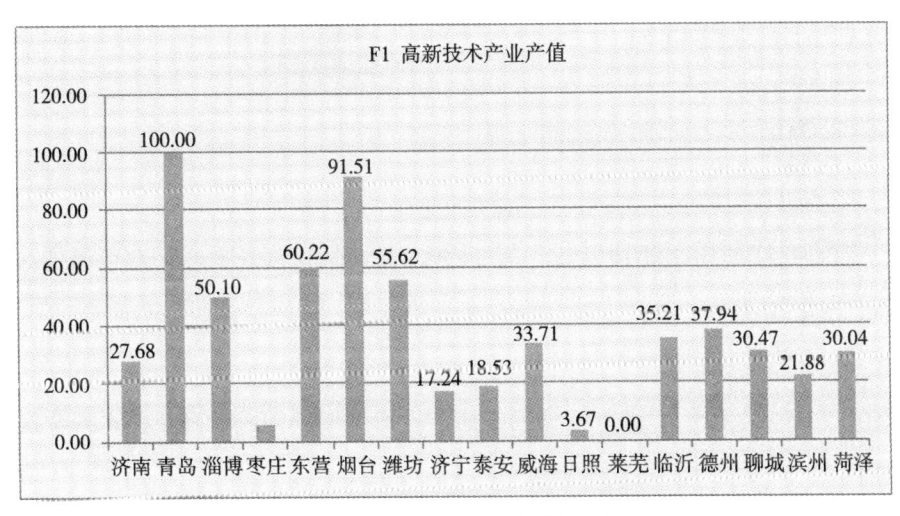

济南 27.68　青岛 100.00　淄博 50.10　枣庄 —　东营 60.22　烟台 91.51　潍坊 55.62　济宁 17.24　泰安 18.53　威海 33.71　日照 3.67　莱芜 0.00　临沂 35.21　德州 37.94　聊城 30.47　滨州 21.88　菏泽 30.04

图6-39 高新技术产业产值得分情况

从统计数据来看（见图6-39、图6-40），2018年山东省各市高新技术产业产值青岛市位列第一，占全省高新技术产业产值的15%；烟台市紧随其后，

占全省高新技术产业产值的14%；东营、潍坊、淄博三市高新技术产业产值在全省占比分别为9%、9%和8%。位列前五的几个城市高新技术产业产值合计超过全省总量的一半，约占全省的55%。

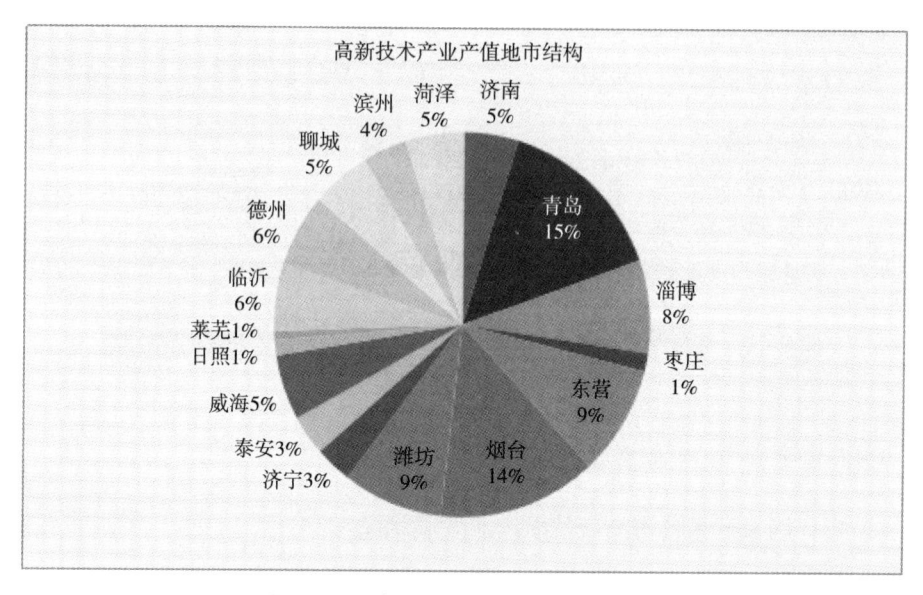

图6-40 高新技术产业产值地市结构

21.高新技术产业产值增长率

该指标反映了各市高新技术产业产值与去年相比的增长情况。

如图6-41所示，2018年山东省17地市中日照市高新技术产业产值增长率最高，达到20.41%；全省超过10%的市共有4个，除日照外还包括德州、莱芜、临沂。全省高新技术产业产值增长率不足5%的市有5个，泰安则出现了5.91%的负增长，反映了该市2018年高新技术产业产值增长回退，高新技术产业发展动能不足，产业结构亟待转型升级。

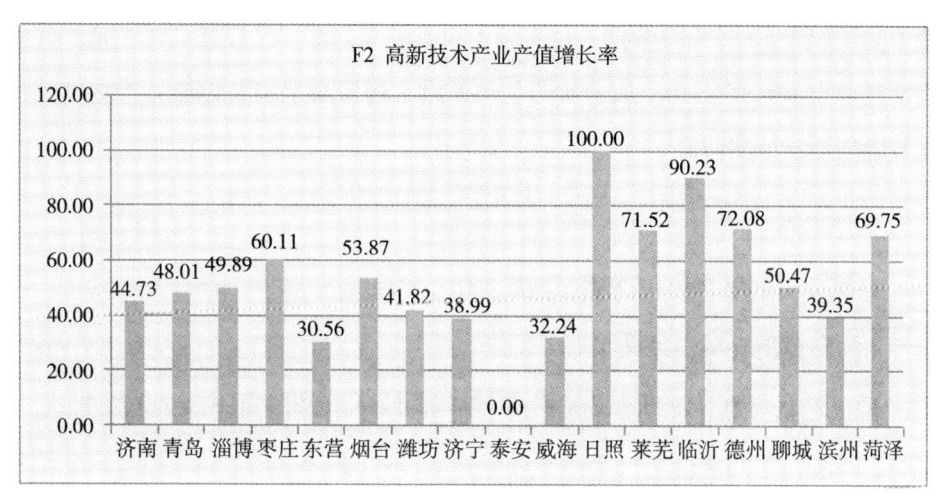

图 6-41 高新技术产业产值增长率得分情况

22. 高新技术产业产值占规模以上工业总产值的比重

该指标用来衡量各市产业结构和高新技术产业发展状况。

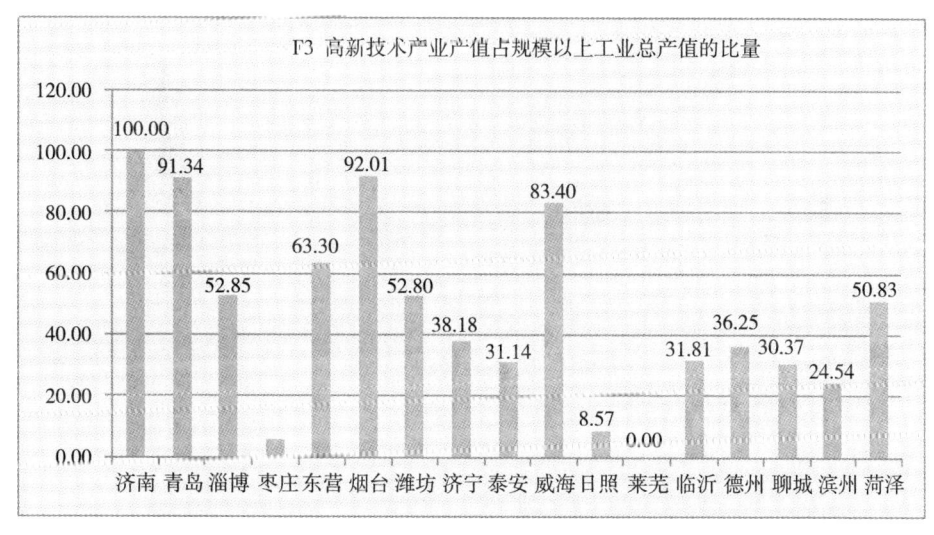

图 6-42 高新技术产业产值占规模以上工业总产值的比重得分情况

2018年各市高新技术产业产值占规模以上工业总产值的比重如图 6-42 所示，排名前 5 位的依次为济南、烟台、青岛、威海、东营。排名靠前的几个城市之间差距不明显，但和排名靠后的几个城市之间差距较大，其中济南市和莱芜市之间相差20多个百分点,反映了山东省各市之间产业结构的不平衡,高新技术产业发展水平不一。从全省的范围来看,经济布局有待调整,产业结构优化升级的进步空间很大。

23.每吨标准煤产出GDP

该指标用来反映单位能源创造的GDP,衡量各市技术创新与发展动能转换所带来的资源消耗减少的效果。

2018年各市每吨标准煤产出GDP如图6-43所示,排名前5位的依次为烟台、青岛、威海、东营和济南。其中东营同青岛、威海每吨标准煤产出GDP基本相同,反映了三市在技术创新的成果转化和降低资源消耗方面取得了较好的成效;莱芜、日照等市该项指标排名靠后,反映出其技术创新对减少资源消耗的成效有所不足。从全省范围来看,17地市中该项指标两端差距较大,每吨标准煤产出GDP数值最大差距超过1万元/吨标准煤,中间部分则较为均匀。

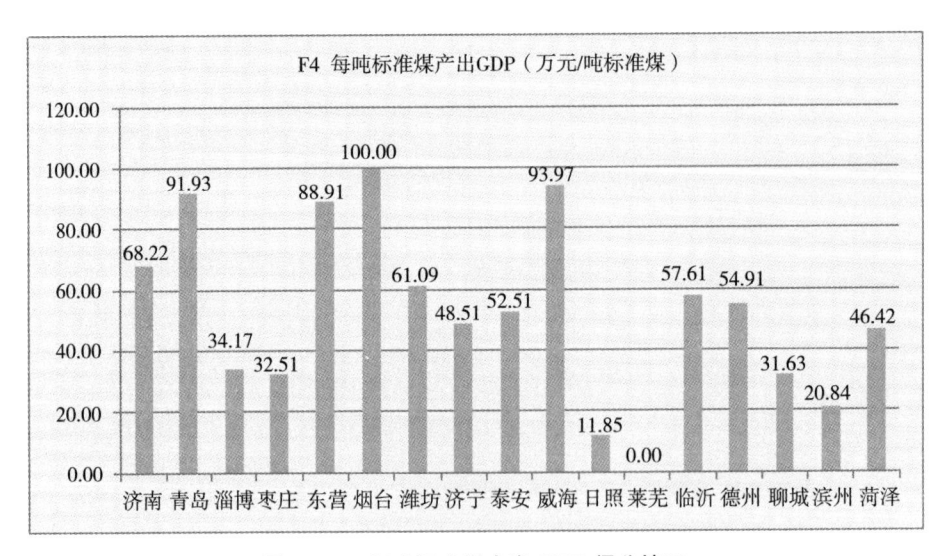

图6-43 每吨标准煤产出GDP得分情况

24. 年度山东名牌产品

为提高全省整体质量水平，增强山东品牌国际国内市场竞争力，推进实施品牌战略，规范山东名牌的认定管理工作，山东省认定山东名牌产品和山东省服务名牌。山东名牌产品是指本省行政区域内的农业、工业等经济组织生产的品质优良、市场占有率和顾客满意度高、质量信用好、经济效益显著、发展前景广阔的产品。

如图 6-44 所示，2018 年，青岛、潍坊、泰安和济南认定的山东名牌产品数量居于全省前 4 位，都超过 20 个。东营、莱芜和聊城的数量较少，需进一步提升产品品质，以打造名牌优势，提升产品竞争力。

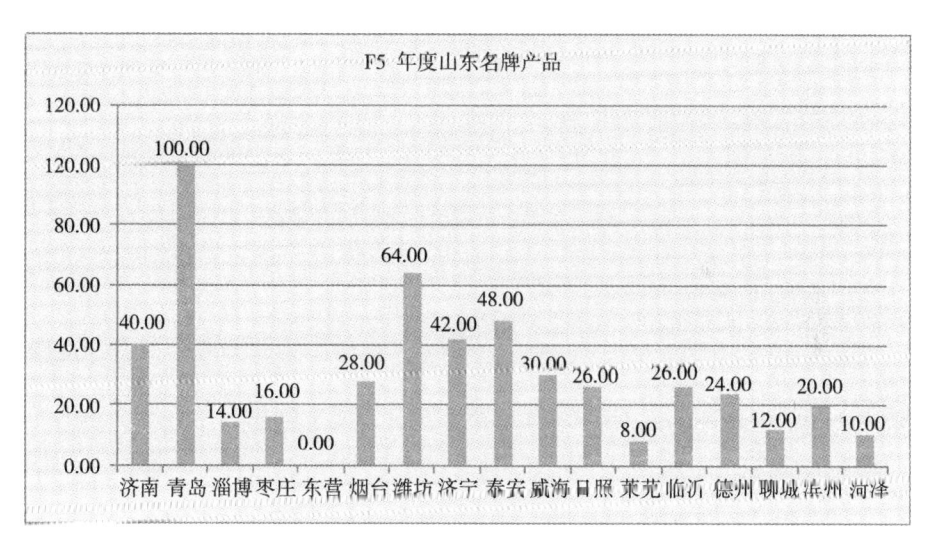

图 6-44 年度山东名牌产品得分情况

25. 年度山东省服务名牌

山东省服务名牌是指本省行政区域内服务方通过商品或劳务的服务过程为消费者提供的被社会各界普遍认可和肯定的优质服务，具有知名度高、信誉度高、忠诚度高的特点。

如图6-45所示，2018年青岛市的山东省服务品牌数量处于绝对优势，威海、潍坊、德州、济宁、烟台等名牌数量也在10个以上。聊城、莱芜和日照的山东省服务名牌则居于靠后的位置，这些城市不仅要重视发展现代服务业和新兴服务业，更需要重视服务质量，打造优质服务品牌。

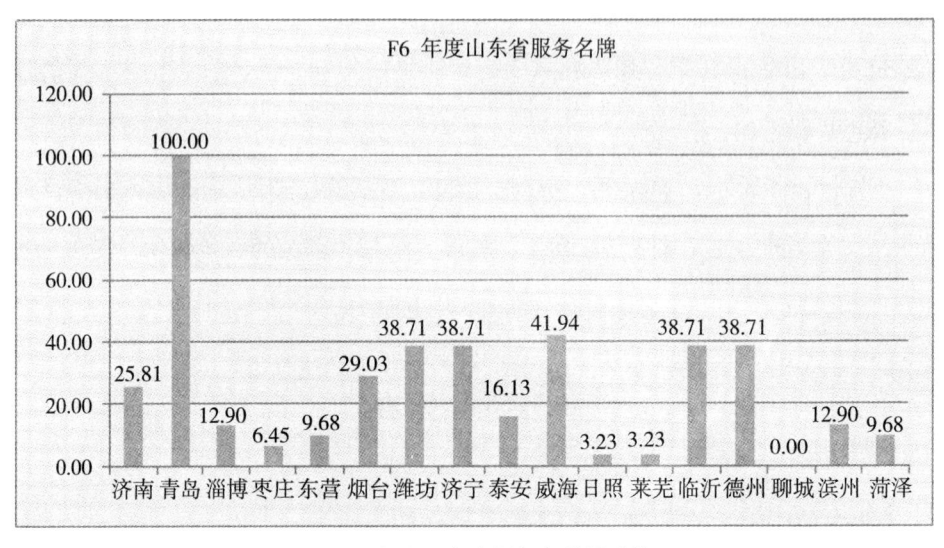

图6-45 年度山东省服务名牌得分情况

26.形成国家或行业标准数

形成国家或行业标准数是指没有国家标准而又需要在某个行业范围内统一技术要求所制定的标准，其数量集中反映了产业与企业竞争力及提质增效水平。

如图6-46所示，2018年，济南、青岛、东营、淄博和烟台排名前5位。枣庄、莱芜、菏泽和滨州排名较低，这些地市需要重视标准制定与形成能力对于提升企业和行业竞争力的重要作用。

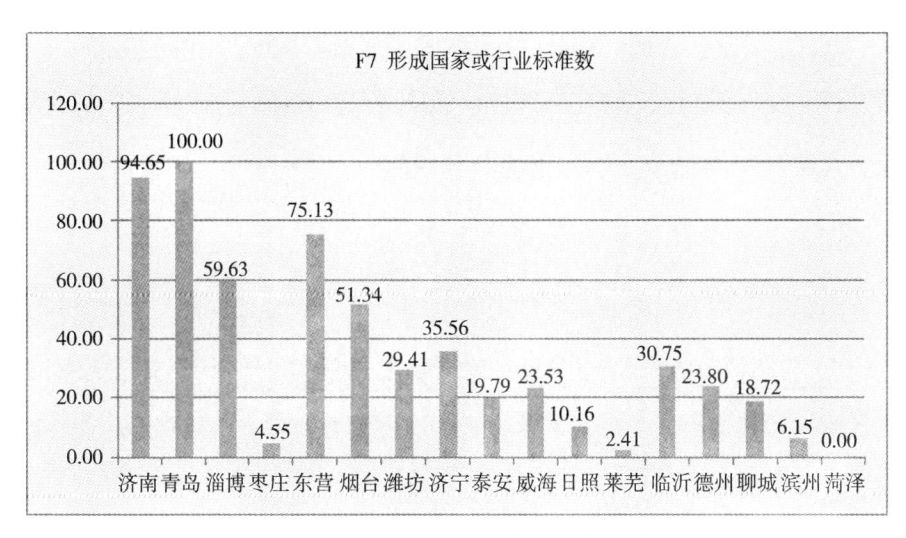

图 6-46　形成国家或行业标准数得分情况

27. 人均 GDP

人均 GDP 是用来衡量各市经济发展水平的指标，人均 GDP 在一定程度上影响各市新动能资源投入，以及新旧动能转换相关政策的制定和调整，本节将其作为评价新旧动能转换保障绩效的二级指标。

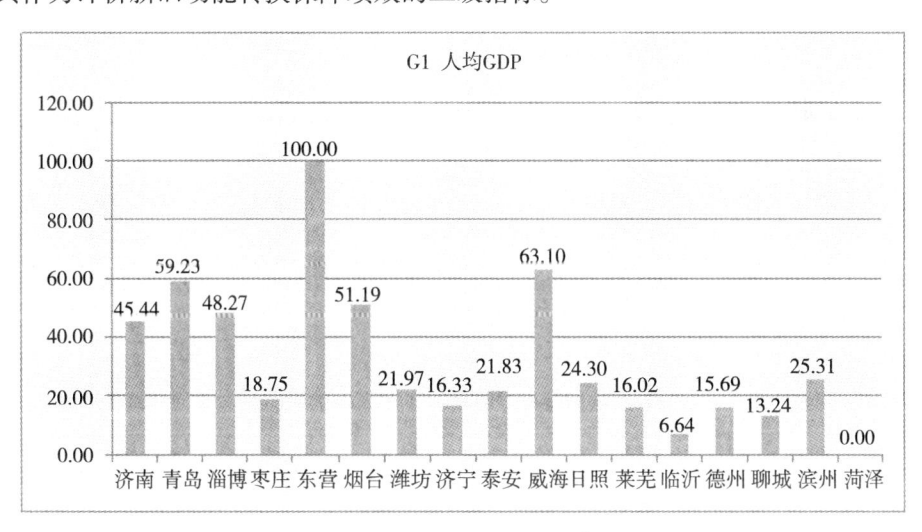

图 6-47　人均 GDP 得分情况

如图 6-47 所示，2018 年山东省 17 地市人均 GDP 排名靠前的城市依次为东营、威海、青岛、淄博、烟台。其中，东营人均GDP远远超过其他城市，决定了其具备良好的创新创业环境和较好的社会经济基础。除了排名靠前的几个城市，其他城市之间差距不大，得分比较均衡。

28. 一般公共预算收入占GDP比重

一般公共预算收入是指地方财政上划完中央、省级财政收入之后地方留成部分收入，包括税收收入、行政事业性收费收入、国有资源（资产）有偿使用收入、转移性收入和其他收入，反映了政府调动资源能力和对于实施新旧动能转换工程的直接性保障能力。

如图6-48所示，2018年，菏泽、临沂、青岛、济宁和莱芜居于前5位，都在10%以上。最低的为东营，不足8%。公共预算水平不足对于城市发展基础设施完善升级和政策保障都会带来一定制约作用。

G2 一般公共预算收入占GDP比重

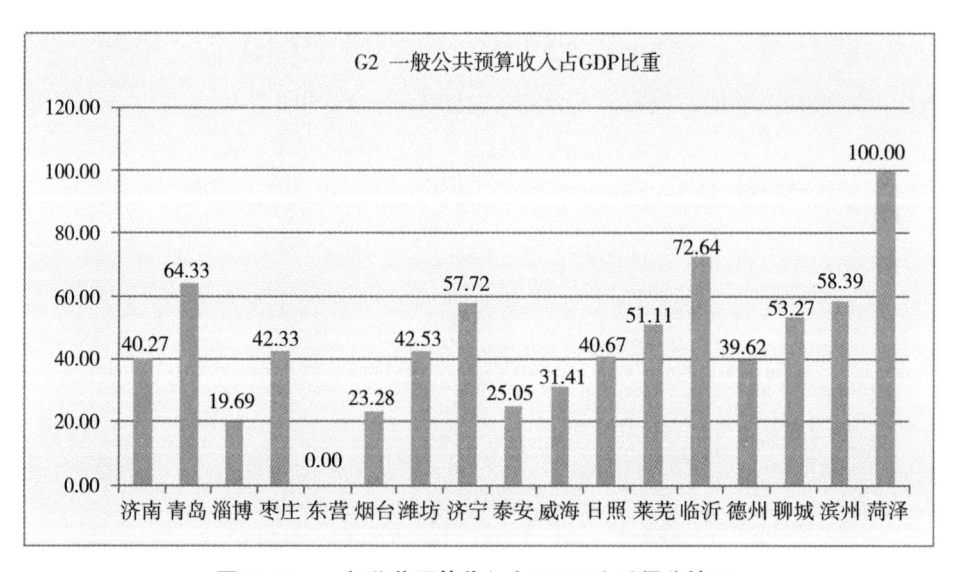

城市	得分
济南	40.27
青岛	64.33
淄博	19.69
枣庄	42.33
东营	0.00
烟台	23.28
潍坊	42.53
济宁	57.72
泰安	25.05
威海	31.41
日照	40.67
莱芜	51.11
临沂	72.64
德州	39.62
聊城	53.27
滨州	58.39
菏泽	100.00

图6-48 一般公共预算收入占GDP比重得分情况

29. 政府科技支出占政府财政总支出的比例

该指标用来反映各市政府在科技方面资金投入的力度和强度。

2018年各市政府科技支出占政府财政总支出的比例如图6-49所示，排名前5位的依次为威海、烟台、淄博、莱芜、潍坊。其中，威海和烟台政府科技支出在政府财政总支出的占比遥遥领先，是唯一两个高于3个百分点的城市。全省政府科技支出在政府财政总支出的占比低于2%的城市共有12个，反映了全省在科技方面资金投入的力度和强度普遍不高，新旧动能转换的政府科技创新资金支持后劲不足。

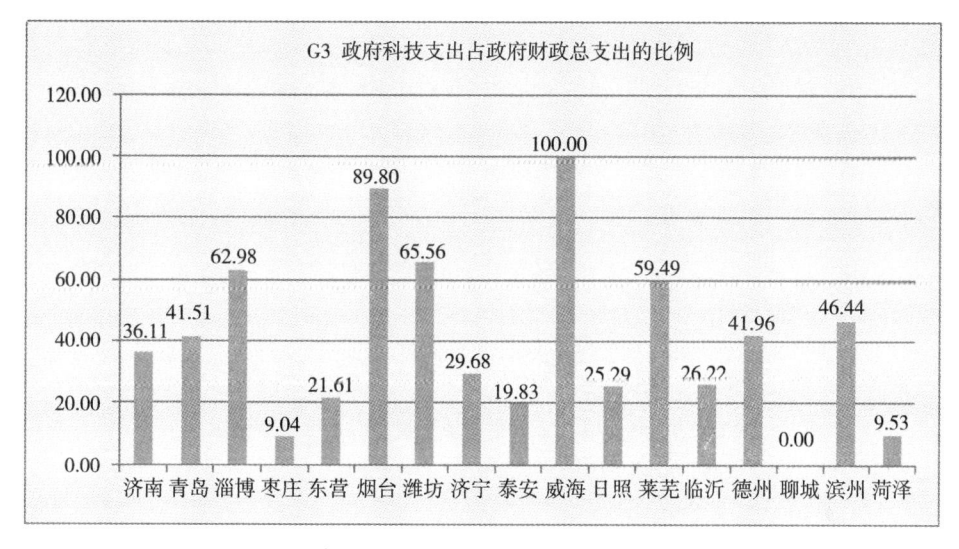

图6-49 政府科技支出占政府财政总支出的比例得分情况

30. 规模以上工业企业减免税总额占规模以上工业企业销售产值的比重

该指标用来衡量各市政府对规模以上工业企业创新支持的力度。

如图6-50所示，2018年各市该项指标排名中，前5位依次为济南、青岛、威海、烟台、潍坊。其中，济南和青岛比较突出，潍坊和烟台与前两个城市差距较大。从全省来看，除了济南和青岛规模以上工业企业减免税总额占规模以上工业企业销售产值的比重超过1‰外，其他城市均远低于1‰，个别城市低于0.1‰。反映出各市政府对规模以上工业企业创新支持的力度不够，企业科技创新的政府财政环境需进一步优化。

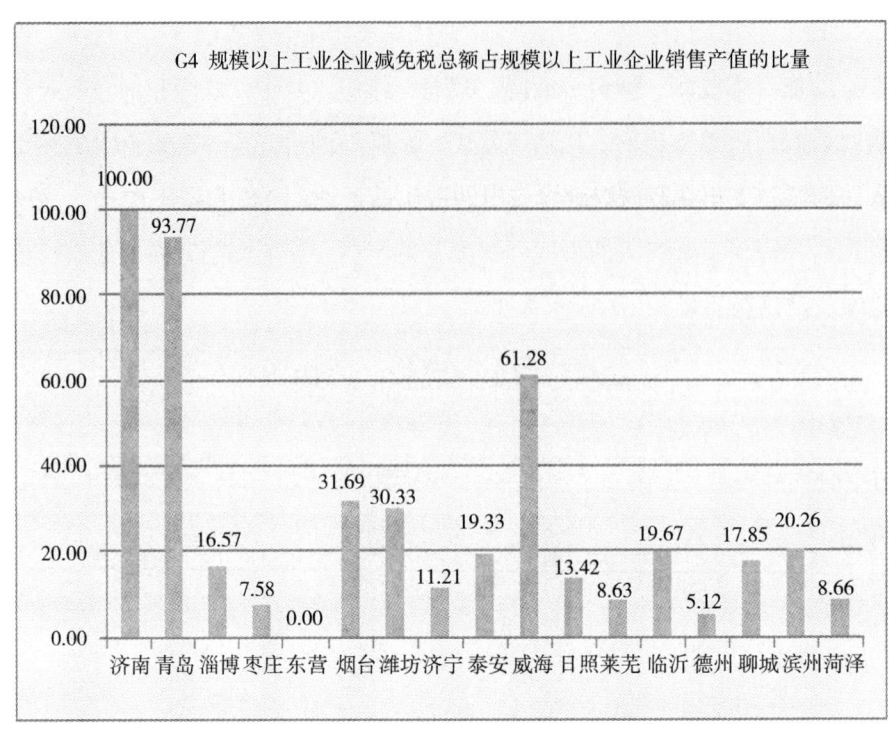

图 6-50　规模以上工业企业减免税总额占比得分情况

第四节　山东新旧动能转换综合试验区评价指标排名变化分析

一、综合指标排名变化分析

如表 6-32 所示，2018 年山东省新旧动能发展水平综合指标排名较 2017 年变化不大，大多数城市与上年排名持平。变化最大的是日照市，全省排名第 13，比上年上升 3 位。其他与上年相比略有上升的城市有淄博（排名第 6）、威海（排名第 4）、日照（排名第 13）、莱芜（排名第 14），均比上年上升 1~3 个名次。排名略有下降的城市有东营（排名第 8）、潍坊（排名第 5）、德州（排名第 15），均比上年下降 1~2 个名次。

表 6-32　2017—2018 年山东省各市新旧动能发展水平排名变化（总得分）

地市	2018 年排名	2017 年排名	变化
济南	2	2	—
青岛	1	1	—
淄博	6	8	↑2
枣庄	17	17	—
东营	8	6	↓2
烟台	3	3	—
潍坊	5	4	↓1
济宁	7	7	—
泰安	11	11	—
威海	4	5	↑1
日照	13	16	3
莱芜	14	15	↑1
临沂	9	9	—
德州	15	13	↓2
聊城	12	12	—
滨州	10	10	—
菏泽	16	14	↓2

日照虽然网络与新经济绩效由第 7 位下降到第 14 位，转换保障绩效由第

12 位下降到第 13 位，下降 1 位，但是多项指标排序上升：资源集聚绩效由第 15 位上升为第 13 位，上升 2 位；知识创造绩效由第 17 位上升为第 13 位，上升 4 位；创新驱动绩效由第 11 位上升到第 9 位，上升 2 位。多项分绩效的提升促成了综合绩效位次的上升。

东营排名下降较大的原因在于其除知识创造绩效指标由 2017 年的第 8 位上升到第 3 位，开放合作绩效由 2017 年第 10 位上升到第 7 位，转型升级绩效指标由第 13 位上升到第 11 位外，资源集聚绩效由 2017 年的第 7 位下降到第 9 位，网络与新经济绩效由第 3 位大幅下降到第 9 位，转换保障绩效由第 9 位降到第 10 位。2018 年东营市新旧动能转换绩效二级指标中有 4 项全省最低，使得其综合指标排名下降。

潍坊虽然转换保障绩效由第 6 位到第 5 位，上升 1 位；但是资源集聚绩效由第 3 位到第 4 位、下降 1 位，知识创造绩效由第 5 位到第 7 位、下降 2 位，开放合作绩效由第 2 位到第 4 位、下降 2 位，创新驱动绩效由第 7 位到第 8 位、下降 1 位，网络与新经济绩效由第 5 位到第 6 位、下降 1 位。多项指标的下滑造成潍坊综合转换绩效下降了 1 位。

德州资源集聚绩效由第 14 位到第 16 位，知识创造绩效由第 13 位到第 15 位，网络与新经济绩效由第 14 位到第 12 位，转型升级绩效由第 11 位到第 13 位，转换保障绩效由第 11 位到第 14 位。德州大部分一级指标的下降造成其综合转换绩效大幅度下滑。

二、一级指标排名变化分析

本节采用了资源集聚绩效、知识创造绩效、开放合作绩效、创新驱动绩效、网络与新经济绩效、转型升级绩效和转换保障绩效 7 个一级指标，以及 30 个二级指标对山东省区域新旧动能发展水平进行评价分析，下面将分别从 7 个一级指标的角度对 2017—2018 年山东省 17 地市的新旧动能发展水平变化情况进行分析。

1. 资源集聚绩效（A）

如表6-33所示，2017—2018年资源集聚绩效指标变化最大的是泰安市，排名下降4位；威海、临沂分别上升4位，东营、淄博、德州和滨州分别下降2位；再次是日照和烟台，排名上升2位。其他变化较小的城市有：枣庄、菏泽排名上升1位，烟台排名上升1位，潍坊、济宁下降1位。

泰安资源集聚绩效指标2018年下降幅度较大的原因在于其R&D经费增长率有较大幅度的降低，从全省排名第7位下降到第12位，同时R&D人员中较高层次人才指数所占比例也下降了5个名次，从第6位降到第11位。

临沂排名上升幅度较大的原因在于R&D人员中较高层次人才指数所占比例上升了5位，从第10位上升到第5位，反映了临沂市科研人员素质的提升。

表6-33 2017—2018年山东省各市资源集聚绩效排名变化

地市	2018年排名	2017年排名	变化
济南	2	2	—
青岛	1	1	—
淄博	10	8	↓2
枣庄	15	16	↑1
东营	9	7	↓2
烟台	3	5	↑2
潍坊	4	3	↓1
济宁	7	6	↓1
泰安	8	4	↓4
威海	6	10	↑4
日照	13	15	↑2

续表

地市	2018年排名	2017年排名	变化
莱芜	17	17	-
临沂	5	9	↑4
德州	16	14	↓2
聊城	11	11	-
滨州	14	12	↓2
菏泽	12	13	↑1

2.知识创造绩效（B）

如表6-34所示，2017—2018年知识创造绩效指标变化最大的是东营市，排名上升5位；其次是日照和聊城上升4位，菏泽下降4位；再就是泰安、潍坊、德州、临沂和枣庄，各下降2位。其他变化较小的城市有：淄博、威海、滨州、菏泽排名下降1位，烟台上升1位，青岛、济南、济宁、莱芜位次不变。

东营市知识创造绩效指标排名变化较大的原因在于不仅每名R&D人员产出的有效发明专利数排名上升幅度较大，上升了5个名次，而且每名R&D人员产出的科技论文和著作指数排名也上升了2个名次。

日照市排名上升的原因是每十万人发明专利申请数、每十万人发明专利授权数、每名R&D人员产出的有效发明专利三项指标排名均有上升，分别上升2位、1位和2位。

菏泽市知识创造绩效指标排名下降幅度大是因为其除了每十万人发明专利授权数与上年持平外，其他指标均有下降；并且每十万人发明专利申请、每名R&D人员产出的有效发明专利、每名R&D人员产出的科技论文和著作指数下降幅度均较大，分别下降1位、3位和5位。

表 6-34　2017—2018 年山东省各市知识创造绩效排名变化

地市	2018 年排名	2017 年排名	变化
济南	2	2	-
青岛	1	1	-
淄博	4	3	↓1
枣庄	14	12	↓2
东营	3	8	↑5
烟台	8	9	↑1
潍坊	7	5	↓2
济宁	11	11	-
泰安	12	10	↓2
威海	5	4	↓1
日照	13	17	↑4
莱芜	6	6	-
临沂	9	7	↓2
德州	15	13	↓2
聊城	10	14	↑4
滨州	16	15	↓1
菏泽	17	16	↓1

3. 开放合作绩效（C）

如表 6-35 所示，2017—2018 年山东省 17 地市开放合作绩效指标升降变化较大，其中临沂和滨州下降 5 位，枣庄和东营上升 3 位，潍坊下降 2 位，济宁、威海和聊城上升 2 位，泰安和济南分别下降 1 位和上升 1 位，其他地市位置则不变。

临沂市排名下降是因为R&D经费外部支出与GDP的比值和规模以上工业企业R&D经费外部支出占规模以上工业企业销售产值的比重大幅度下降，分别下降6位和7位。滨州市R&D经费外部支出与GDP的比值和规模以上工业企业R&D经费外部支出占规模以上工业企业销售产值的比重这两项指标都下降了6位。枣庄市排名上升是因为R&D经费外部支出与GDP的比值和规模以上工业企业R&D经费外部支出占规模以上工业企业销售产值的比重分别上升了6位和7位，东营市开放合作绩效提升是由于这两项指标分别上升了2位和1位。

表6-35 2017—2018年山东省各市开放合作绩效排名变化

地市	2018年排名	2017年排名	变化
济南	2	3	↑1
青岛	1	1	-
淄博	13	13	-
枣庄	12	15	↑3
东营	7	10	↑3
烟台	6	6	-
潍坊	4	2	↓2
济宁	3	5	↑2
泰安	15	14	↓1
威海	5	7	↑2
日照	11	11	-
莱芜	16	16	-
临沂	14	9	↓5
德州	17	17	-
聊城	10	12	↑2

续表

地市	2018年排名	2017年排名	变化
滨州	9	4	↓5
菏泽	8	8	—

4. 创新驱动绩效（D）

如表6-36所示，2017—2018年创新驱动绩效指标变化最大的是枣庄和日照，都是上升了2位；青岛、济宁和泰安都是上升了1位，淄博、潍坊、威海、莱芜、临沂、聊城和滨州都是下降了1位；其他地市的排名则未发生变化。

枣庄市位次上升是因为虽然规模以上工业企业R&D经费内部支出占规模以上工业企业销售产值的比重和规模以上工业企业全时R&D人员占职工总人数的比例都下降了1位，但是规模以上工业企业新产品销售收入占规模以上工业企业销售产值的比重上升了1位。

日照市位次上升是因为虽然规模以上工业企业全时R&D人员占职工总人数的比例下降1位，但是规模以上工业企业R&D经费内部支出占规模以上工业企业销售产值的比重上升了1位。

表6-36 2017—2018年山东省各市创新驱动绩效排名变化

地市	2018年排名	2017年排名	变化
济南	1	1	—
青岛	2	3	↑1
淄博	11	10	↓1
枣庄	13	15	↑2
东营	12	12	—
烟台	6	6	—
潍坊	8	7	↓1

续表

地市	2018年排名	2017年排名	变化
济宁	4	5	↑1
泰安	7	8	↑1
威海	10	9	↓1
日照	9	11	↑2
莱芜	5	4	↓1
临沂	14	13	↓1
德州	17	17	—
聊城	15	14	↓1
滨州	3	2	↓1
菏泽	16	16	—

5. 网络与新经济绩效（E）

如表6-37所示，2017—2018年网络与新经济绩效指标变化最大的是淄博市，上升了高达11位；下降最大的是日照市，下降了7位；东营和聊城分别下降了6位和5位，而滨州和烟台分别上升了5位和4位，德州下降了2位，临沂和潍坊等地市的位次变动则都在1位以内。

淄博市提升趋势明显是因为电子商务采购额/GDP、电子商务销售额/GDP以及信息传输、软件和信息技术服务业与科学研究和技术服务业合计占总额的比例分别大幅度上升了10位、12位和7位，滨州市上升是由于电子商务销售额/GDP上升了10位，烟台市上升是由于电子商务采购额/GDP和电子商务销售额/GDP分别上升了5位和3位。

日照市下降趋势明显是因为其他指标虽然略有提高，但电子商务采购额/GDP下降了9位。东营市下降幅度也较大的原因是其电子商务采购额/GDP和电子商务销售额/GDP分别下滑了7位和8位，聊城市下滑是由于电子商务采购额/GDP，电子商务销售额/GDP，信息传输、软件和信息技术服务业，科学研究和技术服务业合计占总额的比例分别下降了2位、7位和3位。

表6-37 2017—2018年山东省各市网络与新经济绩效排名变化

地市	2018年排名	2017年排名	变化
济南	2	1	↓1
青岛	1	2	↑1
淄博	3	14	↑11
枣庄	16	17	↑1
东营	9	3	↓6
烟台	4	8	↑4
潍坊	6	5	↓1
济宁	5	4	↓1
泰安	15	15	—
威海	8	9	↑1
日照	14	7	↓7
莱芜	17	16	↓1
临沂	10	11	↑1
德州	12	10	↓2
聊城	11	6	↓5
滨州	7	12	↑5
菏泽	13	13	—

6.转型升级绩效指标（F）

如表6-38所示，2017—2018年山东省17地市转型升级绩效指标大多数城市排名变化相对较小，变化最大的是淄博、东营和德州，分别上升了2位、2位，下降了1位；其次是临沂市和菏泽市，各下降了1位；其他地市则无变化。

淄博市排名上升是由于高新技术产业产值增长率、高新技术产业产值占规模以上工业总产值的比重、每吨标准煤产出GDP和形成国家或行业标准数都分别上升了1~2位，东营市排名上升是由于年度山东省服务名牌上升了2位，德州市排名下降则是由于高新技术产业产值增长率的较大幅度下滑所致。

表6-38 2017—2018年山东省各市转型升级绩效排名变化

地市	2018年排名	2017年排名	变化
济南	3	3	-
青岛	2	2	-
淄博	8	10	↑2
枣庄	17	17	-
东营	11	13	↑2
烟台	4	4	-
潍坊	6	6	-
济宁	12	12	-
泰安	16	16	-
威海	1	1	-
日照	14	14	-
莱芜	7	7	-
临沂	10	9	↓1
德州	13	11	↓2
聊城	15	15	-
滨州	5	5	-
菏泽	9	8	↓1

7.转换保障绩效（G）

如表6-39所示，2017—2018年转换保障绩效变化幅度较大的有菏泽市和临沂市，都上升了5位；济宁和德州分别下降了4位和3位，淄博、枣庄、泰安都下降了2位，莱芜则上升了2位；其他地市的变化范围在1位以内。

菏泽市排名上升的原因是一般公共预算收入占GDP比重上升了10位，临沂市排名上升是因为一般公共预算收入占GDP比重、政府科技支出占政府财政总支出的比例、规模以上工业企业减免税总额占规模以上工业企业销售产值的比重分别上升了7位、3位和2位。济宁市排名下滑是由于一般公共预算收入占GDP比重、规模以上工业企业减免税总额占规模以上工业企业销售产值的比重分别下降了1位和2位，德州市排名下降是由于规模以上工业企业减免税总额占规模以上工业企业销售产值的比重下降了1位。

表6-39 2017—2018年山东省各市转换保障绩效排名变化

地市	2018年排名	2017年排名	变化
济南	3	2	↓1
青岛	1	1	—
淄博	7	5	↓2
枣庄	17	15	↓2
东营	10	9	↓1
烟台	4	4	—
潍坊	5	6	↑1
济宁	12	8	↓4
泰安	15	13	↓2
威海	2	3	↑1
日照	13	12	↓1

续表

地市	2018年排名	2017年排名	变化
莱芜	8	10	↑2
临沂	9	14	↑5
德州	14	11	↓3
聊城	16	17	↑1
滨州	6	7	↑1
菏泽	11	16	↑5

第七章

山东新旧动能转换综合试验区发展建议

第七章 山东新旧动能转换综合试验区发展建议

第一节 深化体制改革，激发动能转换活力

山东新旧动能转换综合试验区在建设过程中，应进一步构建促进新动能加快成长、传统动能改造提升的政策体系和制度环境，使市场在资源配置中起决定性作用，更好地发挥政府作用，大幅提高资源配置效率和全要素生产率[1]。

一、创新市场主体发展机制

加快国有企业改革与转型发展，充分发挥国有企业在动能转换中的引领带动作用，加快国有经济结构调整、创新发展、布局优化，推进国有企业战略性重组，加快向战略性、创新性、引领性产业转移布局[2]。大力促进民营经济发展，积极发展国有资本、集体资本、非公有资本等交叉持股、相互融合的混合所有制经济，探索分类分层推进混合所有制改革的路径模式。开展地方国有控股混合所有制企业员工持股试点，建立健全股权流转和退出机制，改革国有资本授权经营体制，推动国有资本做强做优做大。全面实施市场准入负面清单制度，加快推进中小企业服务体系和信用担保体系建设，支持民营企业建立现代企业制度，实现企业产权多元化、治理规范化、管理科学化[3]。

需要注意的是，政府管理方式改革、国有企业改革和民营企业改革应三管齐下、相互联动，以寻求改革的最大动力和红利[4]。政府需进一步改革自身管

---

[1] 山东新旧动能转换综合试验区建设总体方案，http://www.doc88.com.
[2] 何福平，马桂婵. 推进漳州经济高质量发展的新动能研究[D]. 学术论文联合比对库，2019.06.
[3] 李凯. 金融紧缩、杠杆与地区产业转型升级[D]. 学术论文联合比对库，2019.04.
[4] 黄少安. 新旧动能转换与山东经济发展[J]. 山东社会科学，2017（9）:101-108.

理方式，完善激励、监督和约束机制。在国有（控股）企业和国有经济改革中，进一步做强国家必须控制的领域，同时坚决退出一般竞争性的、国家不必要控制的领域。在民营企业改革中，通过政府自身改革和国有经济的适度退出给民营企业让出发展空间；民营企业和企业家应进一步改变观念，理清与政府的关系；进一步强化产权保护，同时要激励和约束民营企业和企业家强化国家观念、民族意识和社会责任。

二、创新要素市场配置机制

创新要素市场配置机制，要做好以下工作。

其一，坚持有效市场与有为政府相结合，提高资源配置效率。加快土地、矿产以及资源性产品（电力、油气、电信、公共资源交易平台等要素）的改革，同时，注重优化新产业、新业态的要素配置。探索知识、技术、信息、数据等新生产要素配置机制，完善政府信息公开和企业信息披露制度，加快构建规则统一、公开透明、服务高效、监督规范的公共资源交易平台体系，健全资源性产品价格形成机制。创新国土资源节约集约方式，深化投融资体制改革，探索以政策性条件引导、企业信用承诺、监管有效约束为核心的管理模式。

其二，进一步强化要素保障，努力破解土地、资金、能源等制约。通过盘活原有厂房、城乡土地增减挂钩等措施，努力保障项目用地需求；进一步加强金融创新，发展多层次资本市场，推动企业在"新三板"和区域性股权交易市场挂牌；支持利用现有资金渠道设立新旧动能转换基金，加大对重点产业、关键领域的投入力度[①]；统筹好煤、电、油、气、新能源等各项能源供应，大力优化供给结构，拓展多途径供给渠道，进一步提高供应质效。发挥政府在规划引领、资金投入和组织协调等方面的引导作用，充分运用市场手段，调动全社会的积

---

① 山东新旧动能转换综合试验区建设总体方案，http://www.doc88.com。

极性,着力构建有利于协调推进、统筹发展的体制机制[1]。

其三,进一步调整要素结构,重视物质资本、人力资本和技术资本的积累。继续保持投资增长率,注重提高投资的效率及物质资本形成率;控制山东省人口数量,提高人口质量;重视人才培养和引进,加大对科技教育的投入,加大对优秀产业工人、农民工的培训以及实用科技人才的引进,以适应产业升级的需求[2]。

三、创新统筹发展机制

创新统筹发展机制,需做好以下工作。

其一,创新政府管理机制。合理划分财政事权和支出责任,从解决好群众最关心、最直接、最现实的利益问题入手,确保基本民生政策落实到位。深入推进财政专项资金整合,以资金整合带动政策优化集成,有效解决专项资金管理中各自为战的问题,将资金的自主权更多地交给下级政府,推动管理部门由微观管理向宏观指导转变。加强理念创新、技术创新和制度创新,在三产融合发展、资源高效利用、生产清洁安全、环境持续优化等方面探索新模式,推广新技术,取得新成效。

其二,创新绿色发展机制。深化生态文明体制改革,构建国土空间开发保护制度,完善配套政策,推动主体功能区战略格局在市县层面精准落地。建立市场化、多元化生态保护补偿机制,完善生态环境监管体制[3]。健全能源可持续性发展战略,调整优化能源结构,完善新能源产业政策,强化对新能源产业政策的引导与实施,加速新能源产业技术创新与进步,加强对新能源产业的监督与管理。支持开展碳市场相关工作,支持资源型地区经济转型发展。完善低

---

[1] 周志霞.潍坊市农业文明建设与城乡统筹发展研究[M].北京:企业管理出版社,2019.
[2] 黄少安.新旧动能转换与山东经济发展[J].山东社会科学,2017(9):101-108.
[3] 山东新旧动能转换综合试验区建设总体方案,http://www.doc88.com.

碳产业标准及相关法律法规，在对落后产能实行无差别淘汰制度的同时，提高低碳行业及技术标准，遏制低产能高排放企业的增加；进一步实施企业能源量化标准，提高能源消耗率要求，拉大能源费用收费差距，促使低产能企业自动放弃低碳市场；实施企业为主体、科技为导向的产业政策，加大对低碳技术创新与低碳科技成果转化的财政支持，鼓励企业加大研发投入，通过低碳技术的进步与创新促进高新技术在高能耗产业的应用，从而更有效地节约与利用能源。围绕"减量化、再循环、再利用"，大力推广应用清洁生产和节能减排技术，推进农牧结合和三产融合，加快建立绿色化产业体系，推进工业、生活废弃物多级循环利用和无害化处理，减少资源消耗，提高资源利用水平。加大自然生态系统和环境保护力度，大力推进绿色发展、循环发展、生态循环发展，积极探索集约化发展模式。正确处理产业发展与资源开发、生态保护的关系，实现生产发展与生态保护相协调，经济、社会、生态效益相统一。

其三，创新城乡融合发展机制。推进以人为核心的新型城镇化，推进山东半岛城市群构建大中小城市和小城镇协调发展的城镇格局。大力实施乡村振兴战略，完善城乡公共服务统筹推进机制[1]。进一步健全城镇社区联动综合体，推进社区减负使社区回归自治功能，完善标准化数字化的治理手段，全面提升联动治理水平；进一步加大扶持力度、积极培育孵化社会组织，推动职能转型、健全政府购买服务机制[2]，完善政策保障、优化社会组织发展环境，广泛链接资源、打造坚实联动服务载体，激发社会组织发展活力[3]；全面实施多元参与、打造"四全一特"社区[4]，推进能力建设、提供持久联动动力，真正构建基层

---

[1] 山东省人民政府关于印发山东省新旧动能转换重大工程实施规划的通知[R].山东省人民政府公报，2018-02-28.
[2] 魏益红.郑州市社区社会组织参与社区治理问题的探索与思考[J].中国社会组织，2017（17）：39-42.
[3] 丁朋，立标.社区治理与服务：社会治理和国家治理的基础工程[J].中国民政，2014（5）：11-21.
[4] 王翠翠.新时代农村基层协商民主发展问题审视[J].台州学院学报，2018，40（5）：70-75.

社会治理的新格局；进一步健全城乡发展的服务管理与配套服务，优化内部机构设置，突出经济发展职能。应继续加大投资，特别是城乡基础设施投资、农房改造与小城镇建设、农村生产生活服务设施、城乡基本公共服务供给等方面的投资[①]，继续推进和完善城乡协调发展。

四、创新科技服务机制

创新科技服务机制，需做好以下工作。

其一，优化内部流程。把握国家大政方针、战略规划精神，围绕产业链布局创新链，明确科技创新目标、任务和发展举措。深化科技计划改革，规范项目管理，保证科技计划管理的公平、公正和公开。深入基层和企业一线，密切联系各类创新主体，摸清全省科技创新情况。针对制约本地创新发展的堵点、难点和痛点，邀请专家会诊，听取社会各界意见，制定专项举措，逐一攻克。

其二，提高服务效能。认真学习国内外科技创新先进做法，自觉当好企业发展的"保姆"和服务企业的"店小二"。梳理"一次办好"事项，简化流程，提高效率。建立定期走访基层制度，主动上门了解各地市和企业发展需求。加强科技"诚信体系"建设，对于失信企业列入诚信黑名单，禁止申报科技类项目、平台、奖项，为科技创新工作保驾护航。

其三，营造良好的创新氛围。加强舆论引导，深入宣传山东省重大创新成果和杰出创新创业人才，进一步弘扬创新精神，增强创新意识。加强各级科技企业孵化器、众创空间等创新载体建设，延伸服务链条、创新管理模式、完善扶持政策。积极承办和组织各类创新大赛、中小微企业创新竞技行动等赛事活动，广泛开展企业和社会大众创新成果评奖、创新成果展览、科技活动周等活动。

---

① 黄少安.新旧动能转换与山东经济发展[J].山东社会科学，2017（9）：101-108.

第二节　加强创新驱动，增强动能转换动力

山东省应坚持创新是引领发展的第一动力，提升自主创新能力，强化创新载体建设，强化科技交流与合作，发展壮大高新技术产业，推进农业科技创新，引领产业高质量发展，推动经济增长动力加快向创新驱动转换。

一、提升自主创新能力

提升自主创新能力，需做好以下工作。

其一，强化企业创新主体地位。要形成以企业为主体、市场为导向、产学研相结合的技术创新体系，鼓励龙头企业牵头组建产业技术创新战略联盟，整合上下游优势资源，提升企业研发能力和水平。鼓励企业牵头建设产业技术创新联盟，实施企业创新创业协同行动，带动产业链上下游发展[1]。各地区应落实好"创新券"、创投基金、税收抵扣等财政扶持措施，支持规模以上企业建立自己的技术创新体系，提高当地企业创新力。深化政产学研协同创新，重点组织好与高校及科研机构的对接合作，跟踪落实前期合作项目成果，确保项目落地实施。建立国家、省、市三级技术示范企业培育机制，引导和支持企业提高创新能力和水平。

其二，引导政府加大科技投入。聚焦增强资源配置能力，增强创新策源能力，优化政府财政科技资金投入结构，加大对基础性、战略性和公益性科技创新研究的稳定支持。管好、用活财政科技资金，落实科技项目配套资金，进一步发

---

[1] 山东新旧动能转换综合试验区建设总体方案，http://www.doc88.com.

挥财政资金的示范引导作用。

其三，鼓励企业开展技术研发。发挥市场在资源配置中的决定性作用，引导激励企业和社会力量加大科技投入，加快建立完善多元化、多层次、多渠道的科技投入体系[①]。加快发展科技金融，发挥创新基金和科技成果转化贷款风险补偿资金的引导作用，支持金控集团和有关商业银行开发科技专属金融产品，解决企业贷款难、融资难的问题。

其四，实施重大项目科技攻关。紧抓上级有利政策，对优势产业科技项目进行重点培育，聚集技术链条的堵点、卡点，引导企业与高端研发机构开展联合攻关，突破产业链"卡脖子"关键技术。优化完善各级政府科技发展计划布局，设立专项支持相关领域开展技术研发和项目攻关。

其五，激发科技奖励工作活力。对全省现有科技成果进行综合筛选，支持技术水平高、自主创新能力强、产业带动作用明显的科技成果申报国家、省科学技术奖，积极争取更多优秀成果获得高层次科技奖励。

二、强化创新载体建设

强化创新载体建设，需做好以下工作。

其一，加快重大创新平台建设。突出关键技术、前沿引领技术、现代工程技术、颠覆性技术创新，鼓励试验区企业和科研机构积极承担和参与国家重大科技项目。加快重大创新平台、大型科研仪器设备和专利基础信息等资源面向社会开放共享，推动部省联动、企业科研院所协同实施重大科技项目[②]。加快推动高层次孵化载体建设，全面实施各级各类孵化平台改造提升工程，坚持质、量并举，大力促进孵化器、众创空间、星创天地、农科驿站、双创示范基地等

---

① 杨珍，丁兆庆，孔宪香.山东新旧动能转换研究[D].学术论文联合比对库，2018.12.
② 山东省人民政府关于印发山东省新旧动能转换重大工程实施规划的通知[R].山东省人民政府公报，2018-02-28.

创新型平台建设[1];进一步提升现有研发机构的产业源头作用和功能水平,推动衍生更多成果转化项目、产业化公司,全面形成新型载体研发、产业化同步开展的良性循环。着力打造高水平制造业创新平台,促进已运营的高水平创新中心专业化、规范化,梯次做好省级、国家级企业技术中心、工业设计中心培育工作,不断提升企业创新能力;以现有重大企业技术创新平台为依托,积极争创国家、省制造业创新中心,重点打造产业链协同、产学研合作的国家级、省级制造业创新中心,成为支撑山东省重点行业创新发展的新型创新载体。

其二,增强创新平台研发与服务水平。鼓励支持各县市区依托高层次人才搭建各类创新平台,加强市级以上工程技术研究中心、重点实验室等创新平台建设,改造、提升现有创新平台的服务功能,推动更多的创新平台进入国家、省梯队;组建产业技术创新战略联盟和院士工作站,形成重点骨干企业与高校院所、产业链上下游企业合作攻关的新局面;加快科技企业孵化器建设步伐,着力打造具有山东特色的众创空间;探索组建产学研结合、市场化运作的独立法人新型研发机构,增强创新平台技术攻关与研发服务能力。科学规划科技创新平台发展布局,逐步完善以公共服务平台为基础、以企业研发平台为主体、以产业化平台为引领,布局合理、功能齐全、开放高效的科技创新平台体系,进一步优化科技平台创新环境[2],全面搭建高校院所与企业合作的信息需求桥梁。各地区要进一步提升科技孵化器运行水平,突出配套设施、孵化能力、创业环境、种子筛选等环节,精准扶持一批高端科技企业[3];进一步完善公共服务平台,强化诸如山东半岛蓝色工程实验室、生物医药研发中心等公共研发平台建设,为行业创新提供有力的技术支撑。

其三,打造区域创新发展载体。加快建设山东半岛国家自主创新示范区,

---

[1] 青岛市政府. 关于加快发展科技服务业的实施意见, http://blog.sina.com.
[2] 吴忠市人民政府关于进一步加快食品企业科技创新发展的实施意见[N]. 吴忠日报, 2020-03-24.
[3] 孙孔嘉. 唯创新者强 唯创新者胜[N]. 潍坊日报, 2017-01-15.

深入推进创新型城市建设，支持创建国家级高新区。以山东半岛国家自主创新示范区建设为契机，打造一批高水平特色产业基地与科技产业园。充分发挥示范区核心引领及示范带动作用，瞄准世界科技前沿，在体制机制、资源共享、科技金融、人才培养等方面率先突破；支持示范区开展关键核心技术研发、重大科技创新载体建设，完善科技服务体系，培育发展主导产业。结合全省产业科技创新布局，提升与新建一批新兴产业高度聚集、专业特色鲜明、产业创新能力强的特色产业基地与科技产业园，促进新兴产业和特色产业集聚集约发展；支持特色产业基地与科技产业园搭建科技服务平台、培育龙头骨干企业、完善产业上下游链条，加速集聚各类创新资源。深入推进创新创业，支持国家"双创"示范基地、国家小型微型企业创业创新示范基地、国家中小企业公共服务示范平台建设；实施军民融合发展战略[①]，培育形成一批军民结合、产学研一体的创新平台和创新示范载体，进一步推进创业孵化。

三、强化科技交流与合作

强化科技交流与合作，需做好以下工作。

其一，加大招商引资力度。一方面要招引新兴产业项目落地，另一方面要通过创新，促进现有产业的转型升级。现有化工企业要加强与科研院所的科研合作，充分嫁接科研院所研发的新技术，推进现有企业的转型升级。通过采取有力手段，提升企业创新能力，促进企业转型升级，尽可能缩短与江浙一带企业新旧动能转换的差距。

其二，加大"招院引所"力度。充分发挥"科技专家智库"的作用，通过电话沟通、微信联系、线上会议等多种方式，推进科技合作沟通、科研院所和人才引进。组织企业与国内外高校院所专家团队开展高效、精准的对接，推动

---

① 杨光.三核引领在全国新旧动能转换中先行先试[N].青岛日报，2018-01-17.

科技成果、技术服务等优势资源服务本省企业创新发展。同时，依托龙头企业积极争创国家、省技术创新中心。

其三，深化国际科技合作。推动企业"走出去"与"引进来"相结合，加强与"一带一路"沿线国家的交流合作，打造国际科技合作山东品牌。鼓励科技型企业与欧美、以色列、日韩等国家企业、科研机构和大学开展双边合作，促进先进技术及成果引进、输出和转移转化。充分发挥高端国际科技合作平台的作用，加快海外研发中心和孵化器建设，提升全省科技国际化水平。

四、发展壮大高新技术产业

发展壮大高新技术产业，需做好以下工作。

其一，落实高新技术产业发展政策。加大政策和资金的支持力度，通过制定一系列措施，促进创新资源和新兴产业加速汇聚。联合财政、税务、统计等部门举行专题培训班等形式，普及高新技术企业优惠政策。严格落实好研发费用加计扣除等各类促进高新技术产业发展的优惠政策，为高新技术产业提供优良的发展环境。

其二，深入实施科技型企业育苗造林工程。一方面从尚未通过高新技术企业认定的企业中，遴选出一批符合高新技术产业发展方向、创新基础好、有发展潜力、主要从事高新技术产品开发（服务）的企业，作为高新技术企业的后备力量，使其尽快成长为高新技术企业。另一方面加大高新技术企业培育力度，促进高新技术企业做大做强。

其三，加快培育创新创业共同体。建设一批不同主体、不同模式，具有较强影响力的省、市级创新创业共同体。积极推动山东省智能农业装备等创新创业共同体申报省级、国家级创新创业共同体，争取更多市级创新创业共同体纳入省创新创业共同体培育库。高水平建设产业技术研究院，加快推进产研院办公场所规划建设、机构组建、基金设立等工作，规范加盟院的运行和管理，把产业技术研究院打造成"政产学研金服用"服务综合体。加快推动成体细胞、蓝色化工、质子重离子等产业技术研究院建设。

五、推进农业科技创新

推进农业科技创新,需做好以下工作。

其一,强化农业科技项目攻关。围绕产业兴旺、绿色生产、循环发展的农业发展理念,支持企业申报国家重点研发计划、农业良种工程、科技特派员行动计划等。着力突破一批关键核心技术,满足农业对新品种、新装备、新产品、新技术等科技成果有效供给的需求。重点抓好寿光蔬菜产业集团的设施蔬菜精准生产标准优化集成与绿色蔬菜生产技术开发、雷沃重工的智慧农业装备核心装备研究与产业化等关键技术研究及产业化推广工作。

其二,推进农业科技创新平台建设。综合运用政策、金融、服务等多元化的支持方式,推荐涉农企业申报建设省级科技创新平台。重点支持寿光蔬菜集团"山东省蔬菜产业技术创新中心"创建,引导各类创新要素向企业集聚,使企业成为研发投入、技术创新和成果应用的主体。

其三,巩固科技扶贫成果。充分发挥扶贫服务队的功能作用,扩大新品种、新技术应用范围,定期开展技术咨询和技能培训活动,巩固科技扶贫成果。加强与省内外对口帮扶单位的联系,不断提高农业科技指导人员的管理服务水平,切实解决技术难题,促进当地农业发展。突出驻村第一书记的职能作用,组织帮扶村开展"人居环境整治提升"系列活动,完善各类配套设施,不断提高帮扶质量。

六、引领产业转型升级

引领产业转型升级,需做好以下工作。

其一，加快推动创新型产业集群发展。支持高新技术产业和新兴战略性产业发展，重点在高端装备、高端化工、新材料、现代高效农业等山东省优势产业领域，着力筛选一批对于产业集群具有引领升级作用的高科技项目，加大资金、土地、人才等各方面的支持力度。

其二，加大创新扶持力度。一是在重大创新项目方面给予重点扶持，对于对整个产业具有重大引领带动作用、达到国际先进水平、能够带动全省产业发展的重大项目给予倾斜扶持。二是在重大科技创新平台布局方面给予支持，加快在全省布局10家左右的山东省实验室，在省技术创新中心、省重点实验室等创新平台创建方面，对各市申报的重点优势企业给予积极支持。

其三，促进产业结构优化升级。依靠新技术、新管理提升产业发展水平，包括优化产业组织、提高企业素质、劳动者素质和管理水平。山东省应重点提高装备制造业、海洋产业和农业的质量，适度实施一些直接的产业政策，重点支持海洋产业、生态环保产业、高端制造业发展，推进"蓝""黄"发展战略实施[①]。

其四，打造特色产业园区。全面提升科技园区支撑、服务、创新能力，支持各地市高新区、自创区及国家农业开放发展综合试验区建设，加大对新技术、新产业、新业态、新模式的培育发展力度。

第三节 扩大对外开放，释放动能转换潜力

山东省应加快完善法治化、国际化、便利化的开放环境，深入实施对外开放，大力提高经济外向度，构建开放型经济发展新体制，推动形成陆海内外联动、东西双向互济的全面开放新格局。

---

① 黄少安.新旧动能转换与山东经济发展[J].山东社会科学，2017（9）:101-108.

第七章
山东新旧动能转换综合试验区发展建议

一、深度融合"一带一路"建设

山东省要主动融入国家开放大局，提高开放水平，扩大高质量招商引资，拓展多层次国际市场，深度融入"一带一路"建设，全方位加强与沿线国家合作，带动山东省优势装备、技术、产品、标准、服务走出去，把山东省打造成为对外开放的新高地。应进一步强化青岛、烟台等海上合作战略支点作用，推进与海上丝绸之路沿线国家和地区港口城市间的互联互通，依托新亚欧大陆桥、中蒙俄等国际经济走廊布局建设境外经贸合作区和重点项目。应进一步加快东亚海洋合作平台建设，支持企业在境外设立研发中心；扩大农业对外合作，推动企业稳妥参与境外油气、矿产等能源资源勘探和开发，提高利用和配置全球资源的能力[1]。

二、塑造开放型经济发展新优势

塑造开放型经济发展新优势，需做好以下工作。

其一，努力搭建更高水平的对外开放新平台。在济南、青岛、烟台三市，依托国家级园区和海关特殊监管区，划定120平方千米，全面实施自贸区政策。深化贸易便利化改革，大力发展跨境电子商务、外贸综合服务、保税展示交易等外贸新业态、新模式[2]。建立系统完善、功能完备、辐射力强、发挥作用明显的商协会、产业联盟交流平台，加强战略合作。在全球布局建立一批战略支点城市，依托省政府驻外经贸代表处，在日本、韩国、新加坡、美国、德国等国家和地区设立商务代表处，搭建开展经贸合作的海外工作基地和平台。规划新建一批国际合作示范基地和产业园区，争取与欧美、日韩等国家和地区的高

---

[1] 山东新旧动能转换综合试验区建设总体方案，http://www.doc88.com.
[2] 李凯.金融紧缩、杠杆与地区产业转型升级[D].学术论文联合比对库，2019.04.

端合作取得新突破,与新兴经济体投资贸易合作比重取得大幅提升。

其二,大力推动国际贸易转型升级。山东省应立足文化、旅游、软件和信息服务的基础优势,加快发展服务外包,大力推广外贸新模式、新业态,推动贸易由"大进大出"向"优进优出"转变,形成以技术、品牌、质量、服务为核心竞争力的新优势。加快推进电子口岸建设,实行国际贸易"单一窗口"受理,深入实施通关一体化改革,全面推行"一次申报、一次查验、一次放行""一站式作业";全面落实出口退(免)税企业分类管理,引导出口企业向一类企业靠拢,进一步加快出口退税进度。深化放管服改革,深入推进外商投资审批管理体制改革,全面实行外商投资准入前国民待遇加负面清单管理制度、企业设立及变更备案报告制度、企业年度投资经营信息联合报告制度以及诚信档案、信息公示平台建设,建立健全与国际规则相适应的外商投资管理服务新体制、新机制。支持烟台创建服务外包示范城市,支持青岛汽车整车进口口岸开展汽车平行进口试点。

其三,进一步创新引资、引智、引技等开放政策。深入开展招商引资活动,努力优化招引环境,创新招引机制,打造城市虹吸效应。围绕全产业链、城市功能链、创新链,创新招商引资机制,建立以政府为主体、各种社会力量广泛参与、"风险共担、利益共享"的招商机制,放大增强招引实效。瞄准世界500强和行业领军企业、国际先进科技合作项目、海外高层次人才,实施精准招商、精准服务,提升"引进来"的质量效益。

三、落实全面开放政策效果

落实全面开放政策效果,体现在以下几个方面。

其一,确保政策制定的科学性与落实效果。一是要加大政策制定前的走访调研,合理确定政策受众;二是要提高政策执行灵活度,加大事后监管力度,政府管理部门要有容错机制,真正做到"法无禁止皆可为",在法律允许范围内学会特事特议和例外处理;三是要保持政策的延续性和稳定性,更好地促进"双招双引"和企业投资;四是要分层、分级制定政策,在重点扶持大型企业的同时,引导中小企业抱团发展。

其二,完善信息平台与资源的互通共享。一是搭建有利于国际贸易的信息平台,充分发挥海外联盟、商会组织、外贸企业联合会的作用,有效对接国外资源与国内市场;二是加快实现信息资源权限共享,行业主管部门尽快完善顶层设计,各职能部门之间应加强信息互联共享,打破信息孤岛。

其三,精准服务外贸企业。一是加强市场管理调控,针对原材料价格暴涨,政府应加强市场价格调控,严厉打击扰乱市场、恶意涨价行为。二是支持开拓国际市场,抢抓当前国际市场需求复苏有利时机,加大对国际市场开拓支持力度,支持企业参加专业性展览会,加大对参展展位费、展品运输费、参展人员费补助力度。三是鼓励高新机电产业出口,加大对高新机电产品出口企业扶持力度,在进口关键零部件贴息、建设境外加工装配基地、完善售后服务体系、承揽境外大项目等方面给予支持。四是助力企业转型升级,出台专项扶持政策,鼓励劳动密集型企业进行自动化、智慧化升级,缓解"用工荒"难题。

第四节 加强实施保障,强化动能转换支撑

山东省应全面提升政府服务效能,深入实施人才优先发展战略,合理布局重大基础设施,为新动能加速成长、新旧动能接续转换提供坚实的支撑保障。

一、建设稳定、公平、透明、可预期的营商环境

（一）营造良好的营商环境

山东省应以政府改革来撬动其他各领域的改革，全力建设包容创新、审慎监管、精简高效、法治规范的服务型政府，构建"亲""清"的新型政商关系。推进治理体系和治理能力现代化，营造宽松便捷的市场准入环境、公平有序的市场竞争环境、安全放心的市场消费环境[①]。

其一，继续深化"放管服"改革。推进"一次办好"改革，健全"一次办成"的服务网络和办理流程，搭建"一网通办"的线上平台[②]，制定"实战实用"的政策体系，大力优化"软环境"。创造性地抓好政策落实，用活、用好上级优惠政策，形成政策"洼地"，做到"人无我有、人有我优"，持续放大政策效应。进一步优化创新发展环境，通过机制创新、政策集成，切实破除阻碍创新发展的"堵点""痛点"，营造人人想创新、人人敢创新、人人能创新的氛围。持续优化政务环境，深化"先照后证"改革，全面推进"多证合一"改革，加快推进"互联网+电子商务"，加快建成一体化的在线政务服务平台，深入推进政务数据共享和政务资料对外开放。完善快速响应和精准服务机制，提高服务企业、服务群众的效能[③]，推进政务服务延伸，优化政府服务模式。

其二，进一步理清权责界定。正确处理政府和市场的关系，划清政府与市场、各级政府之间，以及财政与其他部门之间的权责边界，发挥好市场的决定性作

[①] 山东省人民政府关于印发山东省新旧动能转换重大工程实施规划的通知[R].山东省人民政府公报，2018-02-28.
[②] 山东搭建"一次办好"改革框架体系 9月底前实现全覆盖.山东新闻，https://sd.dzwww.com.
[③] 郭勇，高杨真.优惠带来真红利 新服务助力新发展[J].中国税务，2018（3）：24-25.

用和各级政府的积极性,更加合理配置有限的财政资源。在扶持方式上,更多运用政府基金、PPP、股权投资等方式,减少事前无偿补助,注重围绕市场主体转,真正把市场主体需求作为财政扶持方向。赋予省级及以下政府更多自主权,推进新兴经济领域的权责下移试点[①]。

其三,进一步加强产权保护。健全完善产权保护制度,规范政府行为,加强决策的民主化、科学性与法制化,减少监管政策对企业利益的不合理侵犯。实施知识产权强省战略,重点围绕实施知识产权管理能力提升工程、大保护工程、运用促进工程、质量提升工程、发展环境建设工程"五大工程",全面建成知识产权保护中心,大力提升知识产权创造能力,强化知识产权运用和保护,深化知识产权金融服务,强化知识产权服务质量提升。

其四,进一步优化文化环境与识人用人机制。山东省相对突出的"官本位"文化,造就了重名轻利、重农轻商的儒家文化传统,突出反映在对人才的识别和尊重方面的"类官本位化"行为以及学而优则仕、唯书唯上的行事方式,一定程度上阻碍了创新思维的产生与扩散。山东省应正视齐鲁文化传承,进一步培育文化创新内生力。应适度摒弃"官本位"思想,实施教育制度创新,推动管理者思想创新,形成容错机制;推进企业创新文化建设,形成全员创新机制;推进城市创新文化建设,提升市民文化素质。应进一步改革人才识别、引进和使用的机制[②],转变人才观念,干预、惩处学术腐败,改变人才工作中的不良风气和氛围,出台并落实引进、使用、激励高端人才的系列措施。

(二)建立政企金深入合作机制

建立政企金深入合作机制,需做好以下工作。

其一,完善政企金合作机制。坚持"政府搭台、市场运作、金企共赢",加强金融机构与政府有关部门的沟通,形成"有组织、多形式、制度化"的合

---

① 山东新旧动能转换综合试验区建设总体方案,http://www.doc88.com.
② 黄少安.新旧动能转换与山东经济发展[J].山东社会科学,2017(9):101-108.

作机制。搭建完善政企金合作平台,发挥好山东省企业融资服务网络系统的作用。积极引导保险资金与省重点项目、重点企业对接,创新资金运用方式,扩大保险资金运用规模。由各专班牵头,定期或不定期组织举办不同类型、不同层次的金企对接活动,提高金企合作效率。

其二,创建国家产融合作试点城市。建立政府、企业、金融机构对接合作机制,完善产业链金融服务。创新基金运作机制,出台市级新旧动能转换引导基金参股县(市、区)政府设立基金有关政策,支持以县(市、区)为主设立基金,实现精准投资、招商。借鉴外地先进经验,探索适合产业发展的投融资机制,支持重点产业园建设,为"双招双引"项目落地提供强有力支撑。出台优化基金设立程序和投放机制有关政策,推动基金加快落地,更好发挥支持"双招双引"和新旧动能转换的作用。创新基金组合形式,形成政银企合作、产业与金融良性互动、和谐发展的新格局。

其三,进一步推进金融领域改革。控制土地和房地产的过快增长势头,深化垄断产业改革,改进去产能的调控方式。进一步降低企业税费负担,优化税制结构,提高税负公平性。进一步加大创新平台建设的政策支持力度,落实有关优惠政策,营造发展良好环境。在财政预算中拿出专项经费,设立科技创新平台建设提升计划专项资金[1],重点培育和支持科技研发平台实施科技创新项目。

(三)营造良好的金融生态环境

营造良好的金融生态环境,需做好以下工作。

其一,健全科技创新投融资机制。建立多元化创新发展投入体系,进一步完善科技投入体制,进一步强化财政投入对自主创新的导向作用。进一步拓宽科技平台投融资渠道,建立以财政资金为导向,吸引社会资本投入的多元化、多渠道的投资体系。大力整合产业类专项资金,明确财政资金扶持的方向和领

---

[1] 陈标新,徐元俊,罗明.基于粤港澳大湾区建设背景下的科技创新人才队伍建设研究:以东莞市为例[J].科学管理研究,2020,38(1):133-138.

域，加大对科技基础平台和公益性研发平台建设的投入，重点支持技术含量高、市场前景好、可能形成新的经济增长点的新兴战略性产业项目的研发。扩大科技发展基金，加强与各类基金及金融机构合作，引导创投基金、风投基金和其他社会资本向科技型中小企业投资，多举措解决资金瓶颈问题。

其二，促进科技与金融深度结合。完善科技金融综合服务体系，规范设立政府创业投资引导基金，建立企业融资信用体系。各地市应进一步加强与各大银行的协作配合，进一步拓宽科技型企业融资渠道，创新科技信贷模式，支持商业银行设立科技银行，开展针对科技型中小微企业的融资服务。依托金控集团，运作好国信创投基金，加强与国家、省级创新引导基金联动，逐步扩大各类创新基金规模。

其三，优化创新创业融资环境。持续推进供应链金融服务工作，借助应收账款融资服务平台，开展"应付账款票据化，解决中小微企业融资难"专项行动。组织开展"金融助推乡村振兴示范县"活动，继续深入推进"农地"抵押贷款试点和农村集体资产股份权能改革试点工作。探索构建小微企业融资风险分担体系，搭建市场化保险、政策性担保为基础，风险缓释、风险补偿为支撑的小微企业融资保障多层架构，建立金融机构想贷、敢贷、愿贷的长效增信支持机制。深入推进普惠金融与智慧医疗深度融合，开展征信窗口服务标准化建设，持续推进各地区普惠金融综合示范区建设，积极打造普惠金融特色品牌。

其四，防控金融风险。各级政府及主管部门应规范和约束自己的行为，积极管控金融风险；应充分认识到金融危机的影响还可能蔓延和深化，包括企业的债务危机和银行的不良资产危机、政府债务风险和房地产风险以及非法集资行为造成的社会不稳定。应进一步打击金融中介的圈钱行为，让资金以较低利率流向实体经济企业；"去杠杆"应坚决向掌握力度，切忌急刹车式的行为。政府应管控好自己的债务风险，包括潜在债务；应进一步管控好房地产风险，同时，应加强对网络金融的约束和监管[①]。

---

① 黄少安.新旧动能转换与山东经济发展[J].山东社会科学，2017（9）：101-108.

二、健全充满活力的人才支撑体系

面对国内外科技资源、人才链、产业链、价值链正在重新配置的机遇，山东省应尽快解决由于贸易摩擦、"科技冷战"等因素造成的引进海内外领军人才、先进技术、高端装备与产业升级的困难，把高层次科技人才作为一种战略资源来培养。

（一）实施科技人才聚集工程

实施科技人才聚集工程，重点做好以下工作。

其一，加大招才引智的力度。用好各地市重点产业引才专项，完善高层次人才备选数据库，精准把握引才目标，提升招才引智的精准度，集聚各类科技资源。做好各类人才工程计划的推荐申报工作，积极组织推荐高层次人才申报国家创新人才推进计划、省泰山产业领军人才工程，力争有更多人才进入国家、省和市人才梯队。同时，强化对人才的跟踪服务，定期座谈交流，帮助解决发展中遇到的困难和问题。充分利用外专工作优势，在实施各级重点引才引智工程中持续引进，培育新的高层次、高质量外国专家和外国专家项目。

其二，加大对各类科技人才的支持力度。在重大项目安排、财政资金分配等方面向高层次人才倾斜，把财政支持企业发展的各类专项资金，优先用于企业人才培养，特别是优先支持创新团队、产学研合作等人才计划项目。坚持项目引进与人才引进相结合，集成各类科技计划，通过支持高新技术项目引进高层次人才。按照实施一批科技项目、培养一批科技人才的思路，进一步健全完善科技项目数据库。积极组织科技人才申报省级以上科技计划，争取有更多科技人才承担的项目列入国家、省计划盘子，全力为人才创新创业提供资金保障。充分发挥政府引导鼓励人才创新创业的导向作用，带动企业不断加大对人才培养的投入力度。

其三，创新人才培养模式。结合山东省产业转型发展的需求，大力支持本地高校和科研院所的发展，与国内外著名高校和科研院所建立良好的合作培养关系，不断提高高层次人才队伍建设的素质。结合企业的技术创新和重大研究项目，引导和支持企业加大创新型高端人才的开发投入，培养更多创新型科技人才。以深化产学研合作为重点，围绕现代产业体系建设所急需的科技人才，开展人才专场服务活动，充分利用企业与国内外高校院所专家团队精准对接活动，积极开展"一对一""一对多""多对一"的专场服务，推动更多科技人才来鲁创新创业。通过"互联网＋科技成果转化"在线对接模式，打造线上线下相结合的对接服务新体系。

（二）强化高层次人才培育

建设知识型、技能型、创新型劳动者大军，培养造就一大批具有国际水平的战略科技人才、科技领军人才、青年科技人才和高水平创新团队。加大海外高端人才引育，深入实施重点人才工程，进一步放宽对用人单位的限制性条件，让更多的企业能够享受政策红利，在更广的范围内选拔人才，突出人才实绩，强化对人选水平、项目先进性、可行性和预期效益等的评估论证。推动招才引智质量齐升，组织举办山东省海内外英才创业周、山东籍博士家乡行等人才项目对接活动，精准化联系对接院士、"千人计划"专家、博士等高层次人才来鲁考察洽谈。

加快发展现代职业教育，培养高素质实用型技能人才[①]。创新人才引进服务机制，加强新型高端智库建设，发展专业性、行业性人才市场。规划建设高端人才社区，解决海外高层次创新创业人才住房问题。推进人才服务专业化，制定高层次人才服务体系建设的实施意见，全面建立人才服务绿色通道和人才服务专员制度，再造人才服务绿色通道流程，打造"一站式"人才服务体系。

---

① 山东新旧动能转换综合试验区建设总体方案，http://www.doc88.com.

(三)强化各项人才优惠政策落实

结合国家、省中长期人才发展规划纲要和各地政府加快建设人才强市的若干意见,建议加大对各县市区、市属各开发区落实有关人才政策的督导检查力度,确保高新技术企业税收减免、企业研发费用加计扣除等优惠政策得到落实,提高各类人才自主创新的积极性。加强领导班子联系专家制度,通过定期座谈交流等形式,帮助各类人才解决工作生活中的实际问题,全力提供优质高效服务,让各类科技人才安心创新创业,确保引得进、留得住高层次人才。

简化省级引智项目绩效评价程序。资金是引进国外智力工作的基础,对于引智专项资金的管理和使用必须做到严格标准、专款专用。引智专项经费数额不大,应考虑基层引智部门的工作难处,严控开支范围和使用标准,精减绩效评价过程中部分指标体系和评价标准,简化绩效评价流程。

三、强化重大项目支撑引领

山东省处在黄河下游南北交换的重要区域,既有南方地区经济发展的优势和基础,也有北方地区经济发展的问题和困惑[1],其经济发展的质量和效益还不够高,对新旧动能转换有着迫切的需求。山东省应进一步深化政金企合作,加大新旧动能转换重大项目推进和储备培育力度,全面提升重大项目对山东新旧动能转换综合试验区建设的支撑引领作用。

其一,建立新旧动能转换重大项目策划培育机制。以"十强"产业、基础设施、生态民生为方向,立足高质量发展,注重培育新产业、新动能、新主体,加大项目策划培育力度,提高项目质量[2]。充分发挥园区和企业的主体作用,开展"对

---

[1] 胡薄.以新旧动能转换重大工程为统领,推动创新发展持续发展领先发展[R].2018-03-13.
[2] 山东省发展和改革委员会.山东省新旧动能转换重大工程重大项目培育和深化政企金合作的工作方案[R].2019-03-07.

接行业龙头企业行动",谋划一批具有先导性和牵引作用的产业项目,努力培育一批新兴产业集群。推进实施重大项目,聚焦新能源、汽车制造、高端化工、虚拟现实、智能制造等重点领域,抓好全省技术改造项目和技术创新项目,增强发展后劲。实施重点创新项目,围绕提高制造业创新能力,每年制定出台创新项目导向计划,在创新平台建设、科技成果转化、新产品、新技术、新工艺等环节组织实施一批重点项目,引导企业在核心装备、系统软件、关键材料、基础零部件等关键领域创新突破。

其二,建立新旧动能转换重大项目储备推介机制。坚持问题导向和目标导向相结合,围绕山东新旧动能转换综合试验区建设和"十强"产业发展,进一步完善新旧动能转换重大项目库建设机制,提高新兴产业项目入库比例,加大重大基础设施项目储备力度。以新旧动能转换重大项目库为依托,建立全省新旧动能转换重大项目资金需求信息库,推进各专班共享机制建设[①]。通过人民银行济南分行及地方金融监管局,及时向银行、保险等各金融机构推介。

其三,建立新旧动能转换重大项目协调推进机制。建立完善省级新旧动能转换重大工程重大项目联席会议制度,加强统筹协调,适时组织相关部门研究重大项目落地过程中的问题,加快推进项目建设。落实部门首问负责制、服务承诺制和限时办结制,对未开工项目实施精准服务,争取尽早开工;对已开工项目持续跟踪服务,争取快投入、早竣工。

四、完善智能安全的基础设施网络

经济新常态下新旧动能转换的关键是以体制改革为动力,以技术创新为引领,以新技术、新产业、新业态、新模式为核心,以知识、技术、信息、数据等新生产要素为支撑,坚持增量崛起与存量变革并举、培育壮大新兴产业与改

---

① 山东省德州市将建立重大项目资金需求信息库,中国山东网,http://dezhou.sdchin.

造提升传统产业并重，推动新动能加速成长。山东省新旧动能转换的中心任务是发展四新、促进四化、实现四提，应积极抢抓技术革命和产业变革的重大机遇，加快推动以信息基础设施、融合基础设施、创新基础设施为主的新型基础设施建设发展，构建数字转型、智能升级、融合创新的服务支撑体系。

山东省应进一步加快交通基础设施建设，完善山东省高速铁路网，支持济南机场升级改造；优化港口功能定位，打造现代化港口群；推进京杭运河山东段升级改造，优化济南跨黄河桥隧布局；推动交通与物流融合发展，开展多式联运、国际中转集拼业务等试点[1]。应进一步加快信息基础设施建设，推动互联网骨干节点升级，推动海底光缆系统建设；进一步优化水资源配置格局，增强水安全保障能力。应进一步推动和参与山东半岛和辽东半岛跨海大桥建设，从根本上克服山东经济板块相对独立性和孤立性[2]；推行配套企业集群制管理，鼓励龙头企业实行5千米以内配套企业优先服务的企业管理制度，以达到产业集聚和融合发展的效果；加快实现青潍一体化，促进企业对接、交通设施重新布局和通关一体化。

---

[1] 山东新旧动能转换综合试验区建设总体方案，http://www.doc88.com.
[2] 黄少安. 新旧动能转换与山东经济发展[J]. 山东社会科学，2017（9）:101-108.

参考文献

[1] 李克强. 催生新的动能实现发展升级[J]. 求是, 2015（20）:3-6.

[2] 黄少安. 新旧动能转换与山东经济发展[J]. 山东社会科学, 2017（9）:101-108.

[3] 赵丽娜. 产业转型升级与新旧动能有序转换研究：以山东省为例[J]. 理论学刊, 2017（2）:68-74.

[4] 蒲实, 孙文营. 实施乡村振兴战略背景下乡村人才建设政策研究[J]. 中国行政管理, 2018（11）:90-93.

[5] 宋小霞, 王婷婷. 文化振兴是乡村振兴的"根"与"魂"[J]. 山东社会科学, 2019（4）:176-181.

[6] 李元勋, 李魁铭. 德治视角下健全新时代乡村治理体系的思考[J]. 新疆师范大学学报：哲学社会科学版, 2019（2）:37-44.

[7] 余典范. 中国产业发展报告2017新旧动能转换[M]. 上海：上海财经大学出版社, 2017.

[8] 刘迎秋, 吕风勇, 毛健. "大众创业、万众创新"催生经济发展新动能[J]. 国家行政学院学报, 2016（6）:35-39.

[9] 庞美燕, 桑金琰, 张峰. 新旧动能转换背景下的制造业产业升级评价研究[J]. 技术经济, 2020, 39（1）:106-111.

[10] 师博, 张冰瑶. 新时代、新动能、新经济：当前中国经济高质量发展解析[J]. 上海经济研究, 2018, 356（5）:27-35.

[11] 眭纪刚. 结构调整、范式转换与"第三次工业革命"[J]. 中国科学院院刊, 2014, 29（6）:723-732.

[12] 苏任刚，赵湘莲，胡香香.普惠金融能成为促进中国产业结构优化升级的新动能吗：基于互联网发展的机制分析［J］.技术经济，2020，39（4）:39-52.

[13] 田侃，倪红福，李罗伟.中国无形资产测算及其作用分析［J］.中国工业经济，2016（3）:5-19.

[14] 余东华.以"创"促"转"：新常态下如何推动新旧动能转换［J］.天津社会科学，2018（1）:105-111.

[15] 赵炳新，肖雯雯，殷瑞瑞.关于新动能的内涵及其启示［J］.经济研究参考，2018（2）:72-76.

[16] 赵若玺，徐治立.新科技革命会带来什么样的产业变革［J］.人民论坛，2017（15）:83-85.

[17] 郑世林，杨梦俊.中国省际无形资本存量估算：2000—2016年［J］.管理世界，2020，36（9）:67-81.

[18] 郑世林，张美晨.科技进步对中国经济增长的贡献率估计：1990—2017年［J］.世界经济，2019，42（10）:73-97.

[19] 中国人民大学宏观经济分析与预测课题组.全球技术进步放缓下中国经济新动能的构建［J］.经济理论与经济管理，2016（12）:5-20.

[20] 宁吉喆.新产业新业态新模式统计探索与实践［M］.北京：中国统计出版社，2017.

[21] 尹丽波.世界信息技术产业发展报告（2016—2017）［R］.工业和信息化蓝皮书，2017.

[22] 吴韬.习近平新时代数字经济思想及其现实意义［J］.云南社会主义学院学报，2018（2）：5-11.

[23] 兰建平.发展数字经济，促进高质量发展［R］.之江产经智库，2019-12-28.

[24] 李高勇，刘露.工业互联网推动竞争优势服务化［J］.清华管理评论，

2020（11）：72-79.

[25] 金江军.新旧动能转换读本［M］.北京：中共中央党校出版社，2018.

[26] 窦玉鹏.新旧动能转换：内涵界定、理论进路与政策设计［J］.山东工商学院学报，2020（5）：18-28+48.

[27] 王绛.国有企业要在"双循环"中起战略支撑作用［J］.中国发展观察，2021（1）：25-27+48.

[28] 山东省人民政府.山东省人民政府关于印发山东省新旧动能转换重大工程实施规划的通知［R］.山东省人民政府公报，2018-02-28.

[29] 郝全洪.推进协同发展的现代产业体系建设的思考与建议：基于管理动力系统理论的视角［J］.学术研究，2021（1）：97-103.

[30] 王寿林.我国社会主要矛盾的特征及对贯彻新发展理念的要求［J］.观察与思考，2021（1）：5-14.

[31] 李有明.社会主义新农村信息化建设［J］.经济研究导刊，2010（35）：290-291.

[32] 黄玥.提升创新型企业创新动力研究：以石家庄为例［J］.统计与管理，2018（3）：64-66.

[33] 陈明明，张文铖.数字经济对经济增长的作用机制研究［J］.社会科学，2021（1）：44-53.

[34] 王永章.充分利用人工智能化解新时代社会主要矛盾［J］.宁夏社会科学，2021（1）：12-19.

[35] 肖景培.惠州市建设智慧政府的问题与对策研究［D］.武汉：华中师范大学，2017.

[36] 王贝贝.山东省资源型城市绿色转型发展评价研究［D］.北京：中国地质大学，2019.

[37] 李庆军，王霞，潘云文，等.基于因子分析的山东区域创新能力评价研究［J］.科学与管理，2017（6）：32-37.

［38］张亚.瓦斯防治安全投入综合评价模型研究与应用［D］.廊坊：华北科技学院，2016.

［39］王利政，李俊彪，王浩.中国发电集团建设世界一流企业评价及建议［J］.中国科技论坛，2013（10）：152-158.

［40］周志霞.潍坊市农业文明建设与城乡统筹发展研究［M］.北京：企业管理出版社，2019.

［41］申向东，楚明超，董在俭，等.科技创新推动河南经济发展动能转换研究［J］.河南科学，2019，37（4）:656-660.

［42］喻新安.在动能转化的持续推动中实现区域协调发展［J］.区域经济评论，2019（1）:9-12.

［43］杨丽，孙之淳.基于熵值法的西部新型城镇化发展水平测评［J］.经济问题，2015（3）:115-119.

［44］高铁梅，崔广亮，刘硕.适度城镇化、产业结构调整与经济增长：基于面板数据广义矩（PD-GMM）模型的实证检验［J］.吉林大学社会科学学报，2018（3）:32-44+203-204.

［45］郑世林，熊丽.中国培育经济发展新动能的成效研究［J］.技术经济，2021，40（1）:1-11.

［46］李长英，周荣云，余淼杰.中国新旧动能转换的历史演进及区域特征［J］.数量经济技术经济研究，2021，38（2）:3-23.

［47］吴维海，宋岩.明确战略方向推动新旧动能转换［J］.中国物价，2018（1）:25-27.

［48］余东华.以"创"促"转"：新常态下如何推动新旧动能转换［J］.天津社会科学，2018（1）:105-111.

［49］陈文杰.以产业融合发展来培育经济发展新动能［J］.决策咨询，2017（5）:9-11.

［50］黄茂兴."十三五"时期中国区域发展新理念、新空间与新动能：2016

年中国区域经济学会年会综述［J］.中国工业经济，2017（1）:195-196.

［51］李平，付一夫，张艳芳.生产性服务业能成为中国经济高质量增长新动能吗［J］.中国工业经济，2017（12）:5-21.

［52］凌捷.国家高新区与中国经济发展新动能转换研究［J］.改革与战略，34（2）:53-57.

［53］刘世锦.中国经济增长的平台、周期与新动能［J］.新金融，2018（4）:4-9.

［54］邵明振，马舒瑞，屈小芳，等.河南省经济新动能统计测度、经济效应及发展路径研究［J］.统计理论与实践，2021（3）:15-22.

［55］陈标新，徐元俊，罗明.基于粤港澳大湾区建设背景下的科技创新人才队伍建设研究：以东莞市为例［J］.科学管理研究，2020（1）：133-138.

［56］胡薄.以新旧动能转换重大工程为统领，推动山东创新发展持续发展领先发展［R］.山东省发展改革委"发改论坛"，2018-03-13.

［57］杨秋怡，马海倩.上海推进经济增长动能转换的战略性新兴产业发展研究：以新型生产要素的视角［J］.科学发展，2021（1）:11-20.

［58］孙文浩.科研人才集聚与地区新旧动能转换［J］.中国人力资源开发，2021，38（1）:101-113.

［59］石建中，张玉辉.供给侧结构性改革导向下新旧动能转换及动力源研究：以青岛市为例［J］.中国海洋大学学报：社会科学版，2021（1）:101-109.

［60］金碚.关于"高质量发展"的经济学研究［J］.中国工业经济，2018（4）:5-18.

［61］曹曼，叶文虎.产业体系划分的理论探讨［J］.经济学动态，2004（6）:20-23.

［62］陈强远，林思彤，张醒.中国技术创新激励政策:激励了数量还是质量［J］.中国工业经济，2020（4）:79-96.

[63] 郭薇,薛澜.互联网医疗的现实定位与未来发展[J].探索,2016(6):142-148.

[64] 韩顺法,李向民.基于产业融合的产业类型演变及划分研究[J].中国工业经济,2009(12):66-75.

[65] 金元浦.我国当前文化创意产业发展的新形态、新趋势与新问题[J].中国人民大学学报,2016,30(4):2-10.

[66] 黄国平,孔欣欣.金融促进科技创新政策和制度分析[J].中国软科学,2009(2):28-37.

[67] 黄浩.互联网驱动的产业融合:基于分工与纵向整合的解释[J].中国软科学,2020(3):19-31.

[68] 靖学青.上海产业升级测度及评析[J].上海经济研究,2008(6):53-59.

[69] 李向民,王萌,王晨.创意型企业产品特征及其生产决策研究[J].中国工业经济,2005(7):112-118.

[70] 李晓华.数字经济新特征与数字经济新动能的形成机制[J].改革,2019(11):40-51.

[71] 厉无畏,于雪梅.关于上海文化创意产业基地发展的思考[J].上海经济研究,2005(8):48-53.

[72] 刘伟,张立元.经济发展潜能与人力资本质量[J].管理世界,2020,36(1):8-24+230.

[73] 刘志彪.从后发到先发:关于实施创新驱动战略的理论思考[J].产业经济研究,2011(4):1-7.

[74] 刘智勇,李海峥,胡永远,等.人力资本结构高级化与经济增长:兼论东中西部地区差距的形成和缩小[J].经济研究,2018,53(3):50-63.

[75] 马健.产业融合理论研究评述[J].经济学动态,2002(5):78-81.

[76] 沈杰.新兴产业与新产业分类法:兼评《信息化与产业融合》[J].上海经济研究,2004(11):77-80.

[77] 盛朝迅. "十四五"时期推进新旧动能转换的思路与策略[J]. 改革, 2020（2）:5-19.

[78] 谢伏瞻. 论新工业革命加速拓展与全球治理变革方向[J]. 经济研究, 2019, 54（7）:4-13.

[79] 袁胜军, 俞立平, 钟昌标, 等. 创新政策促进了创新数量还是创新质量:以高技术产业为例[J]. 中国软科学, 2020（3）:32-45.

[80] 袁志刚. 经济增长动能转换与金融风险处置[J]. 经济学动态, 2017（11）:4-15.

[81] 张豪, 张建华, 谭静. 中国经济增长的源泉与动能转换:1952—2015[J]. 经济问题探索, 2017（9）:12-24.

[82] 张来武. 论创新驱动发展[J]. 中国软科学, 2013（1）:1-5.

[83] 张来武. 以改革开放引领和推动创新发展[J]. 中国软科学, 2018（10）:1-8.

[84] 张来武. 以六次产业理论引领创新创业[J]. 中国软科学, 2016（1）:1-5.

[85] 周振华. 新产业分类:内容产业、位置产业与物质产业——兼论上海新型产业体系的构建[J]. 上海经济研究, 2003（4）:13-21.

[86] 曹威麟, 姚静静, 余玲玲, 等. 我国人才集聚与三次产业集聚关系研究[J]. 科研管理, 2015（12）:172-179.

[87] 曹雄飞, 霍萍, 余玲玲. 高科技人才集聚与高技术产业集聚互动关系研究[J]. 科学学研究, 2017, 35（11）:1631-1638.

[88] 陈新明, 萧鸣政, 张睿超. 城市"抢人大战"的政策特征、效力测度及优化建议[J]. 中国人力资源开发, 2017, 37（5）:59-69.

[89] 黄智淋, 董志勇. 我国金融发展与经济增长的非线性关系研究:来自动态面板数据门限模型的经验证据[J]. 金融研究, 2013（7）:74-86.

[90] 马小强. 新常态下人力资本与产业转型升级的契合性研究[J]. 中国人力资源开发, 2015（3）:70-76.

[91] 孙文浩.城市抢"人"大战与企业创新[J].山西财经大学学报，2020，42（9）:15-30.

[92] 翁清雄，胡蓓，古家军.产业集群特征对集群内人才成长的影响：基于我国四个产业集群的一项实证研究[J].科研管理，2008（4）:103-110.

[93] 夏怡然，陆铭.跨越世纪的城市人力资本足迹：历史遗产、政策冲击和劳动力流动[J].经济研究，2019（1）:132-149.

[94] 张益丰，孙文浩.高技术产业与科技研发人才：集聚形态、影响机制及演化路径[J].中国人力资源开发，2018，35（3）:104-116.

[95] 周均旭，胡蓓.产业集群人才引力效应与成因分析：以佛山为例[J].管理评论，2010，22（3）:101-107.

[96] 朱杏珍.人才集聚过程中的羊群行为分析[J].数量经济技术经济研究，2002（7）:53-56.

[97] 孙文浩，张益丰.低房价有利于"抢人大战"城市科研人才集聚吗[J].科学学研究，2020，38（5）:813-825.

[98] 孙健，刘铮.高新技术产业集聚效果的实证研究：以中国高新区政策为例[J].软科学，2014，28（2）:1-5.

[99] 孙健，尤雯.人才集聚与产业集聚的互动关系研究[J].管理世界，2008（3）:177-178.

[100] 孙文浩，张益丰.城市抢"人"大战有利于地区新旧动能转换吗？[J].科学学研究，2019，37（7）:1220-1230.

[101] 裴玲玲.科技人才集聚与高技术产业发展的互动关系[J].科学学研究，2018，36（5）:813-824.

[102] 黎智洪.我国产业发展"三大变革"的理论逻辑与方法论[J].改革，2018（9）:91-101.

[103] 丁文珺，伍玥.湖北省加快新旧动能转换的路径研究[J].湖北社会科学，2018（12）:56-67.

［104］山东省人民政府.山东省新旧动能转换重大工程实施规划［EB/OL］. http:// www.binzhou.gov.cn/zwgk/news/detail?tcode=N0c9e42edf385715e5ff bc438690 b8211&code={9550f89f-feb6-47d1-8cd3-587bb4cc2922}，2018-02-13/2020-08-13.

［105］李大海，翟璐，刘康，等.以海洋新旧动能转换推动海洋经济高质量发展研究：以山东省青岛市为例［J］.海洋经济，2018，8（3）:20-29.

［106］李敏.青岛经济增长的资源约束实证［J］.绿色科技，2017(6):204-207.

［107］栾新.新旧动能转换让青岛全域旅游更精彩［N］.中国旅游报，2018-03-27（1）.

［108］韩保江."供给侧结构性改革"的政治经济学释义：习近平新时代中国特色社会主义经济思想研究［J］.经济社会体制比较，2018（1）:10-18+76.

［109］黄群慧.论中国工业的供给侧结构性改革［J］.中国工业经济，2016（9）:5-23.

［110］赵宇.供给侧结构性改革的科学内涵和实践要求［J］.党的文献，2017（1）:50-57.

［111］张文，张念明.供给侧结构性改革导向下我国新旧动能转换的路径选择［J］.东岳论丛，2017，38（12）:93-101.

［112］刘尚希，苏京春.供给侧结构性改革、新动能与供求新平衡［J］.中共中央党校学报，2018，22（2）:110-118.

［113］余东华.以"创"促"转"：新常态下如何推动新旧动能转换［J］.天津社会科学，2018（1）:105-111.

［114］隆国强.新旧动能转换的意义、机遇和路径［J］.中国发展观察，2017（11）:28-31.

［115］白洁.湖北新旧动能转换的定量测度与对策研究［J］.湖北社会科学，2017（7）:53-58.

［116］郭启光.环渤海区域新旧动能转换的实证研究：基于绿色全要素生产率

提升视角[J].前沿,2019(1):58-65.

[117] 张旭明,孔丽.云南省供给侧改革新旧动能转换研究[J].时代金融,2019(4):50-51.

[118] 李佐军.加快新旧动能转换促进经济转型升级[J].领导科学论坛,2017(18):66-82.

[119] 李福柱,田爽.我国经济增长中供给侧与需求侧新旧动能转换效应研究[J].长沙理工大学学报:社会科学版,2020,35(6):81-96.

[120] 柴士改,李金昌.中国经济发展新旧动能转换的监测研究[J].财经论丛,2020(12):13-22.

[121] 王小广.新旧动能转换:挑战与应对[J].人民论坛,2015(35):16-18.

[122] 李佐军.加快新旧动能转换促进经济转型升级[J].领导科学论坛,2017(18):66-82.

[123] 隆国强.新旧动能转换的意义、机遇和路径[J].中国发展观察,2017(21):28-31.

[124] 何强.中国农村经济发展新动能统计测度及提升路径研究[J].调研世界,2019(1):4-10.

[125] 黄昶生,张晨,王丽.基于全要素生产率的新旧动能转换效果测度研究:以山东省为例[J].河南科学,2019,37(12):2034-2040.

[126] 赵丽娜.产业转型升级与新旧动能有序转换研究:以山东省为例[J].理论学刊,2017(2):68-74.

[127] 郑江淮,宋建,张玉昌,等.中国经济增长新旧动能转换的进展评估[J].中国工业经济,2018(6):24-42.

[128] 李毅中.补短板促进新旧动能转换[J].中国经贸导刊,2016(10):41-42.

[129] POWELL D. Quantile treatment effects in the presence of covariates[J]. The Review of Economics and Statistics,2020,102(5):1-12.

[130] SEO M H, SHIN Y.Dynamic panels with threshold effect and endogeneity[J]. Journal of Econometrics, 2016, 195(2): 169-186.

[131] BOSETTI V, CATTANEO C, VERDOLINI E.Migration of skilled workers and innovation:A European perspective [J].Journal of International Economics, 2015, 96(2): 311-322.

[132] CANER M, HANSEN B E. Instrumental variable estimation of a threshold model [J].Econometric Theory, 2004, 20(5): 813-843.

[133] CIULIANI E. Cluster absorptive capacity:Why do some clusters forge ahead and others lag behind? [J].European Urban and Regional Studies, 2005, 12(3): 269-288.

[134] HANSEN B E.Threshold effects in non-dynamic panels:Estimation, testing, and inference [J].Journal of Econometrics, 1999, 93(2): 345-368

[135] KREMER S, BICK A, NAUTZ D. Inflation and growth:New evidence from a dynamic panel threshold analysis [J].Empirical Economics, 2013, 44(2): 861-878.

[136] KRUGMAN P. Increasing returns and economic geography [J].Journal of Political Economy, 1991, 99(3): 483-499.

[137] LAW S H, SINGH N. Does too much finance harm economic growth? [J]. Journal of Banking and Finance, 2014(41): 36-44.

[138] BRüLHART M, SBERGAMI F.Agglomeration and growth:Cross-country evidence [J].Journal of Urban Economics, 2009, 65(1): 48-63.

[139] ALLES M, ALLES A.The opportunity economy:Enduring lessons from the rise and fall of the new economy [J].The International Journal of Digital Accounting Research, 2002, 2(3):1-25.

[140] BLACK S E, LYNCH L M.Measuring organizational capital in the new economy

[J].Nber Chapters,2005,44(2):393-412.

[141] BLACK S E,LYNCH L M.What's driving the new economy:The benefits of workplace innovation[J].The Economic Journal,2004,114(493):F97–F116.

[142] BOGDANOWICZ M S,BAILEY E K.The value of knowledge and the values of the new knowledge worker:Generation X in the new economy[J].Journal of European Industrial Training,2002,26(2/3/4):125–129.

[143] BRESNAHAN T,GAMBARDELLA A,SAXENIAN A.Old Economy inputs for New Economy outcomes:Cluster formation in the new silicon valleys[J].Industrial&Corporate Change,2001,10(10):835–860.

[144] CARLINO G A.Knowledge spillovers:Cities'role in the new economy[J].Business Review,2001,7(Q4):17–26.

[145] COELHO E.Impact of information on the value chain of an enterprise in the new economy[J].South African Journal of Information Management,2009,1(1):12–23.

[146] CORRADO C A,SICHEL D E,HULTEN C R.Measuring capital and technology:An expanded framework[J].Social Science Electronic Publishing,2005,45:11–46.

[147] FREEMAN R B.The labour market in the new information economy[J].Oxford Review of Economic Policy,2002,18(3):288–305.

[148] GALBI D A.Growth in the "new economy":US bandwidth use and pricing across the 1990s[J].Telecommunications Policy,2003,25(1):139–154.

[149] HAYTON J C.Competing in the new economy:The effect of intellectual capital on corporate entrepreneurship in high-technology new ventures[J].R&D Management,2010,35(2):137–155.

[150] KUPPUSAMY M,SANTHAPPARAJ A S.Cyber-laws in the new economy:The case of malaysia[J].Asian Journal of Information Technology,2012(8):23–46.

[151] LIBERT B D,BOULTON R E S,SAMEK S M.A business model for the new economy [J].International Journal of Physical Distribution&Logistics Management,2004, 34（3/4）:346-357.

[152] MACHIN S.The changing nature of labour demand in the new economy and skill-biased technology change [J].Oxford Bulletin of Economics, 2010, 63（S1）:753-776.

[153] MARIN C.The new economy-knowledge based economy [J].Annals of Dunărea De Jos University Fascicle IEconomics&Applied Informatics, 2007（13）: 45-54.

[154] NAKAMURA L I.Economics and the new economy:The invisible hand meets creative destruction [J].Business Review,2000（4）:15-30.

[155] NORDHAUS W D.Productivity growth and the new economy [J].Brookings Papers on Economic Activity,2002（2）:211-244.

[156] QUAH D.Digital goods and the new economy [J].LSE Research Online Documents on Economics,2003, 167（3）:401-401.

[157] VIOLETA A M, RAMONA M E, NICOLAE B S. The new economy and the entrepreneur:Reassessment and perspectives in the context of XXI century[J]. Annals of the University of Oradea Economic Science,2011, 1（1）:324-329.

附录一　潍坊市产业驱动创新实施重点

表1　农业产业创新驱动实施重点

重点园区
中国食品谷、潍坊（寿光）国家级高新技术开发区、寿光市国家级现代蔬菜种业创新创业基地、峡山华以高科技农业孵化园、临朐全国区域性良种繁育基地、山东半岛果树组培育苗基地、安丘全国食品（农产品）质量安全示范区、全国有机农业生产试验基地、昌乐省级农业科技园区、寒亭嘉实高端食品产业园、安丘农谷产业园、青州市花卉大学生创业园

龙头企业
山东寿光蔬菜产业集团、山东寿光天成食品集团有限公司、山东东方誉源现代农业集团有限责任公司、山东苏伯食品股份有限公司、山东泰华食品股份有限公司、山东沃华农业科技股份有限公司、潍坊万鑫食品有限公司、山东中慧牧业有限公司、潍坊瑞福油脂股份有限公司、山东宋香园现代农业有限公司、山东省华盛农业股份有限公司、潍坊蓝色畅想休闲渔业有限公司、山东潍坊龙威实业有限公司、山东贝隆杜仲生物工程有限公司、青州市亚泰农业科技有限公司

创新平台
北京大学现代农业研究院、中国食品谷协同创新中心、中美食品与农业创新中心、兴旺种业育种研发基地、中韩育种育苗技术研究中心、中荷现代农业合作交流中心、寿光蔬菜种业研发中心、潍坊华以高科技现代农业孵化器、山东省蔬菜花卉生物育种工程研究中心、昌邑林业科技创新应用示范基地、诸城国家级农林科技孵化器、中国（国际）花卉苗木技术转移中心、山东省亚泰农业科学研究院

续表

重点项目
业新六产：中国食品谷食品小镇项目、渠风食品小麦高值化深加工及绿色循环经济产业基地项目、合力牧场乡间牧场项目、润竹山生态谷项目、双雀山现代农业产业融合示范基地项目、泛常山农村三产融合试验区、伟圣田园综合体项目、桃花源休闲农业生态园项目、百纳城酒庄葡萄种植产业融合项目、中国第一莫沙夫项目、乐高农场项目、博纳庄园综合体项目、昌邑潍水田园综合体项目、高密五龙河农场田园综合体、盈丰田园综合体项目、寿光大自然锦鲤生态休闲基地项目、高新开发区新钢生态观光农业园项目、昌乐庵上湖田园综合体项目、金丝达实业生态经济林三产融合产业园项目、青州花卉小镇、中国花卉电子商务交易中心项目、蓝色畅想海洋牧场建设项目、龙威实业海洋牧场建设项目、恒益农业生态农庄项目、盛伟牧业中澳畜牧产业园、地主网农产品电商平台、高密宏基"互联网+"现代农业示范项目。特色高效农业：寿光现代农业高新技术集成示范项目、七叶树生物科技项目、台湾特色农业创意园、潍坊神元铁皮石斛科技文化产业园、诸城万亩平欧榛子示范项目、寿光市羊口镇万亩高效农业示范项目、雅拉生态食品科技园项目、山东奥友生物科技海洋药用生物资源柽柳产业开发项目、高密阚家鲜食葡萄示范项目、现代成田食品深加工项目、大北农生态养猪一体化项目、青州杜仲万亩中药材种植基地。智慧农业：寿光设施蔬菜产业智慧化项目、铭基中慧中央厨房项目、寿光金迈农业科技现农业智慧化项目、中国花卉电子商务交易中心、孟津智慧农业项目、青州市恒美花卉产业智慧化项目

表2 化工产业创新驱动实施重点

重点园区
滨海临港化工园、寿光羊口渤海化工园、寿光侯镇海洋化工园、寿光田柳精细化工园、昌邑下营工业园、昌邑龙池工业园

龙头企业
中化弘润石油化工有限公司、山东昌邑石化有限公司、寿光鲁清石化有限公司、山东海化集团、山东大地盐化集团有限公司、山东默锐化学有限公司、山东联盟化工股份有限公司、山东寿光新龙电化集团、潍坊天瑞化工有限公司、潍坊泽宇化工有限公司、山东成泰化工有限公司、潍坊石大昌盛能源科技有限公司、山东昌邑灶户盐化有限公司

附录一　潍坊市产业驱动创新实施重点

续表

创新平台
山东省海洋化工科学研究院、山东省海洋精细化工实验室、山东海化集团技术中心、山东省海洋化工生产力促进中心、山东省海洋精细化工中试基地、潍坊市聚丙烯新材料工程研究中心、潍坊市溴化工行业技术中心、潍坊市聚烯烃材料功能化及改性工程实验室、中德绿色化工经济技术交流中心、潍坊市染料中间体工程技术研究中心、潍坊市异戊烯醇合成工程技术研究中心
重点项目
高端石化：中化弘润石化60万吨/年重芳烃项目、80万吨/年间二甲苯中间体原料加工配套项目、100万吨/年乙烯项目、成品油质量升级项目、保税原油超市项目，山东昌邑石化有限公司中国化工集团山东化工原料基地升级改造项目、成品油（国Ⅵ）质量升级项目，鲁清石化120万吨轻烃综合利用及配套工程项目、乙烯一体化项目、成品油深度精制升级国Ⅵ标准项目、10万吨/年甲基丙烯酸甲酯项目，祥生科技绿色新材料产业化项目、万成科技石油储备库和炼化一体化项目、石大昌盛能源科技基础油项目、天安化工40万吨/年碳四综合利用项目、昌邑成泰化工丁烷脱氢项目、新绿化工山东总部基地、成泰化工甲基丙烯酸甲酯项目、新茂化工碳九项目。精细盐化工：中海油山东海化集团石化盐化一体化升级改造项目、新澳化工染料中间体二期项目、昌邑永宁化工溴碳酸钠盐及溴氨蓝项目、山东海化集团纳滤精制卤水项目、海王化工新材料项目、联盟化工合成氨项目

表3　汽车制造产业创新驱动实施重点

重点园区
福田诸城汽车及零部件产业园、寿光凯马汽车工业园、青州轻型载货汽车工业园、高密汽车零部件加工生产基地、昌邑浩信工业园、潍柴新能源动力产业园、北汽福田互联网汽车产业基地、高新开发区盛瑞传动自动变速器配套产业园
龙头企业
盛瑞传动股份有限公司、北汽福田诸城汽车厂、山东泰汽控股集团、山东凯马汽车制造公司、诸城义和车桥有限公司、潍坊富源增压器有限公司、寿光昊华轮胎有限公司、山东银宝轮胎集团有限公司、山东浩信集团有限公司、金永和精工制造股份有限公司、山东力创橡塑有限公司、昌邑康洁环卫有限公司、山东汇强重工科技有限公司、潍柴动力股份有限公司、北汽福田多功能汽车厂、江淮汽车山东分公司、瑞驰汽车有限公司、比德文控股集团、汉唐新能源汽车科技有限公司、喜威电驱车有限公司、山东威能坏保电源科技股份有限公司

续表

创新平台

诸城义和车桥疲劳应用工程试验研究中心、山东汽车制动件精密铸造技术工程实验室、山东省热交换工程技术研究中心、福田汽车山东工程研究院、潍柴新能源创新测试中心、福田汽车山东省汽车模具工程技术中心、盛瑞传动乘用车自动变速器工程技术研究中心

重点项目

中高档商用车和乘用车，有北汽福田卡车优化升级技术改造项目、40万辆整车项目、潍坊发动机工厂建设项目、潍柴控股集团新能源轻型商用车项目、江淮汽车中高档乘用车项目

特种汽车，有泽源汽车多功能环境作业车项目、荣昊专用车项目、正泰希尔专用车项目、山东满国康洁环卫新型智能扫路车建设项目、青州市汇强重工智能环卫和除雪车项目、街景店车项目

汽车关键零部件，有北汽福田汽车零部件装备项目、豪迈科技轮胎模具绿色智能制造项目、豪沃机械汽车覆盖件模具及冲压件扩产项目、浩信集团轮毂总成和涡轮增压器壳体项目、航天威能新能源汽车动力系统项目、恒华实业高端轮胎模具及胎圈钢丝项目、昊华轮胎全钢子午胎项目、康迈信机械高质量卡车部件生产项目、诸城大业胎圈钢丝及子午胎钢帘线项目、华丰动力发动机关键零部件生产项目、诸城雁三希汽车电线电缆项目、美晨科技高端汽车配件项目、金永和汽车涡轮增压器关键配件项目、青特车桥汽车车桥项目

新能源汽车，有比德文年产20万台新能源电动汽车车身及1万台新能源电动物流汽车整车项目、汉唐新能源旅游观光车项目、梅拉德雷丁高速汽车生产项目、喜威电驱车新能源电动汽车车身及新能源电动物流车项目、江淮新能源汽车项目、华保利新能源云度汽车项目、宇通汽车新能源重卡项目

新能源动力，有潍柴氢燃料电池项目、潍柴新能源驱动电机制造基地、燃料电池制造基地

智能网联汽车，有北汽福田山东省互联网汽车产业基地项目

动力电池及充电设施，有威能环保新能源汽车动力电池组生产项目、兴跃电子电容型镍氢动力电池、东虹工贸新能源汽车电池、北方华创新能源磷酸铁锂电池生产项目

附录一 潍坊市产业驱动创新实施重点

表4 物流产业创新驱动实施重点

重点园区

滨海临港物流园、潍坊东港（下营港）及临港物流园、寒亭高铁物流园、青岛保税港区诸城功能区、山东半岛国际采购中心、鲁东物流中心、寿光传化公路港、高新开发区海王医药物流园、晨鸣国际物流中心、山东中沃优达中俄农副产品出口示范基地、山东诺吉雅力医药仓储物流园、山东晟绮港储国际物流园、山东港天物流园、潍坊泓德物流园、诸城杨春国际水产品冷链物流园、诸城保税物流中心

龙头企业

潍坊港集团有限公司、渤海湾港口投资控股集团有限公司、山东晟绮港储国际物流有限公司、潍坊顺丰速运有限公司、联合包裹速递服务公司、联邦快递（中国）有限公司潍坊分公司、潍坊圆通快递公司、潍坊申易物流有限公司、山东胜星铁路物流有限公司、寿光市港投集团有限公司、山东港天物流有限公司、青州市泓德物流有限公司

创新平台

山东半岛现代物流总部基地、潍坊综合保税区大宗原材料商品展示交易中心

重点项目

公路物流，有潍柴德马泰克智能物流项目、高新开发区全球配件分销中心项目、潍坊泰华车港项目、恒安集团智能一体化仓储项目、山东中凯兴业智慧冷链物流项目、中农联·寿光农特产品电商批发城项目、国药控股集团健康产业智慧物流项目、安丘农产品冷链物流仓储项目、申易现代物流园项目、北江·鲁中农副产品批发交易市场项目、浙江传化临朐物流中心项目、山东桑莎检通高端出口检品物流中心项目

港口物流，有潍坊港扩能提升工程、潍坊港集中查验中心及H986系统工程项目、潍坊申易物流海关监管区扩建项目、进出口鲜活类产品交易中心、森达美港液化品库项目。空港物流：寿光空港新城项目、空港物流小镇、潍坊申通电商仓储物流项目、潍坊德霖物流电商综合体项目。高铁物流：寒亭高铁物流园、山东半岛通用物流园、胜星铁路物流项目。多式联运：潍青欧国际多式联运大通道、鲁新欧国际多式联运大通道、鲁辽陆海货运甩挂大通道、山东胜星铁路物流中欧（亚）集装箱国际联运集散中心项目、青州国际陆港项目、山东淄矿集团青州物流项目

表5　文化旅游产业创新驱动实施重点

重点园区	
锦绣潍坊文化园、国家版权示范园、山东数字出版基地、山东云计算版权交易园、潍坊文化创意产业园、齐鲁酒地文化创意产业园、新影华安峡山创意文化产业园、青州古城、中晨（青州）国际文化艺术小镇、齐鲁书画艺术品总部、龙韵文化城、惠影科技36°微电影主题园、红高粱特色文化影视区、寒亭杨家埠民间艺术大观园、诺贝尔主题雕塑园、红高粱钢雕文化创意园、潍县风情小镇、坊茨小镇	
龙头企业	
潍坊广电传媒集团、山东金宝集团有限公司、山东京广传媒股份有限公司、潍坊中晨集团有限公司、山东中动文化传媒有限公司、山东惠影科技传媒股份有限公司、山东新方集团德乐堡文化旅游公司、潍坊华安水之梦乐园有限公司、山东泰岳兄弟影视有限公司、潍坊全影网络有限公司、齐鲁酒地文化发展股份有限公司、高密红高粱集团有限公司、山东临朐华艺雕塑艺术有限公司	
创新平台	
中日韩产业博览会、潍坊国际风筝会、鲁台会、中国画节·文展会、大舜节、宝博会、奇石节、菜博会、花博会、绿博会、中国（高密）红高粱文化节、翰墨青州·中国书画年会、潍坊国际创意港、潍坊3D打印技术创新中心、潍坊文化产权交易中心平台、八喜旅游网电商平台	
重点项目	
创意设计，有杨家埠文化创意梦想小镇项目、潍坊广告创意小镇项目、奎文爱迪尔小镇项目	
艺术品交易，有中国画都基地项目、中晨（青州）国际文化艺术项目、十笏园文化小镇项目、临朐红木奇石文化艺术中心	
动漫影视，有中动传媒动漫基地、安丘齐鲁酒地华谊星剧场项目、寿光中国电影北方影视城项目	
文化旅游，有印象·老潍县文化传承项目、安丘留山古火山森林公园项目、昌乐远古火山口群项目、诸城白垩纪恐龙地质公园及恐龙小镇项目、安丘景芝酒之城项目、高密"莫言文学"文化旅游项目、诸城迈赫机器人大世界项目、临朐华艺雕塑项目、坊子炭矿遗址项目、大英烟草1532文化园项目、九龙峪文化旅游度假区、樱花谷旅游项目、峡山生态开发区国际微电影城项目	

续表

休闲度假，有青州云门山生态文化旅游度假区、诸城竹山生态谷、安丘留山康养栖居小镇项目、安丘齐鲁酒地、安丘合力牧生态小镇、昌邑青山秀水旅游度假区、临朐九山薰衣草小镇、滨海欢乐海旅游度假区项目、峡山迪梦温泉小镇项目、潍坊白浪河露营地项目、潍城"两山一湖"文旅体小镇、德乐堡温泉·水城项目、弘润迪士尼温泉小镇项目 乡村旅游，有昌邑潍水现代农业田园综合休项目、山东宋香园乡村旅游综合体、安丘柘山乡情乡村旅游综合体、青州花卉乡村旅游综合体、高密东北乡旅游区、昌邑龙乡水韵·千年古村、金宝莲花山农庄小镇、坊子桃花源休闲农业生态园

表6 信息技术产业创新驱动实施重点

重点园区 歌尔智慧城、潍坊光电产业园、歌尔电子产品精密制造产业园、潍坊软件产业园、山东测绘地理信息产业园、富锐激光雷达产业园、寿光软件产业园
龙头企业 歌尔股份有限公司、山东共达电声股份有限公司、山东浪潮华光光电子股份有限公司、中微光电子有限公司、山东测绘地理信息产业园发展有限公司、富锐光学科技有限公司、山东新海软件股份有限公司、山东欣立得光电科技有限公司、楼氏电子公司、潍坊三田科技有限公司、山东鼎诺自动化控制技术有限公司、高密星合电子有限公司、山东银澎云计算有限公司
创新平台 北航歌尔机器人与智能制造研究院、VR产业公共服务平台、可穿戴产品浅绿色设计平台、中科院（潍坊）激光雷达研究院、山东省通信技术研究院潍坊分院、华为物联网应用创新中心、潍坊市大数据交易中心、中国移动潍坊分公司云计算中心
重点项目 虚拟现实产业，有歌尔VR及电子智能硬件项目、歌尔智能硬件产业园项目、歌尔可穿戴产品智慧工厂项目。激光雷达产业：富锐光学激光雷达项目、浪潮华光高能激光装备及激光显示用核心器件项目 地理信息产业，有山东测绘地理信息产业基地、苍穹农业信息化项目、苍穹软件国土资源调查监测及综合监管系统开发项目

续表

光电及集成电路产业，有歌尔电子产品精密制造项目、歌尔精密制造（昌安）配套产业园项目、青岛方舟机电 SMT 项目、天水华芯集成电路项目、高密星合电子整流器件产业化项目、纽泰克斯电子产品项目、贞明半导体集成电路项目 大数据产业，有大数据交易中心和大数据交易平台、潍坊市云计算中心、环渤海中国书画艺术大数据应用中心 高端软件及物联网，有共达电声人机交互智能终端控制系统项目、歌尔复合型智能传感器系统研发及产业化项目、丹香产业物联网项目、惠发食品速冻食品互联网应用基础平台项目

表7 高端装备产业创新驱动实施重点

重点园区
高新开发区潍柴动力工业园、潍柴海洋动力装备产业园、坊子雷沃智能农业装备产业聚集区、坊子山东智能造纸装备产业园、高密市豪迈装备产业园、昌乐县山东矿机智能制造产业园、安丘智能装备产业聚集区、潍城区智能泊车产业园、潍坊智能制造2025产业园、经济区高端教育装备产业园、昌邑先进装备制造产业园、诸城迈赫智能机器人产业园、青州千人计划产业园、青州海洋装备制造产业园
龙头企业
潍柴动力股份有限公司、歌尔股份有限公司、潍柴重机股份有限公司、山东豪迈机械制造有限公司、山东晨宇电气股份有限公司、卡特彼勒（青州）有限公司、山东天瑞重工有限公司、耐威科技股份有限公司、山东康弘机械有限公司、山东瑞其能电气有限公司、雷沃重工股份有限公司、潍坊谷合传动技术有限公司、山东科乐收金亿农业机械有限公司、山东矿机集团、潍坊西水机器人科技有限公司、华创机器人制造有限公司、山东帅克机械有限责任公司、迈赫机器人自动化股份有限公司、大洋泊车股份有限公司、山东寿光巨能特钢有限公司、山东亚泰机械有限公司、天联通用航空有限公司、山东磐金钢管制造有限公司、高密高锻机械有限公司、山东亚盛重工股份有限公司、潍坊一立精密铸造有限公司、山东华建铝业集团有限公司、山东亿嘉现代农业装备有限公司、山东立辉重工制造有限公司、山东精诺机械股份有限公司、山东恒涛节能环保有限公司

创新平台

潍坊市工业研究院、潍柴动力内燃机可靠性国家重点实验室、潍柴高速柴油机研发试验中心、潍柴重机国家大缸径天然气发动机研发试验平台、潍柴基于产品全周期大数据的工业云服务支撑平台、雷沃重工智能农机创新中心、豪迈科技轮胎模具国家地方联合工程实验室、滨海海洋动力装备创新中心、国家内燃机质检中心、潍坊（美国）硅谷高科技孵化器、大洋泊车立体停车设备研发平台、机械科学研究总院高密分院、山东省拉削机床工程技术研究中心、潍坊市风力发电设备工程研究中心

重点项目

高端动力装备，有潍柴控股集团170系列柴油机智能化改造项目、高性能发动机关键零部件项目、潍柴动力商用车新能源动力总成系统项目、210产品船舶推进系统动力总成研发集成和制造基地项目、260系列船用柴油机开发及综合服务基地项目、林德液压新工厂项目、山东豪迈机械制造动力装备关键零部件项目、云内动力柴油发动机提升项目、北汽福田潍坊发动机工厂建设项目、孚润机械涡轮增压器叶轮项目、晨宇电气高铁牵引变压器项目、富源增压器燃气轮机项目、瑞其能电气风机生产项目、昌邑莱州湾海上风电配套生产项目、金沙江智能装备制造项目、德骏电磁驱动超高效节能电机项目、青州新型疏浚装备研发制造项目

智能农机装备，有雷沃重工智能农业装备产业项目、雷沃重工精量播种机项目、谷合传动大马力拖拉机电液提升器项目、科乐收金亿高端农业机械装备项目、百利智能化大型拖拉机项目、速博世达农业装备项目、科乐收联合收割机项目、英轩重工农机装备项目、康弘高端农业装备生产项目。高端数控机床：高创集团智能模切装备项目、立辉重工1800台高速数控拉削机床项目、天瑞重工水压传动凿岩机项目、天瑞重工磁悬浮离心式鼓风机项目

人工智能，有迈赫机器人智能机器人制造项目、帅克机械机器人高精密减速器产业化项目、山东矿机智能机器人制造项目、西川智能机器人本体项目

通用航空装备，有青州通用航空产业项目、诸城飞龙航空通用飞机制造项目、航创电子无人机项目、豪迈机械航空锻件项目、山东矿机集团无人机及涡喷发动机零部件项目、耐威航电航空装备项目

表8　新能源新材料产业创新驱动实施重点

重点园区	寒亭生物基新材料产业园、寿光生物基新材料基地、高新开发区先进钢铁材料产业园、寿光巨能生物科技产业园、安丘高端复合材料生产基地、昌乐新型PVC抗冲改性剂产业聚集区、寿光EVE高分子新材料产业聚集区、诸城先进高分子材料制品产业聚集区、临朐高端铝材基地、坊子区碳化硅新材料产业基地、中国超纤产业基地、青州经济开发区生物产业园、佳诚数码新材料产业园
龙头企业	潍坊特钢集团有限公司、山东寿光巨能金玉米开发有限公司、山东兰典生物科技股份有限公司、潍坊英轩实业有限公司、山东柠檬生化有限公司、恒天海龙股份有限公司、恒联集团有限公司、山东吉青化工有限公司、山东鑫珂海洋生物科技有限公司、山东日科化学有限公司、潍坊振兴日升化工有限公司、潍坊佳诚数码材料股份有限公司、山东同大海岛新材料股份有限公司、山东东方宏业化工有限公司、山东绿特空调系统有限公司、美晨科技股份有限公司、华建铝业有限公司、山东宝龙达集团、山东碳为石墨烯科技有限公司、中科雅丽股份有限公司、山东宝润硼业科技有限公司、山东圣和塑胶发展有限公司、金鸿集团、山东新方集团有限公司、潍坊华美精细技术陶瓷股份有限公司、山东领潮新材料有限公司
创新平台	全国工业生物材料产业技术创新战略联盟、山东生物制造技术创新中心、山东工业生物工程实验室、高新开发区生物基材料产业孵化器、中科院（恒联）生物纤维新材料研究中心、兰典生物分子实验室、中科院（雅丽）油气开采与节能环保新材料联合研发中心、高密华东硼稳定同位素研发中心、山东海岛新材料工程技术研究中心、潍坊市生物质纤维仿羊绒生态家纺面料工程实验室

续表

重点项目

新能源，有临朐抽水蓄能电站项目、国华能源九山风电项目、寿光市光伏领跑者基地项目、安丘天恩新能源光伏发电项目、昌乐爱特 200 兆瓦分布式光伏发电项目、天恩渔光互补 100 兆瓦光伏发电项目、晶盛光伏发电项目、滨海地源热泵及太阳能热泵光电产业园项目、三峡新能源昌邑海上风电基地项目、滨海海上风电项目、安丘山区风力发电项目、寿光市泛能网示范化项目、中圣科技昌乐生物质发电项目、寿光市晨鸣生物质能资源综合利用发电项目、青州市生物质热电联产项目、诸城千亿达生物质发电项目、中国神华国华诸城风发电项目、山东高申新能源高密光伏发电项目、中环聚生物质发电项目、泓晟新能源生物质热电联产项目、寿光美伦纸业生物质能资源综合利用发电项目、潍坊亿燃天然气分布式能源站项目

先进基础材料，有特钢集团年产 80 万吨子午轮胎用胎圈钢丝钢帘线项目、山东高速轨道设备材料高铁配套产品研发生产项目、美晨先进高分子材料制品项目、高端铝材加工项目、阳光纸业集束包装纸板项目、孚日新型纤维智能织造产业化项目、日科化学高分子复合新材料项目、蓝帆新材料二期项目、山东恒昌新材料科技有限公司非晶软磁薄带项目、盾立特种钢材超高强钢板项目、星宇手套超高分子量聚乙烯纤维项目、东方钢管海洋新材料项目、金卓建材高端釉料项目、格物新材料智能纳米自修复项目、鑫珂海洋生物医用敷料项目、昊达新型防火保温材料项目、信诺纺织数码影像新材料项目、海龙博莱特高强高模合成纤维长丝项目、国桥建材特种陶瓷制品项目、世纪阳光高级包装纸项目、孚日家纺面料项目

生物基新材料，有恒联 6 万吨绿色纤维素膜项目、潍焦集团可降解塑料目、恒天海龙莫代尔生产项目、东方宏业高性能绿色新材料循环经济一体化项目、巨能金玉米 6 万吨生物质热塑复合材料及 10 万吨乳酸和 5 万吨聚乳酸项目、兰典生物 12 万吨琥珀酸及生物基产品 PBS 项目、柠檬生化 10 万吨乳酸项目、吉青化工生物基增塑剂项目、领潮海洋生植物纤维的研究及产业化项目、斯达克生物降解科技可降解塑料制品生产项目、山东云科年产 20 万吨植物纤维基增强高分子复合材料项目、润德生态纤维公司秸秆综合利用项目、美晨科技晨立克除醛植物蛋白项目、欣龙生物纤维素纤维项目、圣和塑胶 1.3 万吨生物降解 PLA 薄膜项目

续表

前沿新材料，有宝润硼业科技硼稳定同位素新材料项目、华美精陶多元化高性能工程陶瓷项目、金鸿碳化硅新材料扩产项目、科雅丽高性能空心玻璃微珠项目、佳诚数码铸造级 PVC 汽车色膜项目和涂层纺织品项目

表9 医养健康产业创新驱动实施重点

重点园区
潍坊生物医药科技产业园、青州健康产业园、诸城生物医药产业园、阳光融和生态健康城、安丘健康产业创新发展试验区
龙头企业
沃华医药、富康制药、新和成制药、特珐曼药业、尧王制药、诸城信得科技、东晓生物、高密市兴瑞生物科技有限公司、高密康地恩生物科技有限公司、山东汉兴医药科技有限公司、中国基药有限公司、潍坊微医城市互联网医院管理有限公司、青州桃花源里养老产业有限公司、潍坊市华都集团、北京颐盛德养老服务有限公司
创新平台
呼吸病院士专家工作站
重点项目
健康医疗，有潍坊市人民医院潍城院区项目、潍坊市中医院东院区项目、潍坊市妇女儿童健康中心项目、安丘市医疗提升工程项目、诸城市中西医结合医院项目、寿光市妇幼健康城项目、高密城乡医疗综合体项目、潍坊市益都中心医院新院项目、青州市妇幼保健院新院项目、临朐县医疗提升工程项目
医养结合，有潍坊市人民医院北辰医养结合中心、潍坊市中医院中医医养结合中心、潍坊市精神卫生中心医养结合中心、昌乐康乐园康复养老中心、寿光全福元温泉医养中心、潍城颐盛德医养综合体、青州桃花源里养生养老项目、沂山养生养老休闲度假基地项目、昌邑康生特色小镇、安丘康养小镇项目、寿光太阳城健康养老中心、寿光圣湖新天地养老城、寿光陶然庭颐养中心、安丘齐鲁酒地健康活力城、高新鹤祥健康城、滨城健康社区、潍城华都颐康城项目、昌邑济贤养老中心、诸城颐安红星老年社区、神州长城滨海康健城项目

续表

生物医药，有药明康德高端药物研发中心和制造基地项目、新和成药业年产10万吨蛋氨酸项目、富康制药生物医药制剂国际化项目、潍坊医药服务示范园项目、安丘特珐曼医药产业园项目、滨海高新产业园项目
体育健身，有万声运动工场项目、潍坊市体育馆项目、潍坊全民健身活动中心项目

表10 金融产业创新驱动实施重点

重点园区 奎文区总部金融集聚区、高新开发区金融小镇、金融服务外包产业园、峡山生态开发区金融创新小镇
龙头企业 潍坊银行、潍坊农商行、潍坊金控集团、晨鸣融资租赁公司、山东高创建设投资集团有限公司、峡山金融控股集团有限公司
创新平台 齐鲁农村产权交易中心、东亚畜牧产品交易所、文化金融融合大数据库、中国艺术金融研究院
重点项目 农村金融，有齐鲁农村产权交易中心升级项目、东亚畜牧产品交易所升级项目 科技金融，有奎文金融创新小镇项目、奎文互联网金融中心项目、峡山生态开发区金融创新小镇项目、寿光创新城市社区项目 文化艺术金融，有潍坊银行文化艺术金融交易平台项目、潍坊城投国际金融创新中心项目

附录二　新旧动能转换重大科技创新项目

序号	项目名称	主要建设内容	项目建设主体	项目建设地点	预计投资/亿元
1	氢燃料电池供氢动力组件	项目在诸城市高新技术产业园建设，由中联油能源装备有限公司投资建设，一期投资约10亿元，计划用地500亩，建筑面积约15万平方米，主要建设液化天然气罐箱生产线，车架总成车间、脱硫装置车间及相关配套设施。建设液化天然气罐箱生产线、车架总成车间、脱硫装置车间及相关配套设施，一期完成后，预计形成年产2万个LNG罐箱的生产能力，实现销售收入100亿元	山东奥杨新能源科技股份有限公司	山东省潍坊市诸城市	8
2	国家企业技术中心	国家级技术中心位于辛兴镇辛兴工业园内，占地面积1.4万平方米，总建筑面积1万平方米，建设技术中心研发办公楼和智能化实验装备及试验场，新购置实验设备、仪器及配套的公用动力设备1942台（套）。完成技术中心创新体系建设，不断加强重大产品创新、工艺创新、商业模式创新、产学研合作等	山东大业股份有限公司	诸城市辛兴工业园	1.2

续表

序号	项目名称	主要建设内容	项目建设主体	项目建设地点	预计投资/亿元
3	10万吨糠酮树脂项目	项目在诸城化工产业园起步区，总投资3.9亿元，计划用地130亩。项目拟建设有呋喃树脂生产线12条，全部采用新工艺全自动化控制系统，DCS控制；建设固化剂生产线8条，DCS控制；涂料设备为全新式高速分散设备6台，套建设固化剂生产线8条。项目建成后预计形成10万吨糠酮型呋喃树脂生产能力，实现年销售收入10亿元	山东永创材料科技有限公司	山东诸城贾悦	3.9
4	新能源卡车智能悬架减振系统的研发与产业化	对现有的第三代空气悬架系统的智能化升级改造，是新能源卡车的核心关键部件之一，是当前国际新能源卡车技术竞争的重点，属于山东省新旧动能转换高端装备重点产业领域。对第三代悬架减振系统进行创新升级，重点突破刚度自动无级可调、高度自动无级可调、阻尼力自动无级可调以及性能实时监控等技术瓶颈，推进新能源卡车的舒适性、经济型、安全性发展。预计完成后年销售收入2亿元	山东美晨工业集团有限公司	高新园	2
5	工业制造泛在物联网全景质控平台	由青腾科技联合中国电力企业联合会共同发起，其中该平台项目的一个子项目——工业生产设备的升级改造及MES系统开发与生产特高压专用激光切割钢材智能设备拟落地诸城。建成后项目预计年产值在2亿元，利润3000万元左右，利税2000万元左右	山东省青腾机械科技有限公司	待定	2

续表

序号	项目名称	主要建设内容	项目建设主体	项目建设地点	预计投资/亿元
6	车身车间智能化改造项目	项目占地3400平方米，主要建设任务为，在前期工业互联网智能化改造的基础上，淘汰焊枪、地板链等老旧设备，采购安装工业焊装机器人、AGV小车、滚床滑橇输送链等先进工艺装备85台套，提升工作效率和产品质量	北汽福田汽车股份有限公司诸城汽车厂	龙都街办	1.72
7	10万吨子午线轮胎钢丝帘线智能化改造项目	项目拟利用企业现有车间进行智能化改造，购置生产设备、智能化设备、仪器及配套设备2778台套，进行控制系统升级改造，从而实现全部设备的信息互联互通；同时对生产工艺流程重新编排设计，开发自动化物流仓储系统。通过对设备及全工艺流程的信息化，实现钢帘线产品的智能制造	山东大业股份有限公司	辛兴镇	10.9

附录三　新旧动能转换科技创新项目

产业领域	项目名称	项目简介
新能源汽车领域	2万吨/年液体纯氢能源项目	由山东万山集团有限公司与北京中科富海低温科技有限公司联合开发的氢能源纯化、储存、运输项目，项目建成后，每天可生产优质液态纯氢60余吨，氢的纯度可达到99.99%，产品氧含量小于2ppm（1ppm即百万分之一），每千克成本控制在15~20元，可供给周边氢能源利用企业、氢电池加工企业甚或氢能源汽车领域。项目预期总投资3.9亿元，建设期1年。此项目是企业引进消化吸收外部先进的工艺技术，规划建设的高新技术项目，目前在国内尚无先进、成熟的工业化技术，企业投资风险较高。当前国家和地方都有相应的该类项目的扶持政策，企业希望可以借助相关政策优势，促进项目快速落地、高效投产
	26万辆新能源乘用车项目	由野马汽车潍坊分公司研发，是野马汽车潍坊分公司6万辆产能达产后规划建设的20万辆新能源乘用车产能扩能项目。项目采用全新开发的A00微型车平台进行研发，通过基于IBOOST纯电动车的全自动泊车技术、低速无人驾驶技术，基于大数据平台的新能源汽车电池寿命预测、故障预警和远程诊断技术，基于实时健康检测的安全驾驶系统技术等研究，实现整车的高效高功率密度一体化电驱动，具有低耗能、高功效、安全用电、多级减震降噪等特点，在同类产品中具有非常高的竞争力
	自动驾驶车辆项目	由山东汉唐电动汽车科技有限公司研发，项目总投资500万元，预计年销量5000辆，新增销售收入1亿元，创造税收100万元，节能30亿瓦时/年

续表

产业领域	项目名称	项目简介
新能源汽车领域	氢能源研究院项目	由山东潍氢动力科技有限公司研发，项目依托上海交通大学研究院的人才优势和项目优势，进一步深化高能纳米储氢镁基复合材料和纳米氢化镁燃料电池系统的研究。利用先进的氢化镁批量制备技术及氢化镁水解技术，可通过氢气产生速度来控制燃料电池的输出功率，具有氢化镁含能高、燃料更方便、安全性高、产物 Mg（OH）$_2$ 无毒且可回收利用的优点，目前应用于燃料电池和无人机领域
	单电解槽 1200 立方/小时的制氢系统的开发项目	由山东海氢新能源科技有限公司研发，项目围绕氢能源应用的需求，研发大体量多技术方式的电解槽及框架系统等核心设备，同时积极参与氢能源利用的示范项目，做到研以致用，快速实现研发成果的工业化转化和利润产出
	主动安全技术开发项目	由山东汉唐电动汽车科技有限公司研发，预计投资 500 万元，申请专利 20 项。项目建成后预计销售车辆 500 台/年，实现销售收入 1500 万元，利润 150 万元
装备制造领域	急倾斜薄及中厚煤层智能化开采关键技术与装备项目	由山东矿机集团股份有限公司研发，在 2019 年山东省重点研发计划中。项目采用多比例多维度物理仿真模拟实验、多元数值仿真技术和大倾角 R-S-F 动力学分析理论，构建急倾斜煤层采场岩层控制理论模型，研究多维状态下支架与围岩的耦合关系，并基于智能化控制理念，通过多维度调控，布设防倒防滑等装置，实现装备姿态自我调整及控制等功能。采用井下 LoRa 自组网无线传输技术，实现对采、支、运设备的远程集控，形成数据采集、分析、预警等一体化解决方案。通过建立云平台大数据中心，实现开采装备数据实时上传及 App 终端推送。基于 Spark 大数据分析平台，编制核心算法，绘制采场三维空间应力及位移云图，揭示多因素交互影响下矿山压力显现规律，指导采煤工艺优化和装备选型。项目总投资 4.9 亿元，预计每年可增加销售收入 3 亿元，实现利税 9000 万元

续表

产业领域	项目名称	项目简介
装备制造领域	煤矿机械智能化焊接系统解决方案项目	由山东矿机集团股份有限公司研发，项目使用焊接机器人替代人工进行自动化、批量化生产，由机器人离线编程替代传统的人工示教器编程，可实现多层多道焊缝的自动化生成，改善劳动环境、减轻劳动强度、提高生产效率，保证产品的生产质量。项目以机器人焊接制造工艺为研究目标，开发应用机器人焊接系统关键技术，最终完成焊接智能化解决方案。实现接触传感器检测，焊缝跟踪焊接视觉化；多层多道焊接，焊接参数可调整化；工件离线编程，焊接工艺形成数据库。液压支架连杆焊接完成率达到95%以上；推杆焊接完成率达到90%以上；顶梁平缝、竖缝、圆弧面等多工位一次焊接成型，顶梁焊接率达85%
	智慧工厂项目	由山东矿机集团股份有限公司研发，项目运用物联网、无线通信、PLC控制器、嵌入式数据采集等技术，用信息化手段对老旧装备进行赋能，无缝链接各型机床、加工中心、机器人流水线等加工设备，集成ERP、BigData、Cloud等信息化技术，实现工厂管理、运营调度、质检追溯、运维监控等功能，打造自动化、数字化、智能化的现代工厂，实现降低能耗、增加生产效益、保证生产品质、提升企业总体管理水平的目标。项目预期搭建山东矿机大数据管理云平台，构建统一通信协议的数据链，实现智慧互联，各设备之间协同配合高效运转，图纸和工艺文件实现无纸化，加工中心和机器人流水线实现远程离线编程和操作，实现产品质量提升和远程追溯，在PC端或移动端即可直观地进行管理和调度，从而降低工人劳动强度，提高安全管理水平，最终实现无人工厂

续表

产业领域	项目名称	项目简介
装备制造领域	智能散料输送设备大数据平台项目	由山东矿机集团股份有限公司研发，项目主要由SK（山东矿机）智能工业物联网云平台、集中控制系统、配电系统、综保系统、监控广播系统、照明系统、卸料车控制系统、接地防雷系统、消防系统等构成，采用可编程控制器、嵌入式计算机和上位机等，利用SK智能工业物联网云平台以及工业互联网、物联网、大数据分析等技术，实现生产过程的智能感知、在线实时虚拟运行、流程智能优化以及数据收集分析、故障报警等，实现了设备的集中控制调度、全寿命管理及远程运维，提高了生产效率，降低了事故率，减少了故障处理时间和现场操作人员，提高了经济效益。此系统能有效连接SAP（企业管理）、WMS（仓库管理）、MES（信息管理）、SCADA（采集监视控制系统），实现数据统一管理
	复合储能式动力装载机混合动力系统协同优化关键技术项目	由英轩重工有限公司研发，项目以装载机产品为试点，对新型复合储能式混合动力系统关键技术进行攻关，面向工程机械应用场景典型特征，研发一种新型的油－电－液复合储能式混合动力系统设计方案，同时满足高能量密度、高功率密度及长续航工作能力的需求，构建工程机械复合储能式混合动力系统的产品开发体系。项目建成后，产品相对传统液压装载机单位时间内的用户使用成本降低50%以上
	装载机研发平台创新能力提升项目	由英轩重工有限公司研发，项目根据企业研发制造实际情况及企业产品的特性，配合PLM基础软件系统进行开发，以提升企业智能化管理水平。可以有效帮助企业完善装载机及相关产品的研发管理，压缩研发周期、提高设计效率和质量、降低成本，积累、保护企业的数据财富，实现装载机生产过程的智能化运作，为企业的可持续发展提供坚实的管理和数据基础，为企业构建一个有利于快速产品创新的协同工作环境。依托该创能平台平均项目研发周期可以缩短10%~25%，每个项目预计节省研发经费15%左右
	装载机NVH性能分析评价及优化关键技术项目	由英轩重工有限公司研发，项目以英轩重工YX656HV为依托车型，围绕装载机振动性能测试分析评价、动力总成悬置减振性能分析优化、驾驶室结构抗振性能分析及优化等开展相关工作，降低装载机运动过程中的噪音和振动，提升装载机驾驶舒适性

续表

产业领域	项目名称	项目简介
造纸包装领域	50万吨麦草生物机械浆纸模包装项目	由山东世纪阳光纸业集团有限公司研发，项目通过生物基纸模的高效防水剂、防油剂研发，精品模塑连续化、自动化、智能化生产，超高垂直拔摸模具研发，无氟防水剂和防油剂研发等重点课题研究，实现新型"代塑"产品的生产。产品具有制造成本低、商品保护性能好、不污染环境、可迅速降解的优点，可实现对塑料包装的全面替代
	无硅无氟、防水防油食品级包装纸研发项目	由山东世纪阳光纸业集团有限公司研发，项目主要研究内容为食品包装纸用无硅无氟防油剂研发、麦草生物机械浆在本色食品级包装纸应用研究、无硅无氟防油剂机内涂布应用研究、不同防水防油等级无硅无氟食品包装纸产业化研究，最终产品为表面张力低、可降解的防油纸
新材料领域	全海深浮力材料产业化项目	由山东潍焦集团有限公司与上海交通大学联合开发，项目通过高分子泡沫材料和无机轻质材料填充进行研发生产，产品具有强度高、密度低、吸水率低、不易变形、可加工等优点，其中的浮力限位传感器作为小型浮力单元控制在蛟龙号、深海勇士号4500米、7000米潜深的应用
	柔性可穿戴数码喷印新材料及智能纺织制品研发与产业化项目	由潍坊佳诚数码材料有限公司与青岛大学联合开发，项目提出"数码喷印+智能可穿戴"的开发思路，拟解决功能性水性喷墨介质、柔性可穿戴数码喷印新材料、智能纺织品低成本创制等关键技术。与纺织品结构加工技术相结合，实现柔性数码喷印新材料、电路线材与服装无缝连接和一体化设计；与服装设计及成形加工相结合，研发系列智能服装新产品。所研发数码喷印智能纺织品可精准检测脉搏、呼吸、心跳等生命体征，实时监控人体运动、姿势等形态运动特征。开发电子智能防护服、电子智能监测服、可穿戴计算机服装、无线遥感与通信服、休闲娱乐服等系列新型服装产品，形成柔性可穿戴数码喷印新材料及智能纺织品的上下游衔接，贯穿形成系统化成果链条，推动智能纺织品新兴产业链、产业集群创新发展。项目总投资5470万元，项目建成后预计实现销售收入5亿元，新增利税4800万元

续表

产业领域	项目名称	项目简介
新材料领域	新型建材原材料技术研发项目	由潍坊英轩实业有限公司研发，项目通过研究柠檬酸生产副产物硫酸钙的特性，为解决柠檬酸行业硫酸钙有机酸、蛋白、多糖等有机物多的问题，有针对性地开发利用柠檬酸行业硫酸钙生产建筑石膏粉，打造柠檬酸行业循环经济产业链
	绿色环保高性能功能型海洋防腐涂层材料配套体系关键技术攻关与产业化项目	由山东乐化集团有限公司研发，项目以水性集装箱涂料、可带水带锈施工的高固含涂料、可耐烃类火灾的膨胀型阻燃防腐涂层材料与彩色热反射涂层材料为抓手，攻克环保涂料成膜物体系低温固化性能差、成膜致密性差、防腐性能差等行业共性技术问题，形成水性集装箱重防腐涂料与无溶剂带水带锈重防腐涂料系列环保型海洋工程防腐涂层材料。为集装箱、海洋平台、港口等海洋工程设备设施的运行提供强有力的支撑，促进海洋产业的绿色健康发展。项目建成后预计申请发明专利4项，新增产值1亿元，实现利税2000万元
	高性能淀粉基全降解包装膜的研制与产业化示范项目	由潍坊盛泰药业有限公司研发，主要研究内容包括新型疏水性改性淀粉生产关键技术、高性能淀粉膜配方及工艺优化、淀粉膜成套专用加工设备的设计与组建。项目总投资5000万元，完成后可研制出4~5种全降解淀粉膜，建立1条年产2000吨的淀粉基包装膜示范生产线
高端化工领域	4.5万吨/年受阻胺类光稳定剂技术开发及产业化项目	由元利化学集团股份有限公司研发，项目主要内容包括受阻胺光稳定剂主要中间产品三丙酮胺、四甲基哌啶醇等生产工艺技术研究，受阻胺型光稳定剂品种及生产关键技术酯交换，以及聚合反应反应机理与工艺流程设计开发，通过项目建设可形成一整套高效、低能耗受阻胺光稳定剂的绿色环保生产工艺。项目总投资4.1亿元，预计实现年销售收入13亿元，实现净利润3亿元
	2000吨/年新型聚氨酯弹性体基础材料聚碳酸酯二元醇项目	由元利化学集团股份有限公司研发，项目主要内容是开发出PCD生产合成工艺，打破国外技术垄断；开发分段聚合的方法，确立工艺稳定性。通过对PCD生产过程工艺条件及参数设置，开发不同分子量控制工艺并实现产业化。项目总投资8000万元，预计实现销售收入1亿元，实现净利润3000万元

续表

产业领域	项目名称	项目简介
高端化工领域	生物质基减水剂项目	由山东万山集团有限公司与大连理工大学张淑芬教授（长江学者、国家精细化工重点实验室负责人）合作完成生物质基减水剂的产业化开发项目。本开发项目以氨基磺酸作为磺化剂，疏水化时以C4及以上脂肪族叔醇或芳基甲醇为疏水化试剂，水作为润湿剂和分散剂，干法或半干法制备淀粉硫酸酯和炕基疏水化淀粉硫酸酯，并应用为混凝土减水剂。该生物质基减水剂完全摒弃了以往传统减水剂所采用的煤化工以及石油化工产品作为原料的弊端，取材于可再生的生物性原料，最终的产品完全可以在短期内被自然界降解吸收。产品的整个生命周期都不会对环境造成污染和影响，是真正的环境友好型绿色新材料。项目总投资3.5亿元，预计新增销售收入21亿元，新增利税2.1亿元
生物医药领域	3.8万吨/年高端蛋白项目	由山东万山集团有限公司研发，是集团葡萄糖酸钠项目产业链上游项目，通过引进国内领先的生物物理加工技术，可形成年产3.8万吨高端蛋白粉、30万吨淀粉乳、6.77万吨喷浆纤维饲料、3.16万吨胚芽的生产能力。项目投运后，生产工艺水全部回用，无任何污染物排放，几乎没有异味产生，且副产的淀粉乳完全可自行消化吸收，并解决企业生产原料采购难的问题，提高葡萄糖酸钠生产线的效益，关联解决生物质基减水剂的上游原料来源。项目预期总投资1.5亿元，预计实现销售收入10亿元，新增利润3亿元
	10万吨/年电子级、2万吨/年医药级过氧化氢技术革新项目	由山东万山集团有限公司研发，项目利用企业富余的副产品焦炉气这一富氢资源，提取其中55%~60%的氢气，通过国内外最新技术，合成电子级、医药级过氧化氢产品。该项目消化富余的含氢资源的同时，实现资源节约、循环经济，并可有效促进当地经济发展。项目总投资5亿元，建设期2年，是集团采用国外先进的工艺技术规划建设的高端技术项目

续表

产业领域	项目名称	项目简介
生物医药领域	玉米加工副产物发酵生产替代抗生素微生态制剂研究项目	由潍坊盛泰药业有限公司研发,项目以玉米淀粉精深加工后的副产物玉米皮、玉米蛋白、玉米胚芽粕为原料生物发酵生产酵母培养物、乳酸培养物和甘露聚糖酶三种替代抗生素微生态制剂。项目建成后在专用发酵益生工程菌株筛选改造,黄曲霉毒素、玉米赤霉烯酮等毒素生物降解,固态自动化发酵设备研制,生物发酵全过程自动化控制系统建立等方面填补国内空白。项目总投资3000万元,预计实现销售收入3亿元,新增利税1500万元
	淀粉生产过程中生物毒素的综合防控项目	由潍坊盛泰药业有限公司研发,项目通过对玉米淀粉生产过程中各个工序的控制,减少其中黄曲霉B1、玉米赤霉烯酮、呕吐毒素,提高玉米淀粉及玉米加工副产物质量,建立玉米中生物毒素的前处理关键技术、玉米加工过程中多种产物中生物毒素分析的关键技术、生物毒素分析物质的浓缩及定量检测技术。项目总投资1000万元,预计新增销售收入300万元
	柠檬酸高效发酵技术项目	由潍坊英轩实业有限公司研发,项目针对柠檬酸利用黑曲霉发酵的特点,利用生物工程技术、基因工程技术,联合国内高校进行黑曲霉菌种的选育和改造,以降低粮耗,缩短发酵周期,降低能耗,将柠檬酸的发酵水平再提高一大步,实现柠檬酸行业的跨越式发展
	电子级柠檬酸生产技术研究项目	由潍坊英轩实业有限公司研发,项目通过先进的离子分离技术研究,降低柠檬酸中的杂质含量,使柠檬酸能够满足清洗电路板、电器元件等领域的需求,进而生产高附加值的电子级柠檬酸
	L-苹果酸发酵技术项目	由潍坊英轩实业有限公司研发,项目通过研究利用黑曲霉发酵生产L-苹果酸,实现发酵法生产高纯度医药级L-苹果酸

致　谢

本书在写作过程中，得到潍坊市大数据局胡均鑫局长的大力支持，提供了数字潍坊建设的大量具体的一手资料；得到潍坊市科技局宿廷波科长、王昆科长、王东兴科长及相关工作人员的大力支持，提供了山东省及潍坊市新旧动能转换的大量具体的一手资料；得到山东省发展改革委、潍坊市发展改革委领导及工作人员的大力支持，提供了山东新旧动能转换综合试验区建设的大量翔实的资料；得到山东省智库高端人才李庆军博士的大力支持，提供了山东新旧动能转换综合试验区评价的具体数据资料。

在此，特向以上领导和专家表示衷心的感谢！

黄少安　周志霞
2021 年 6 月